Croire...
c'est **voir**

Adresse municipale :
Les éditions Un monde différent
3905, rue Isabelle, bureau 101
Brossard (Québec), Canada
J4Y 2R2
Tél. : 450 656-2660 ou 1 800 443-2582
Téléc. : 450 659-9328
Site Internet : www.umd.ca
Courriel : info@umd.ca

Adresse postale :
Les éditions Un monde différent
C.P. 51546
Succ. Galeries Taschereau
Greenfield Park (Québec)
J4V 3N8

Cet ouvrage a été publié en langue anglaise sous le titre original :
YOU'LL SEE IT WHEN YOU BELIEVE IT, THE WAY TO YOUR PERSONAL TRANSFORMATION
Published by William Morrow and Company, Inc.
105 Madison Avenue, New York, New York 10016

Dépôts légaux : 1er trimestre 2010
Bibliothèque nationale du Québec
Bibliothèque nationale du Canada
Bibliothèque nationale de France

Conception graphique de la couverture :
OLIVIER LASSER

Photo de la couverture :
DEBORAH FEINGOLD

Photocomposition et mise en pages :
ANDRÉA JOSEPH [pagexpress@videotron.ca]

Typographie : Book Antiqua

ISBN 978-2-89225-711-3 (2e édition, 2010)
(ISBN2-89225-322-5, 1re édition sous le titre Il faut le croire pour le voir, 1997)
(Édition originale : ISBN 0-688-08040-5 William Morrow and Company, Inc. New York)

Nous reconnaissons l'aide financière du gouvernement du Canada par l'entremise du Programme d'aide au développement de l'industrie de l'édition pour nos activités d'édition (PADIÉ).

Gouvernement du Québec – Programme de crédit d'impôt pour l'édition de livres – Gestion SODEC.

IMPRIMÉ AU CANADA

Dr WAYNE W. DYER

Croire... c'est voir

Votre transformation personnelle vers l'éveil

UN MONDE DIFFÉRENT

Note de la traductrice: Le centre de veille est un centre dans l'hypothalamus dont la destruction cause un état de somnolence. L'état de veille est donc l'état dans lequel nous nous trouvons quand nous sommes réveillés, par opposition au sommeil.

À ma femme, Marcie, mon âme sœur, qui chemine avec moi sur cette glorieuse voie et à notre fils, Sands Jay, qui, après cinq filles magnifiques, est le symbole du thème de cet ouvrage: Croire, c'est voir.

Remerciements

Mes remerciements les plus sincères à Jeanne F. Bernkopf et à Joanna Spamer Pyle, dont l'expérience dans le domaine de l'édition et l'amour du travail sont évidents à chaque page.

Table des matières

John Quincy Adams va bien, mais la maison dans laquelle il habite actuellement tombe en ruines. Elle vacille sur ses fondations. Le temps et les saisons l'ont quasiment détruite. Son toit est presque entièrement usé. Ses murs se sont écroulés en grande partie et tremblent chaque fois que souffle le vent. Je pense que John Quincy Adams devra bientôt déménager. Mais lui va bien, très bien.

– JOHN QUINCY ADAMS

Introduction

Vous ne pouvez pas boire le mot «eau». La formule H_2O ne peut pas permettre à un bateau de flotter. Le mot «pluie» ne peut pas vous mouiller. Il faut éprouver la sensation physique de l'eau ou de la pluie pour savoir véritablement ce que ces mots signifient. Les mots en eux-mêmes vous éloignent de l'expérience directe.

Il en est de même de tous les sujets que j'aborde dans ce livre. Ces mots sont écrits dans le but de vous mener à une expérience directe. Si les mots que j'écris sonnent vrais, il est très probable que vous vous en inspirerez pour tenter votre expérience personnelle. Je crois en ces principes et je les vois constamment se manifester. Je voudrais vous faire part de mon expérience et vous expliquer en quoi ils m'ont été bénéfiques.

Vous aussi, vous voyez essentiellement ce que vous croyez dans votre propre vie. Si, par exemple, vous croyez profondément à la pénurie, si vous y pensez fréquemment, et si vous en faites le centre de vos conversations, je suis presque certain que vous en verrez de nombreux exemples. Par ailleurs, si vous croyez au bonheur et à l'abondance, si vous concentrez vos pensées là-dessus, si vous en parlez aux autres, et si vous basez vos actions sur ces croyances, je suis prêt à parier que vous voyez ce en quoi vous croyez.

Oliver Wendell Holmes a dit un jour: «L'esprit de l'homme ayant connu la clarté ne peut retomber dans les ténèbres.» Pour comprendre les principes que j'expose dans ce livre, vous devrez garder l'esprit ouvert et vous montrer réceptif à de nouvelles idées. Si vous décidez d'appliquer ces principes dans votre vie, vous sentirez que votre esprit a évolué, vous ne vivrez plus jamais comme par le passé, et vous ne serez plus jamais la même personne.

Le verbe «croire» qui apparaît dans le titre de ce livre fait chaque fois référence à ce que l'on pourrait appeler la transformation personnelle. Cette transformation se produit quand on a la conviction profonde que chaque être humain est bien plus que son corps physique, et qu'essentiellement, «être humain» signifie avoir la capacité de penser et de sentir, posséder un niveau de conscience élevé, et savoir qu'il existe une intelligence qui imprègne toutes les formes de l'univers.

Vous pouvez avoir accès à cette partie invisible de vous-même, utiliser votre esprit de toutes les façons que vous choisirez, et reconnaître que telle est la quintessence (le meilleur, le principal) de l'humanité. Être humain ne signifie pas avoir une forme ni un corps, c'est un état divin, régi par des forces qui sont toujours actives dans l'univers.

Les principes de ce livre sont basés sur le postulat que vous êtes une âme dans un corps, plutôt qu'un corps doté d'une âme. Que vous n'êtes pas un être humain qui vit une expérience humaine. J'ai illustré ces principes en relatant de nombreuses expériences qui font partie de mon propre voyage personnel de transformation dans le but de partager ce message crucial avec vous.

Je sais que ces principes se manifestent dans l'univers au moment où vous êtes en train de lire ces mots. Ils agissent indépendamment de l'opinion que vous en avez, tout comme les principes de la digestion et de la circulation pulmonaire exercent une action dans votre corps en ce moment même, sans votre participation volontaire. Que vous croyiez en ces principes universels ou non, ils vous seront bénéfiques. Mais si vous décidez de vous mettre à leur diapason, vous découvrirez peut-être une toute nouvelle façon de vivre et vous découvrirez un niveau de conscience plus élevé – une sorte d'éveil.

Tant que vous résisterez, vous ne retirerez aucun profit de cette lecture. J'entends par là que vous vivrez ancré dans vos vieilles habitudes et que vous continuerez à penser: «Je ne crois que ce que je vois.» Vous accumulerez des possessions matérielles et vous travaillerez de plus en plus dur pour gagner davantage d'argent. Vous continuerez à privilégier les apparences au détriment de la qualité. Vous vivrez en fonction de règles plutôt que d'un code d'éthique. Si vous n'êtes pas convaincu, continuez à mener la vie qui vous est familière, jusqu'au jour où vous ne pourrez plus résister.

Car le jour où vous entreprendrez ce voyage de transformation personnelle qui vous mènera vers l'éveil, vous ne pourrez plus rebrousser chemin. La puissance des principes que vous découvrirez sera telle que vous vous demanderez comment vous avez pu vivre sans les connaître. Vous atteindrez un niveau de conscience plus élevé et c'est alors que vous saurez que vous êtes sur la bonne voie et que vous n'entendrez même plus les protestations de ceux qui ont choisi un autre chemin.

Je n'ai jamais imaginé que je devrais changer un jour. Je n'avais nullement l'intention de changer mes vieilles habitudes, et je ne m'étais pas non plus fixé comme objectif d'améliorer quoi que ce soit dans ma vie. J'étais certain que ma vie se déroulait conformément à mes désirs. Je réussissais très bien sur le plan professionnel et rien ne semblait manquer à mon existence. Et pourtant, j'ai connu une transformation très importante qui a ajouté un rayonnement à chacune de mes journées, et que je n'avais même pas envisagé il y a quelques années.

Je suis né en 1940. J'étais le benjamin. Mes deux frères étaient âgés de moins de quatre ans à cette époque. Mon père, que je n'ai d'ailleurs jamais vu, a abandonné sa famille lorsque j'avais deux ans. D'après ce que tout le monde m'en dit, c'était un homme en proie à des difficultés personnelles, incapable d'avoir un travail honnête, qui buvait trop, qui maltraitait ma mère, qui avait eu des démêlés avec la justice et qui avait fait de la prison. Ma mère travaillait dans un bazar, situé dans l'est de Detroit. Elle y vendait des bonbons et son salaire hebdomadaire de 17$ lui permettait à peine de payer ses billets de tramway et d'assumer ses dépenses de baby-sitting. À l'époque, la sécurité sociale n'existait pas et l'on ne recevait pas d'allocations familiales lorsqu'on avait de jeunes enfants.

J'ai passé une grande partie de mes premières années dans des familles d'accueil, où ma mère venait me rendre visite chaque fois qu'elle en avait l'occasion. Tout ce que je savais de mon père c'est ce que j'entendais dire de lui, surtout par mes deux frères. J'imaginais un homme tyrannique, indifférent, qui ne voulait rien savoir de moi ni de mes frères. Plus j'entendais parler de lui, plus je le détestais. Plus je le détestais, plus ma colère montait. Ma colère s'est transformée en curiosité, et je rêvais constamment que je rencontrais mon père et que je le confrontais directement. Je devins obsédé par ma haine et par mon désir de faire la connaissance de cet homme et d'obtenir des réponses directement de lui.

En 1949, ma mère se remaria et notre famille fut à nouveau réunie. Aucun de mes frères ne faisait jamais volontairement mention de mon père et lorsque je posais des questions à son sujet, ils me lançaient un regard qui voulait dire: «C'est un bon à rien. Pourquoi est-ce que tu cherches à savoir quelque chose à son propos?» Mais ma curiosité persistait et je continuais à faire des cauchemars. Je me réveillais souvent en sueur, en train de pleurer après avoir fait des rêves particulièrement intenses à son sujet.

Lorsque j'atteignis l'âge adulte, ma détermination de rencontrer cet homme devint encore plus féroce. J'étais obsédé par l'idée de le trouver. Les membres de sa famille le protégeaient, car ils pensaient que ma mère le ferait arrêter faute de lui avoir jamais versé de pension alimentaire. Malgré tout, je continuais à poser des questions, je téléphonais à des parents éloignés que je ne connaissais même pas, et je faisais des voyages pour rencontrer ses ex-conjointes dans des villes lointaines, dans le but de découvrir quel genre d'homme c'était. Mes recherches se soldaient toujours par un échec. J'étais frustré. Je manquais souvent d'argent pour poursuivre mon enquête, ou bien j'étais obligé de m'acquitter de mes responsabilités personnelles qui consistaient à faire mon service militaire, à poursuivre mes études universitaires, ou à élever mes enfants.

En 1970, je reçus un appel d'un cousin que je n'avais jamais rencontré. Il avait entendu une rumeur à l'effet que mon père était mort à la Nouvelle-Orléans. Mais je ne pouvais pas m'en assurer. À l'époque, je terminais mes études de doctorat et j'étais sur le point de déménager à New York pour devenir professeur agrégé à St. John's University. Je vivais un divorce pénible et «je faisais du surplace» quant à mes projets d'écriture.

Au cours des quelques années suivantes, j'écrivis divers textes portant sur le counseling et la psychothérapie, avec d'autres collègues. Je savais que je ne voulais pas continuer à écrire uniquement dans un cadre professionnel, mais l'inspiration ne me venait pas. J'étais coincé sur le plan personnel (divorce), physique (j'avais un excédent de poids et j'étais en mauvaise forme), et spirituel (j'étais un pragmatiste qui ne s'inquiétait guère de la métaphysique). Mes rêves à propos de mon père s'intensifièrent. Je me réveillais soudain la nuit, en proie à la colère, d'un rêve où je battais mon père tandis qu'il me souriait. C'est alors que j'arrivai à un tournant de ma vie.

En 1974, l'une de mes collègues à l'université me proposa un contrat dans le Sud. Elle était coordonnatrice d'un programme subventionné par le gouvernement fédéral dont l'objectif était d'étudier dans quelle mesure les universités du sud des États-Unis se conformaient à la législation des droits de la personne dans les années 1960. Elle voulait que je fasse un séjour au Mississippi State College for Women, à Columbus, au Mississippi.

Lorsque je décidai d'accepter, je téléphonai à l'hôpital à la Nouvelle-Orléans, où mon cousin m'avait dit que mon père avait fait un séjour. J'appris que Melvin Lyle Dyer était mort là-bas, il y avait dix ans, d'une cirrhose du foie et d'autres complications, et que son corps avait été envoyé à Biloxi, au Mississippi. La ville de Columbus est située approximativement à 300 kilomètres de Biloxi. Je décidai que le moment était enfin venu – et qu'au moment où mon séjour à l'université prendrait fin, je terminerais mon voyage et je ferais le nécessaire pour clore ce chapitre de ma vie.

J'envisageais de résoudre enfin cette relation problématique. J'étais curieux de savoir si mon père avait révélé aux administrateurs de l'hôpital qu'il avait trois fils et je tenais à savoir si nos noms se trouvaient sur son certificat de décès. Je voulais m'entretenir avec ses amis, à Biloxi, pour savoir s'il leur avait parlé de nous. Avait-il secrètement essayé de découvrir comment son ex-femme et ses enfants s'en tiraient? S'en préoccupait-il? Avait-il une capacité d'aimer qu'il avait peut-être cachée à tout le monde? Je voulais surtout savoir comment il avait pu abandonner sa famille durant toute sa vie. Je lui avais toujours cherché une bonne excuse pour expliquer son départ, mais la colère que j'éprouvais devant son comportement continuait à me hanter. À l'âge de 34 ans, j'étais sous l'emprise d'un homme qui était mort depuis près d'une décennie.

Je louai une voiture flambant neuve à Columbus pour me rendre jusqu'à Biloxi. Je parle bien d'une voiture *flambant* neuve! L'odomètre indiquait 00001,28 kilomètre. Alors que je m'installais derrière le volant et que je cherchais la ceinture de sécurité, je découvris que la courroie droite manquait. Je sortis de la voiture, je démontai tout le siège avant, et je découvris la courroie, collée au plancher de la voiture par de la toile adhésive; la boucle était enveloppée dans du plastique et entourée d'un élastique. Lorsque je déchirai la toile adhésive et le plastique, je découvris une carte professionnelle que l'on avait glissée dans la boucle. On y lisait: «Auberge Candlelight... Biloxi, Mississippi», et il y avait une série de flèches indiquant la direction de l'auberge. Je trouvai cela étrange, car personne ne s'était servi de cette voiture avant que je ne la loue, mais je glissai la carte dans la poche de ma chemise.

J'arrivai dans les quartiers périphériques de Biloxi à 16 h 50, un vendredi, et je rentrai dans la première station d'essence que je vis pour téléphoner aux cimetières de Biloxi. Il y en avait trois dans l'annuaire téléphonique. Le premier numéro était occupé, et je n'obtins pas de réponse lorsque je composai le second. Je composai alors le numéro du dernier cimetière qui semblait le plus modeste des trois.

En réponse à ma question, un homme dont la voix indiquait qu'il semblait âgé, me dit qu'il vérifierait pour s'assurer que mon père était enterré là. Il disparut pendant une bonne dizaine de minutes, et juste au moment où je décidai d'abandonner la partie et d'attendre le lundi suivant pour poursuivre mes recherches, il revint et prononça les paroles qui mirent fin à un voyage que j'avais entrepris depuis ma plus tendre enfance. «Oui», dit-il, «votre père est enterré ici», et il me donna la date de son enterrement.

J'éprouvai une émotion si vive à ce moment crucial que mon cœur battait la chamade. Je lui demandai s'il ne voyait pas d'inconvénient à ce que je visite immédiatement le cimetière.

«Certainement, je vous demanderai simplement de raccrocher la chaîne pour bloquer la voie d'accès aux autos lorsque vous partirez. Vous êtes le bienvenu. Venez dès maintenant», dit-il. Avant même que je ne lui demande des instructions pour me rendre là-bas, il me dit: «Votre père est enterré tout près du terrain où se trouve l'auberge Candlelight. Demandez simplement à quelqu'un à la station d'essence comment vous y rendre.»

En frissonnant, je mis la main dans la poche de ma chemise et j'examinai la carte d'affaires et les flèches qui y étaient indiquées. L'auberge Candlelight se trouvait à trois pâtés de maisons du cimetière.

Lorsque j'arrivai finalement au piquet sur lequel était accrochée une pancarte où l'on pouvait lire MELVIN LYLE DYER, je fus pétrifié. Au cours des deux heures et demie qui suivirent, je conversai avec mon père pour la première fois. Je sanglotais, indifférent à ce qui m'entourait. Je parlais à voix haute et je demandais des réponses à une tombe. Au fur et à mesure que les heures s'écoulèrent, je ressentis un profond soulagement et une sensation de calme. C'était un calme absolu. J'étais presque certain que mon père se trouvait là, à mes côtés. Je ne parlais plus à une tombe, mais j'étais en présence de quelque chose que je ne pouvais pas, et que je ne peux toujours pas, expliquer.

Lorsque je repris mon monologue, je dis: «J'ai la sensation que quelqu'un m'a envoyé ici aujourd'hui et que tu as joué un rôle là-dedans. Je ne sais pas de quel rôle il s'agit, et je ne sais même pas si tu en as joué un, mais je suis certain que le moment est venu de me débarrasser de la haine et de la colère que je porte en moi et qui me causent une telle douleur depuis si longtemps. Je veux que tu saches que désormais, ces sentiments ont disparu. Je te pardonne. Je ne sais pas ce qui t'a poussé à mener ta vie comme tu l'as fait. Je suis sûr que tu as vécu de nombreux moments de solitude en sachant que tu avais trois enfants que tu ne verrais jamais. Quelles qu'aient été les émotions que tu as ressenties, je veux que tu saches que je n'éprouve plus de haine en pensant à toi.

Quand je penserai à toi, ce sera avec compassion et amour. Je me débarrasse de toutes ces émotions qui me troublent. Je sais en mon for intérieur que tu as simplement fait ce que tu pouvais faire, compte tenu des circonstances à cette époque. Même si je n'ai aucun souvenir de t'avoir vu, et même si mon rêve le plus cher était de faire ta connaissance, de te regarder face à face et d'écouter ta version des faits, je ne laisserai plus jamais ces pensées m'empêcher d'éprouver l'amour que j'ai pour toi.» Debout, devant cette tombe isolée dans le sud du Mississippi, je prononçai des mots que je n'ai jamais oubliés, parce qu'ils ont eu un effet décisif sur la façon dont je mène ma vie depuis: «Je t'envoie de l'amour... Je t'envoie de l'amour... Je t'envoie sincèrement de l'amour.»

Dans un moment de bonne foi et de pureté, je réussis à pardonner à l'homme qui avait été mon père. J'éprouvai un sentiment de paix et de purification qui était entièrement nouveau pour moi, car depuis mon enfance j'avais toujours souhaité connaître et aimer cet homme. Même si je n'en étais aucunement conscient à ce moment-là, ce simple acte de pardonner marqua les débuts d'un tout nouveau niveau de conscience. J'étais au seuil d'une période de ma vie où j'allais découvrir un monde dont je ne soupçonnais même pas l'existence.

Lorsque je rentrai à New York, de nombreux miracles commencèrent à se produire. J'écrivis *Vos zones erronées* avec la plus grande facilité. Un agent arriva dans ma vie dans d'«étranges» circonstances, juste au bon moment. J'eus une réunion avec un cadre de la maison d'édition T. Y. Crowell Publishers, et il m'appela quelques jours plus tard pour me dire que Crowell allait publier mon livre.

Chaque étape de la rédaction de *Vos zones erronées* était un miracle en puissance. Des événements étranges et merveilleux se produisaient fréquemment, ce qui me ravissait. La «bonne» personne était là chaque fois que j'en avais besoin. Le contact idéal se matérialisait à la suite de coïncidences singulières. On me demanda de plus en plus souvent de donner des conférences. Ma performance devant le public n'exigeait aucun effort. J'abandonnais mes notes tout en continuant à parler pendant six et même huit heures d'affilée lors de colloques.

Plus tard, ces colloques furent enregistrés sous forme de cassettes audio et connurent un grand succès. Ma vie familiale s'améliora aussitôt et je pris enfin des décisions que je ruminais depuis des années. J'avais accompli ce dont rêvent la plupart des auteurs, apparemment à la vitesse de l'éclair. J'avais écrit le livre qui se vendait le mieux aux États-Unis et je m'amusais énormément dans les débats télévisés auxquels j'étais invité.

Au cours des années suivantes, l'écriture me mena dans de nouvelles directions. Je changeai d'approche, et au lieu d'écrire à propos de «comment» employer des stratégies particulières pour parvenir à la compréhension de soi, je me penchai sur «comment» acquérir plus d'assurance. Au lieu de dire aux gens comment faire les choses, je commençai à écrire des livres sur l'importance d'atteindre un niveau transcendant (de nature supérieure) en tant qu'être humain.

Aujourd'hui, je suis convaincu que l'expérience du pardon, qui m'avait épuisé sur le plan émotionnel à ce moment-là, a marqué le début de ma transformation. C'était la première fois que je prenais conscience que mon esprit avait la puissance d'aller au-delà de ce que j'avais considéré auparavant comme les limites du monde physique et de mon corps physique.

Pablo Picasso a dit: «Pendant que je travaille, je laisse mon corps à l'extérieur de la pièce, tout comme les musulmans enlèvent leurs chaussures avant d'entrer dans la mosquée.» J'ai fait la même chose que ce que je décris dans ce livre. J'ai laissé mon corps à l'extérieur de la pièce. Ce que je veux dire par là, c'est que j'ai fait abstraction du monde des petites douleurs et des interruptions que l'on vit sur le plan physique, et je n'ai permis qu'à mon esprit de pénétrer le domaine de l'écriture. Dans ce domaine de la pensée pure, il n'y a aucune limite. Quelle est la limite de votre imagination? Cette partie de moi-même, qui constitue mes pensées, c'est de l'énergie pure qui permet à mes idées de se cristalliser en mots dans mon esprit, puis de prendre une forme physique sur mon clavier.

Il n'y a pas d'excuse, pas de fatigue, pas de crainte, pas d'angoisse; c'est de l'énergie pure qui passe par mon corps, et qui s'écoule ensuite dans votre direction, sans aucune limite. Au fur et à mesure que je crée, je sais que ces mots et ces idées ne m'appartiennent pas. Je suis un canal dans lequel ils coulent. Quand j'ai l'esprit ouvert et que je suis détaché, quand je laisse mon corps à la porte comme disait Pablo Picasso, je fais partie du processus créatif qui est lié à l'éveil. Ce processus d'éveil et les récompenses qui accompagnent la transformation personnelle sont précisément le thème de ce livre.

Pour déclencher le processus de l'éveil, il faut se familiariser avec le concept du paradoxe. Pourquoi? Car à chaque instant de votre vie, vous êtes un grand paradoxe qui marche, qui parle, et qui respire. C'est ainsi que sont les choses. Voici comment la Bhagavad-gītā, l'un des plus anciens livres sacrés de la planète, résume le paradoxe:

> «À cause de leur passion pour les «dualités»,
> À cause des pièges jumeaux du plaisir et du déplaisir, prince,
> Toutes les créatures vivent dans la confusion, à l'exception de quelques-unes
> Qui, libres de tout péché, agissent sainement, dans la connaissance,
> Libérées des «dualités» et ancrées dans la foi,
> Se fraient un chemin vers moi.»

Et vous continuerez à être désorienté jusqu'à ce que vous vous sentiez très à l'aise vis-à-vis du type de dualités que je mentionne ici. Vous êtes simultanément une forme, sujette à toutes les règles et lois qui s'appliquent aux formes, et une «non-forme», soumise à un ensemble de règles et de lois diamétralement opposées. Vous êtes à la fois timide et agressif dans le même corps. Vous êtes paresseux et industrieux. Vous faites l'objet de louanges lorsque cela vous importe le moins. Plus vous resserrez vos doigts sur l'eau, moins vous en avez. Les choses qui vous dérangent chez les autres sont les leçons que vous devez apprendre vous-même.

On ne peut pas examiner uniquement le pôle Nord d'un aimant. Il y a toujours un pôle Sud dont il faut tenir compte. La dualité est toujours là. Plutôt que d'écarter ce concept avec votre hémisphère gauche linéaire, rappelez-vous que vous avez, au même moment, un hémisphère droit intuitif qui peut permettre aux dualités de coexister harmonieusement. La description que fait Ram Dass du paradoxe dans *Be Here Now* m'enchante:

> «Le paradoxe le plus exquis (...) dès que vous abandonnez tout, c'est que tout peut vous appartenir (...) Tant et aussi longtemps que vous désirez le pouvoir, *vous* n'y aurez pas accès. Dès la minute où vous ne voudrez plus de ce pouvoir, vous serez plus puissant que vous ne l'avez jamais rêvé.»

Vous serez aux prises avec ce paradoxe jusqu'à ce que vous soyez entièrement familiarisé avec ce concept, c'est-à-dire lorsque vous aurez saisi la conjoncture difficile qui consiste à avoir simultanément une forme et à ne pas en avoir.

Après avoir écouté mes cassettes sur le thème de la transformation, une dame m'a écrit: «Eh bien, ce truc marche vraiment parce qu'on s'en imprègne.» Je ne saurais mieux exprimer cette vérité. Mais William James, dans des écrits qui remontent à 1926, l'a formulée ainsi:

> «Les limites extrêmes de notre être plongent, il me semble, dans une dimension de l'existence entièrement distincte du monde visible. Appelez-la la région mystique, ou la région surnaturelle, peu importe... nous y appartenons, quoique dans un monde plus visible. Lorsque nous communions avec ce monde intangible, notre personnalité limitée s'en trouve transformée, et nous devenons des êtres nouveaux.»

Il y a une chose dont je suis certain: en communiant avec tous ces principes universels, en écrivant sur ce thème, en les vivant dans ma vie quotidienne, je suis devenu un nouvel homme, un homme plus heureux, plus réfléchi, vivant plus intensément que je ne l'aurais cru possible. J'espère maintenant que mes efforts et mon énergie seront tangibles dans ce livre et vous aideront, vous aussi, à transformer votre vie.

Dans l'amour et la lumière,
Wayne W. Dyer
1989

Chapitre 1

La transformation

La transformation est la capacité
et le désir de vivre au-delà de votre forme.

J'ai la sensation d'avoir franchi un portail et de ne plus pouvoir faire marche arrière, ni retourner à l'endroit où j'habitais avant. À mes yeux, le fait de passer par ce portail symbolise la transformation. Qu'est-ce que je veux dire?

Commençons par le mot «forme», c'est-à-dire le centre de la transformation. C'est un terme qui décrit votre être physique. Il inclut toutes les propriétés physiologiques que vous associez désormais à l'être humain que vous êtes. La forme inclut le poids total de vos os, de vos artères, de vos vaisseaux sanguins, de votre peau, de vos yeux, de vos ongles, de votre cœur, de vos poumons, de vos reins, et de tous les organes que vous pouvez énumérer. Mais vous êtes indubitablement plus qu'un amas d'os, de peau et d'autres composantes diverses. Toutes les composantes de cette forme se retrouvent également chez le cochon et le cheval.

Le véritable vous, le vous unique, est invisible à 99%, intouchable, inodore, imperméable aux sens physiques, lesquels ne connaissent que la forme. La majeure partie de qui vous êtes vraiment se situe au-delà de la forme. On l'a déjà appelé l'esprit, les sentiments, les pensées, la superconscience, mais quoi que ce soit, ce n'est certainement pas une forme. Toutes vos pensées et votre conscience spirituelle se trouvent dans cette autre dimension exempte de forme.

Examinez à présent le préfixe «trans» qui signifie «au-delà», «au-dessus», ou littéralement, «par-dessus». Lorsque l'on place ce préfixe devant le mot «forme», on obtient le mot «transforme». En ajoutant le suffixe «ation», qui signifie «action» ou «résultat», on obtient le mot «transformation». À mes yeux, ce mot signifie le résultat ou l'action d'*aller au-delà de sa forme*. Et tel est le défi que je vous lance dans ce livre: vous aider à vous voir comme un être beaucoup plus évolué et divin qu'une simple forme.

Votre forme doit respecter les règles de la forme. Elle changera de nombreuses fois au cours de votre vie. De fait, chaque cellule de votre forme change complètement, environ chaque 7 ans, et pourtant *vous* continuez d'exister. Vous avez déjà vécu dans un corps minuscule de nourrisson, de préadolescent, d'adolescent, et selon l'âge actuel de votre forme, dans d'autres corps aussi. Votre forme a complètement changé bien des fois, et pourtant le véritable vous est resté constant. Une fois que vous saisirez ce concept, vous serez sur la voie qui vous mènera à franchir le portail.

Toutes les créations de l'homme débutent par une pensée, une idée, une vision, une image mentale. La pensée s'applique ensuite à donner forme à un nouveau produit. En ce moment, j'applique mes pensées à une machine à écrire et je crée un nouveau produit appelé livre. Nous passons tous par ce processus des milliers de fois par jour. L'élément fondamental qui permet d'accéder à la transformation, c'est de nous voir comme n'étant pas limités par notre forme.

Lorsque l'on vit exclusivement dans une forme, on vit dans un monde limité. Pensez à toutes les limites que vous avez imposées à votre forme. Vous ne pouvez soulever qu'un certain poids. Vous ne pouvez courir qu'à une certaine vitesse. Vous ne pouvez travailler qu'un certain nombre d'heures par jour. Mais les limites se situent toutes dans la dimension de la forme.

Examinez à présent la partie de vous-même qui ne connaît pas de limites physiques, la dimension de la pensée. Il n'y a aucune limite à votre capacité de penser. Vous pouvez vous *imaginer* en train d'accomplir n'importe quoi. Vous pouvez avoir en pensée une relation parfaite avec votre conjoint. Vous pouvez être qui vous voulez, aller partout, vivre toutes les expériences que vous souhaitez dans cette dimension de l'esprit, distincte de la forme.

Je suggère que vous viviez une partie essentielle de votre vie dans cette dimension qui se situe au-delà de la forme, c'est-à-dire, dans la transformation. Simultanément, vous serez en mesure de conserver votre forme, de répondre à ses besoins et de comprendre avec amour les signaux qu'elle vous envoie, tout en sachant qu'elle vous sert, qu'elle sert le *véritable* vous. Dans notre culture, on met l'accent sur l'extérieur, sur l'apparence physique. Je vous suggère plutôt de mettre à présent l'accent sur votre être exempt de forme, tout en gardant à l'esprit le fait que la forme contient le véritable vous. Lorsque vous vous serez suffisamment entraîné dans cette dimension, vous pourrez éliminer presque toutes les limites. Vous irez au-delà de votre forme, et vous ferez ce que suggère saint Paul dans la Bible (Romains 12, 2):

> «Et ne vous modelez pas sur le monde présent, mais que le renouvellement de votre jugement vous transforme et vous fasse discerner quelle est la volonté de Dieu, ce qui est bon, ce qui lui plaît, ce qui est parfait.»

Tel est le lieu de la transformation. Tel est le lieu où vous pourrez non seulement vivre un miracle, mais aussi créer des miracles.

Vous pouvez mener une vie de plus en plus évoluée, quotidiennement, sans consulter pour cela un gourou, ni maîtriser la métaphysique. Comment? En croyant que vous êtes une âme pourvue d'un corps plutôt qu'un corps doté d'une âme. Vous vous créerez une vie qui n'a littéralement aucune limite. Vous commencerez à voir des miracles se produire tout simplement parce que vous y croyez et que vous vous attendez à ce qu'ils se produisent devant vous. De fait, vous deviendrez vous-même un faiseur de miracles.

Vous commencerez à voir que vous êtes un miracle phénoménal lorsqu'il s'agit de guérir votre propre corps. Vous commencerez à changer vos mauvaises habitudes – suralimentation, style de vie sédentaire – sans avoir besoin de vous fixer des objectifs, ni de vous discipliner. Vos nouvelles habitudes se marieront parfaitement à votre nouvelle sensation de *tout* ce que vous êtes, même si vous êtes incapable de définir cet état en employant des termes physiques.

De plus, la foi que vous aurez dans la capacité d'autoguérison de votre corps se traduira par le soin que vous prendrez de ce précieux temple dans lequel vous vous trouvez. La crainte de la mort disparaîtra au fur et à mesure que vous vous rapprocherez d'un état de conscience dans lequel vous saurez que la pensée, votre être essentiel, ne meurt jamais. La pensée ne peut pas mourir. C'est l'énergie qui compose l'existence même de l'univers, et une fois que vous aurez pris conscience de cela au tréfonds de votre être, vous ne craindrez plus jamais la mort.

Il y a quelques années, une belle femme du nom de Peace Pilgrim parcourut les États-Unis, porteuse d'un message de paix, d'amour et de transformation personnelle. Elle décrivit les caractéristiques de la transformation personnelle dans cette courte liste.

Certains des signes et des symptômes de la paix intérieure

Une tendance à penser et à agir spontanément plutôt que mû par des craintes provenant d'expériences passées

Une grande capacité de profiter de chaque moment

Un manque d'intérêt à l'idée de juger les autres

Un manque d'intérêt à interpréter les actions des autres

Un manque d'intérêt vis-à-vis des conflits

Un manque d'intérêt à propos des préoccupations

Des épisodes intenses et fréquents d'appréciation

Un sentiment de contentement et d'union avec les autres et avec la nature

L'apparition fréquente de sourires

Une plus grande réceptivité à l'amour que nous envoient les autres et un désir ardent de le partager

Voici les avantages que vous retirerez. La vie deviendra un voyage fascinant, rempli de joie et d'émerveillement. La partie de vous-même qui a résidé si longtemps dans les limites que vous vous imposez en vivant exclusivement dans votre forme, sera enfin libérée et vous permettra de *voir* un nouveau panorama... si et quand vous y *croirez.*

Vous commencerez à ralentir le rythme et à vivre dans un espace intérieur tranquille où vous pourrez apprécier tous les événements et tous les êtres qui croiseront votre chemin. Vous saurez dans votre for intérieur qu'il n'y a pas lieu de se sentir menacé par les opinions ni par les actes des autres. Vous éprouverez une plus grande joie et un sentiment de liberté et c'est aussi ce qui émanera de vous. Il vous semblera plus facile d'accepter des opinions contraires aux vôtres, car vous saurez que vous n'êtes pas défini par les êtres, ni les objets extérieurs. Un sentiment de liberté fera place à la rancœur et à la souffrance et vous procurera une grande joie. Vous ne ressentirez plus le besoin de prouver quoi que ce soit aux autres et les conflits disparaîtront de votre vie.

En fait, vous commencerez à avoir accès à l'incroyable pouvoir de votre esprit. Vous méditerez sereinement, même si votre entourage est pris dans un tourbillon frénétique d'activités. Vous *serez* la puissance d'un esprit tranquille et vous choisirez d'aller souvent vous recueillir à cet endroit. Vous découvririez certaines choses à propos de vous-même que vous n'avez peut-être jamais soupçonnées. Vous vous trouverez dans cet état d'intelligence parfaite qui habite toute forme, dans cet espace intérieur miraculeux où tout ce que vous pouvez visualiser est possible.

J'ai découvert qu'il existe une intelligence invisible, intouchable, inodore, et pourtant très réelle qui habite et soutient toutes les formes. Cette intelligence a reçu bien des noms. Certains l'appellent Dieu, d'autres la force vitale, la conscience suprême, l'esprit divin. L'étiquette n'a aucune importance. Ce qui est essentiel, c'est de la vivre. C'est une sensation semblable à ce qu'a exprimé Carl Jung lorsqu'on lui demanda au cours d'une entrevue s'il croyait en Dieu. Voici la réponse étonnante qu'il donna: «Non.» Après une pause au cours de laquelle il réfléchit mûrement, il continua: «Je *sais* qu'il y a un Dieu.»

Observez un arbre et contemplez l'intelligence qui l'habite et qui lui permet de fonctionner parfaitement dans sa forme. Les feuilles tombent et poussent de nouveau, la sève coule, il fleurit quand vient le printemps. C'est beaucoup plus qu'une simple forme. L'arbre contient une force qui lui donne vie. Bien que nous ne puissions pas la voir, elle est très réelle.

Ces jours-ci, je regarde souvent la peau qui recouvre le revers de ma main. Quand je la pince, elle ne reprend plus immédiatement sa forme comme lorsque j'étais plus jeune; elle retrouve son état original après s'être repliée. J'ai des rides autour des yeux que je n'avais pas. J'ai des poils qui me sortent des oreilles et je perds mes cheveux. Je vois que ma forme change constamment. Si je pensais que cela représente tout ce que je suis, je serais affecté par ces changements physiques. Mais je sais que je suis beaucoup plus que cette forme que j'habite.

Je sais que je suis une âme dotée d'un corps, plutôt qu'un corps pourvu d'une âme. Cette chose que certains appellent une âme et que j'appelle mon être, ou le soi, est l'essence véritable de ce que nous sommes. C'est l'intelligence qui habite la forme, et la plus grande différence entre qui je suis aujourd'hui et qui j'étais il y a plusieurs années, c'est que je vis maintenant dans une autre dimension, au-delà de la forme.

Richard Buckminster Fuller a dit un jour que 99% de qui vous êtes est invisible et intouchable. C'est votre capacité de penser et d'aller au-delà de votre forme qui détermine la qualité de votre vie. Dans ma vie actuelle, la principale différence transformationnelle qui s'est produite c'est que je suis maintenant capable d'exprimer et de vivre la déclaration suivante: «Je suis ma capacité de penser et de ressentir, je ne suis pas seulement une forme.»

Je me vois comme quelqu'un qui a choisi de jouer divers rôles dans cette vie-ci. Je croyais auparavant que ces rôles correspondaient à mon véritable moi, et que tout ce que je faisais déterminait mon essence. Je vis ma forme en faisant ce que j'ai choisi de faire, et en même temps, je peux me placer à l'arrière-plan de cette forme et observer mon être en mouvement. Ainsi, je travaille et je transpire, je joue au tennis, j'écris, je donne des conférences à de vastes auditoires, je fais l'amour avec ma femme, je me promène le long de la plage, je paie mes factures, j'essaie d'économiser de l'argent, je discute de mes investissements au téléphone, je serre mes enfants dans mes bras, et je pose tous les autres gestes que je choisis.

En fait, ces actes, ces rôles, ont une dimension magique lorsque mon être s'intègre aux gestes que je pose. Lorsque cette partie invisible et intouchable de moi-même participe, je reconnais alors que ma forme physique n'est qu'un aspect de qui je suis. Lorsque mes pensées et mes sentiments fusionnent avec mes actes physiques, j'éprouve un sentiment d'équilibre, une sensation de plénitude. Ma faculté d'*être* la pensée même est le véritable miracle auquel je participe.

Personne ne peut se placer derrière mes orbites de façon à vivre ma réalité intérieure; de même, je ne peux pénétrer la forme de personne ni devenir le processus qui appartient à cette personne. Mais je peux, et je me permets de devenir mon esprit plutôt que ma forme. Je vis à présent chaque journée comme si l'intelligence qui se trouve dans tout ce qui est vivant – ce qui m'inclut – était la véritable essence de la vie. Je ne crains plus la mort car je sais que nous ne sommes jamais formés, mais que nous sommes toujours dans un état de transition, et que même si la forme donne l'apparence d'être morte, il est tout simplement impossible de tuer la pensée.

La différence principale que je remarque en moi-même est l'immense compassion qui semble s'être récemment emparée de mon être. Auparavant, j'étais capable d'ignorer les autres et de vivre dans mon univers personnel. Je me sens maintenant plus étroitement lié, sur le plan émotionnel, à l'énergie intérieure qui habite toutes les formes de vie. Par exemple, je voyage souvent pour donner des conférences. Par le passé, j'étais toujours absorbé dans mes pensées tandis que je me dirigeais vers mon siège dans l'avion bondé. À présent, je me surprends à aider d'autres voyageurs à placer leurs bagages à main dans le compartiment supérieur alors qu'il y a quelques années, je me serais contenté de me faufiler derrière eux. J'aime beaucoup cette nouvelle compassion. Cela me donne la force d'accomplir de plus grandes choses, et bien entendu, cela éveille également l'amour chez les autres.

J'ai aussi réalisé que je suis en train d'acquérir un nouveau type d'intelligence, sans effort conscient. Je me rends compte que j'ai acquis une nouvelle sensibilité vis-à-vis de certains concepts qui me semblaient naguère nébuleux ou bizarres. Maintenant je les comprends. J'adore lire des livres portant sur la réalité quantique, la relativité, la métaphysique et la philosophie orientale. Je trouve ces thèmes fascinants alors qu'auparavant je les trouvais incompréhensibles et même ennuyeux. Dans les librairies, je déambule dans les sections de livres portant sur la philosophie, le Nouvel Âge, la métaphysique, et d'autres thèmes connexes.

Je regrette de ne pas avoir le temps de lire tout ce qui a été écrit sur ces questions. Je suis désormais fasciné par ces sujets. En outre, et c'est encore plus important, ils semblent correspondre à une nouvelle présence d'esprit personnelle. En effet, j'ai l'esprit plus ouvert à propos de tout l'univers. Ma vision me permet d'explorer sans porter de jugement, ce qui assombrissait ma raison par le passé.

Ce qui est encore plus curieux, c'est que tout cela me semble parfaitement logique. Je comprends ce qui était obscur. C'est un éveil véritablement extraordinaire et je trouve cela bouleversant. J'écoute souvent des cassettes, ou je lis des livres que je trouve «absolument géniaux» et qui me stimulent beaucoup. Je ne sais pas si je fais preuve de réceptivité à l'égard de ces nouvelles idées ou si j'ai tout simplement développé une plus grande intelligence grâce à mes études.

Quoi qu'il en soit, j'adore cela, et surtout, j'adore partager cette nouvelle expérience avec vous et avec d'autres. C'est comme si en un bref instant, j'avais commencé à comprendre et à vivre les enseignements des maîtres spirituels. Non pas en suivant des programmes d'études supérieures, ni en essayant d'aiguiser mon niveau de conscience spirituelle, mais simplement en changeant et en devenant un nouvel homme, émerveillé par le miracle de la création.

Je me sens aussi moins attaché à mes possessions matérielles. Je ne m'identifie plus à mes réalisations ni à mon curriculum vitae. C'est comme si je me définissais de façon moins rigide maintenant que je suis devenu un être sans frontières. J'ai l'impression que je peux me mettre à l'arrière-plan de moi-même (de ma forme) et permettre à ma nature suprême d'être tout ce que je désire, sans avoir à me définir en fonction des actes que je pose. Je me définis par une connaissance intérieure ou un état qui défie les descriptions externes. Le principal n'est plus *ce que* j'accomplis, mais le fait que j'ai la sensation d'appartenir à la race humaine et d'être au même diapason que l'humanité. Les auto-étiquettes ne sont plus nécessaires.

Ce n'est pas que j'ai cessé d'agir, mais c'est plutôt que mes actes s'expriment dans le processus de mon auto-définition. Moins j'attache d'importance à ces facteurs externes, moins j'ai de restrictions dans ma vie. Je me sens capable de faire tout ce que je désire du moment que j'obéis à la voix intérieure que je suis le seul à pouvoir entendre.

Je ressens un profond bouleversement sur le plan de mon éthique personnelle. Je refuse de canaliser mon énergie émotionnelle vers toute personne qui tente d'exercer un contrôle sur moi ou de porter des jugements. Je n'éprouve plus le besoin de faire mes preuves ni de justifier mes croyances. Je ne ressens pas la nécessité de convaincre qui que ce soit de la justesse de mon point de vue. J'écoute l'opinion des autres, sans éprouver le besoin de les confronter. Une paisible sensation de qui je suis irradie de moi et se fond au respect que j'éprouve envers autrui.

J'ai découvert que certaines de mes relations personnelles sont devenues plus profondes, surtout avec ma femme et ma famille immédiate, tandis que d'autres ont perdu de leur importance. J'apprécie encore énormément la compagnie des autres dans un contexte social, mais je n'éprouve plus le besoin de me définir en participant à ces activités, alors qu'elles jouaient un rôle beaucoup plus important il y a quelques années. Je préfère passer du temps seul ou cultiver les relations étroites et intenses que j'ai avec les membres de ma famille et avec quelques-uns de mes associés.

En pratique, il n'y a plus de relations de dépendance dans ma vie, sauf celles que j'entretiens avec mes jeunes enfants. Je ne suis plus intéressé à ce que quiconque dépende de moi pour trouver son bien-être émotionnel ou pour répondre à tout autre besoin.

Paradoxalement, je donne de ma personne plus généreusement. J'aime plus que tout aider les autres. C'est à la fois étrange et merveilleux de vivre exclusivement en fonction de ma vérité, tout en acceptant ceux qui fonctionnent sur une autre fréquence, sans porter de jugements.

De même, je trouve cela plus facile de fonctionner à ma propre fréquence et d'ignorer les prières de ceux qui me demandent de vivre conformément à leurs valeurs. Ce qui s'est produit, c'est que la frontière divisant ma nature suprême des autres s'est dissoute. Je vois les autres suivant leur propre chemin et je peux maintenant les aimer tels qu'ils sont.

Lorsque les autres tentent de m'imposer leurs propres valeurs et leurs attitudes, comme je le faisais avant, je sais que cela peut affecter mon harmonie et mon équilibre intérieurs. Mais maintenant, je deviens tout simplement un observateur paisible de ce qu'ils expriment à propos d'eux-mêmes et de leur vérité. Le moi authentique, les pensées et les sentiments que je vis, ne sont plus canalisés vers l'autodéfense; je peux observer les autres sans avoir besoin de leur prouver qu'ils ont tort. Ma voie reste claire comme le jour. C'est là une nouvelle sorte de vision qui me permet de vivre au-delà de la forme, tout en ayant simultanément une forme. Je ne me sens menacé ni contrôlé par personne. J'ai découvert en moi un endroit où règne une paix sublime.

J'ai perdu la capacité de blâmer les autres et de les tenir responsables de mes circonstances. Je ne perçois plus le monde en termes d'accidents malheureux ni d'infortunes. Je sais dans mon être que j'influence tout, et j'analyse maintenant pourquoi j'ai créé une situation donnée au lieu de dire: «Pourquoi moi?» Cet état de conscience plus élevé me porte à chercher des réponses en moi-même. J'assume la responsabilité de tous les événements, et l'intéressant casse-tête devient un fascinant défi lorsque je décide d'exercer une influence sur certains aspects de ma vie que je ne pensais nullement pouvoir maîtriser il y a quelques années. J'ai maintenant le sentiment que je maîtrise tout.

Je sais que je crée ce que j'ai et ce dont j'ai besoin, et que je suis capable de faire des miracles quand je jouis d'un équilibre intérieur et que j'utilise la dimension de la pensée pour créer le monde que je désire. Je sais maintenant que mes circonstances ne font pas de moi qui je suis, mais qu'elles révèlent qui j'ai choisi d'être. Plus je réussis à calmer mon esprit, plus je perçois clairement le lien entre mes pensées et mes émotions. Plus mon esprit est calme, moins j'ai tendance à porter de jugements et à être négatif. Le fait d'avoir l'esprit tranquille me permet de mener une vie calme et aide mon entourage à mener une vie productive, paisible et sereine.

Par conséquent, la façon dont je pense peut directement affecter ceux qui m'entourent. On a dit à propos de Jésus, de Bouddha et à propos d'autres êtres très évolués spirituellement que leur présence dans un village pouvait élever le niveau de conscience de tous les habitants. Je peux maintenant apprécier cette idée à sa juste valeur. J'ai découvert que quand je suis totalement en paix et que la sérénité émane de moi, l'état d'esprit de ceux qui se trouvent dans la même pièce que moi devient paisible.

J'ai récemment prononcé un discours devant un vaste public, à Chicago. Il y avait dans cette pièce près de 500 enfants, dont plusieurs étaient des tout-petits et des nourrissons. Le niveau de bruit était plutôt fort, mais au bout d'un certain temps je réussis à m'y habituer et cela ne me dérangea plus. À un moment particulièrement poignant de mon discours, alors que j'étais sur le point de réciter un doux poème qui a un sens très profond pour moi, toute la salle, incluant les nourrissons et les tout-petits, devint silencieuse. Par la dimension de la pensée, une sorte de communication magique s'était établie entre tous.

Les changements qui se sont produits en moi et dans ma vie se sont matérialisés sans fixation d'objectifs ni de plan tracé de ma part. Et pourtant ces changements intérieurs font autant partie de moi que mes poumons et mon cœur.

En outre, de nombreux changements se sont produits quant à ma façon physique d'être dans le monde. Je cours au moins 12 kilomètres par jour et je n'ai pas manqué une seule journée depuis le jour où j'ai commencé, à l'âge de 36 ans. Pas une seule fois! Je dis aux autres que la course n'est pas quelque chose que je fais, c'est quelque chose que je suis. Cela fait partie de mon être. Cela fait partie de mon programme de santé tout comme prendre bien soin de mes dents. C'est simplement ce que je suis en tant qu'être humain en bonne santé.

Mon «ancien moi» avait pleinement conscience des avantages de ma forme. Ces avantages sont toujours là, mais lorsque je cours j'éprouve maintenant une sensation de bien-être plus intense sur le plan intérieur, un oubli de moi-même, une non-conscience de ma dimension physique. J'ai plus d'énergie que jamais. J'attribue cette énergie et les efforts que je fais pour être en bonne santé et en bonne condition physique au fait que mon approche de la vie découle d'un état de conscience plus élevé.

Je constate que je ne mange plus de viande rouge; c'est intéressant car j'adorais la viande. Je n'ajoute plus de sel à mes aliments. Il y a quelques années, je m'emparais de la salière avant même de goûter la nourriture. Je consomme rarement du sucre, de la caféine, et autres aliments dépourvus d'éléments nutritifs. Je trouve tout cela *intéressant*, mais ce qui est vraiment *stupéfiant* à mes yeux, c'est que ces habitudes alimentaires saines découlent d'une approche plus aimante vis-à-vis de moi-même et de toute la vie, et non pas d'un désir d'être plus attirant physiquement, ni d'être plus fort, ni de vivre plus longtemps.

J'ai l'impression de faire confiance à un conseiller intérieur parfait, plutôt que de m'appuyer sur des normes culturelles, de vieilles habitudes, ou sur ce que l'on m'a enseigné pendant mon enfance. La partie de moi qui veut être équilibrée choisit mes aliments. Je me sens équilibré intérieurement, et d'une certaine façon, cela se traduit presque magiquement par une approche saine à l'égard de la nutrition et de l'exercice.

Je porte rarement une montre, et pourtant il y a quelques années, cela me semblait indispensable. Le temps a perdu son importance sur le plan linéaire et je ne me sens plus obligé de prêter attention à l'endroit, l'heure, ou la vitesse à laquelle je vis ma vie. Cela s'est produit sans que je me sois fixé d'objectifs particuliers. J'ai simplement cessé de porter une montre, de faire attention au temps, et de suivre un horaire. J'ai réalisé que je n'en suis que plus efficace.

Je suis intrigué par le paradoxe qui consiste à me défaire de mon besoin ou de mon désir de me fixer des limites temporelles; je sens que j'ai découvert une dimension temporelle illimitée dans laquelle je peux accomplir les choses que je désire. Et plus encore. Sans contraintes temporelles physiques, je mène une vie encore plus productive; elle a en outre une beauté et une texture toutes nouvelles.

Je vis fréquemment le paradoxe qui consiste à se défaire de contraintes temporelles dans des endroits tels que les files dans les magasins. Je suis certain que vous connaissez bien le sentiment qu'éprouvait «l'ancien moi» lorsque la personne qui me précédait dans la queue prenait trop de temps pour mener à bien une transaction – j'étais impatient, agité, critique; je m'approchais même de cette personne pour essayer de la presser. Le «nouveau moi» ne se sent plus coincé par le temps; par conséquent, je n'ai plus besoin de me préoccuper de sortir du magasin au bout d'un certain nombre bien précis de minutes.

Maintenant, j'ai souvent la sensation de faire corps avec le temps. Je découvre en pensée que ma nature suprême fait partie de cette personne qui me précède à la caisse. J'ai des pensées bonnes et douces à propos de *ma* lenteur ou de *ma* gaucherie, un message aimant de détente envers le moi qui a été là, qui est là. La permission d'éprouver un amour inconditionnel envers moi-même dans cette situation semble se transmettre à l'autre personne et l'aider à trouver la pièce de monnaie ou l'objet qui lui manquait. Souvent ce processus de la pensée donne naissance à un sourire, à une énergie découlant d'une compréhension entre cette personne et ma nature suprême, une richesse, une générosité, une texture, une légèreté.

L'une des plus belles interactions – et en même temps l'une des plus difficiles à décrire – c'est l'intimité physique et affective avec une autre personne. La sensation physique de l'orgasme est un aspect merveilleux de notre sexualité. Mais les sentiments d'amour qui s'élèvent du plus profond de nous-mêmes sont une composante magnifique de cette expérience. À mes yeux, l'acte sexuel reflète maintenant l'amour parfait, plutôt qu'un devoir d'homme marié. Faire l'amour est une expression de l'amour intérieur que nous pouvons tous ressentir lorsque nous sommes à la fois équilibrés et épanouis. L'union sexuelle représente notre expression mutuelle de cet amour.

J'ai perdu le désir de m'organiser de façon purement linéaire, et ce faisant ma vie s'est enrichie, elle est plus coulante, plus facile, et elle est parfaitement équilibrée. Ma nouvelle perspective me permet d'entreprendre n'importe quel projet avec dynamisme, car je suis conscient que je n'ai plus besoin de faire mes preuves ni d'être jugé en fonction des résultats que j'obtiens. Je suis simplement qui je suis, je fais ce que je choisis de faire, et j'accepte les résultats ou les manques de résultats. Il est intéressant de constater que j'accomplis bien davantage et que j'acquiers plus de biens matériels (que je donne en grande partie). J'accomplis plus de choses que je n'aurais cru cela possible à l'époque où le temps s'écoulait de façon linéaire.

Ma motivation d'accomplir et d'acquérir s'est émoussée. C'est particulièrement apparent quand il s'agit de rivalité. À une autre époque de ma vie, je devais toujours battre mon adversaire pour faire mes preuves. Depuis peu, je ne me sens plus enclin à faire de compétition. Je joue encore au tennis, mais j'envoie des souhaits positifs à mon adversaire au beau milieu d'un match serré, et paradoxalement, mon jeu n'en est que meilleur. Je considère que c'est un phénomène naturel qui résulte du fait que l'amour inconditionnel et le non-jugement émanent de ma nature suprême sous forme de sentiments et de pensées.

La collaboration a remplacé la compétition dans toutes les facettes de ma vie; les résultats sont étonnants aussi bien pour moi que pour tous ceux avec qui je suis en contact. Je suis fortement attiré par le message que contient cette déclaration: «Dans un monde composé d'individus, la comparaison n'a pas sa place.» Les événements extérieurs n'ont aucune pertinence à mes yeux, sauf dans la mesure où ils provoquent de l'ordre ou du désordre dans le monde. J'évalue tout ce que je fais. Si l'un de mes actes a un effet harmonieux sur moi-même et sur les autres, c'est un acte positif. S'il crée des remous ou du désordre, je fais en sorte d'en contrecarrer l'impact.

Je considère que ma mission est d'aider les autres à parvenir à un état de conscience plus élevé, de sorte que toutes leurs pensées et tous leurs actes convergent vers l'ordre et l'harmonie. Cela signifie vivre comme si l'intelligence inhérente à toute forme avait vraiment de l'importance; cela signifie ne rien faire qui puisse détruire ou avoir un effet nocif sur la vie. S'abreuver à l'énergie intérieure qui est notre nature suprême tout en sachant l'accepter permet d'acquérir un sens d'équilibre et d'harmonie.

Au fur et à mesure qu'un plus grand nombre de gens évolueront vers ce niveau d'équilibre personnel, nous créerons des formes extérieures dans notre monde. Ainsi, nous participerons tous à la transformation de notre univers. Je me réjouis du fait que mes six enfants aiment la vie et adorent apprendre. Je ne leur enseigne que l'amour et je vois par leurs actes qu'ils s'aiment et qu'ils ont des sentiments aimants à l'égard de leur famille et des autres.

Ma femme et moi avons appris à nous aimer, à nous respecter, et à apprécier le fait que nous sommes uniques; c'est pourquoi un éclat émane de nous dans le cadre de notre relation interpersonnelle. Il est merveilleux de voir que nous ne nous jugeons jamais et que nous ne sommes jamais négatifs l'un envers l'autre, car nous avons tous deux appris à nous comporter ainsi envers nous-mêmes. Nous avons parfois des désaccords, mais nous ne sommes jamais désagréables!

Je tiens à souligner que ce nouveau moi a encore la même assurance et la même fermeté. Je ne dis pas qu'il faut faire preuve de sérénité et de bonté devant les maux qui affligent l'humanité, dans l'espoir qu'ils disparaîtront ainsi. Au contraire, j'ai découvert en moi la force de m'engager beaucoup plus à fond du fait que je sais précisément qui je suis et que je suis conscient que personne ne peut plus me détourner de ma voie. Je peux rester sur le chemin que je me suis tracé, faire ce que j'aime et aimer ce que je fais précisément parce que je me suis transformé.

En effet, j'étais une personne qui portait des jugements absolus, ce qui se traduisait par une attitude rigide. Je suis devenu quelqu'un qui voit et qui sait que toute expérience humaine est une occasion de réfléchir à l'endroit où je me trouve, ou bien où je ne me trouve pas. Il s'agit essentiellement de lâcher prise et de se défaire d'anciennes structures de comportement profondément enracinées. Lorsque je me surprends soudain à agir de façon non harmonieuse, je vois alors que c'est là où je me trouve et aussi que c'est là où je ne me trouve pas en ce moment précis! Je me sers de mon esprit pour me trouver à l'endroit désiré au tréfonds de moi-même et pour me diriger, lentement mais sûrement, en direction de cette harmonie intérieure.

J'ai récemment vécu une expérience qui illustre ce mécanisme. Ma femme m'a dit que l'une de mes filles avait obtenu d'excellents résultats dans sa première année à l'école primaire, et elle a conclu en disant: «Je suis tellement contente d'avoir travaillé avec elle sur ce projet et de lui avoir enseigné à s'exprimer devant la classe sans anxiété et sans douter de ses compétences.» Il fut une époque où j'aurais dit: «Attends une minute. C'est moi qui lui ai enseigné ce comportement, et tu veux maintenant recevoir tous les honneurs. Tu agis toujours comme ça.» Ma réaction maintenant est: «Formidable! Je suis tellement heureux qu'elle ait confiance en elle et tu l'aides beaucoup dans ce sens.»

En mon for intérieur, je considère que j'ai également contribué au succès de notre enfant et j'apprécie ce sentiment sans exiger de marques extérieures de reconnaissance. Je sais que la confiance qu'a acquise notre fille est le résultat de nombreuses interventions provenant de ma femme comme de moi-même, de ses propres efforts, et de ceux de bien d'autres tierces personnes. J'en suis heureux pour elle; je n'ai pas besoin de recevoir des honneurs, ni de diminuer l'importance de la contribution de ma femme. Le désir de faire la concurrence aux autres et les remous intérieurs ont fait place à une paix et à une harmonie internes. C'est de l'amour inconditionnel qui commence par le soi.

Lorsque vous vous retirez dans votre paisible solitude intérieure, vous pénétrez dans cette quatrième dimension qui est le portail menant vers un monde entièrement nouveau. Mais avant d'y arriver, il vous faudra peut-être analyser pourquoi vous résistez à cette nouvelle idée puissante de transformation personnelle.

Certaines des raisons pour lesquelles vous résistez peut-être à ce principe

Pourquoi voudrait-on résister à cet état? Peut-être pour conserver l'illusion de la sécurité. Aussi longtemps que vous serez convaincu que vous n'êtes que votre forme, vous n'aurez pas besoin de considérer votre propre grandeur d'âme ni les risques qui accompagnent toute transformation.

Pensez-y un instant. Tous les obstacles qui vous empêchent de parvenir à la réussite et au bonheur peuvent facilement s'expliquer par les frontières de votre existence physique. Dans cet état d'esprit, vous pouvez décider que les autres ont tout bonnement de la chance, ou qu'ils sont nés avec des avantages que vous n'avez pas eus. C'est le genre de pensée qu'a une personne qui reste coincée dans sa forme. La transformation exige que l'on se montre réceptif à une idée entièrement nouvelle. La plupart d'entre nous rejetons les nouvelles idées pour nous réfugier dans la sécurité que nous procurent celles auxquelles nous sommes confortablement habitués.

Il est aussi très commode et naturel d'adopter le point de vue opposé à celui qui est énoncé dans le titre de ce livre. C'est-à-dire: «Je ne crois que ce que je vois! Et pas un instant avant!» La plupart des gens n'aiment pas aller au-delà de leur zone de confort. Vous savez peut-être en votre for intérieur que le phénomène de la vie se situe au-delà d'explications purement physiques et que la science ne peut pas donner de réponses absolues à des questions telles que: «Qu'est-ce que la vie? Où va-t-elle lorsqu'elle meurt? Quels sont les mécanismes de la pensée?» Même si vous avez peut-être conscience de cela, vous préférez vous cantonner dans ce que vous pouvez voir – c'est-à-dire, vous limiter à la forme et uniquement à la forme. Croire à l'absence de forme est peut-être trop effrayant et bizarre pour vous à cette étape-ci. Et pourtant, votre cœur vous dit bien que vous êtes sûrement plus que ce corps que vous habitez.

Il semble risqué au début de se défaire de toutes ces vieilles idées réconfortantes et de faire le pas qui vous permettra d'interagir avec votre être intérieur. C'est là que vous habitez, dans cet endroit intérieur. C'est là que vous ressentez tout. C'est là où résident toutes vos pensées. Et vous n'êtes peut-être pas prêt à explorer ce lieu où vous êtes entièrement responsable de tout ce que vous ressentez et vivez. Vous résistez peut-être aussi à la transformation car vous avez peur du changement, ou que vous craignez d'examiner quelque chose que vous ne comprenez pas. J'appelle cela la politique de l'autruche – qui se cache la tête dans le sable – envers votre propre spiritualité. «Il appartient au prêcheur à l'église de faire des sermons sur ce que je suis censé faire dans le domaine spirituel. Moi? Je m'occuperai de payer mon hypothèque. Toutes ces histoires mystiques sont pour les penseurs ou pour les gens qui ont de profondes convictions religieuses.»

Nous avons été conditionnés à croire que les questions portant sur un état de conscience supérieur sont essentiellement la responsabilité des grands leaders religieux. Et pourtant, si vous analysez les enseignements des maîtres spirituels, ils disent tous la même chose, quoique de façon différente. «Le royaume des cieux est en vous.» «Ne demandez pas à Dieu d'agir à votre place, prenez plutôt conscience de votre propre divinité et de votre magnificence.» «Regardez en vous-même, et non pas à l'extérieur.»

Vous croyez peut-être que votre transformation personnelle peut susciter un conflit avec votre formation religieuse personnelle. Mais rien de ce que j'écris ne va à l'encontre des enseignements des maîtres spirituels. Rien! La transformation concerne l'amour, la paix, l'épanouissement personnel, le fait de traiter les autres avec respect et de vivre harmonieusement sur terre comme une famille humaine. Je n'écris rien dans le but de critiquer ni de ridiculiser les croyances religieuses de quiconque. Même si je considère que certains des actes perpétrés contre les êtres humains au nom de Dieu ou de religions organisées sont une malédiction, je ne considère pas que les postulats essentiels de la religion soient erronés. Un être transformé est incapable de se comporter envers les autres de façon non spirituelle.

Enfin, vous résistez peut-être à ce processus de transformation car vous sentez que vous n'avez pas vraiment la capacité d'aller au-delà de ce que vous pouvez concevoir de la vie que vous vous êtes créée. Vous sentez peut-être que vous avez vraiment atteint les limites de là où vous souhaitez aller et que vous n'êtes pas prêt à subir le stress et l'anxiété qui accompagnent la découverte d'une dimension beaucoup plus vaste que ce à quoi vous êtes habitué. Vous ne voulez peut-être pas vous imaginer ce que vous pourriez devenir, parce que vous n'êtes pas prêt à amorcer ce virage et que vous voulez rester dans votre zone de confort, là où la vie vous est familière.

Votre résistance à la possibilité d'envisager votre transformation provient surtout du fait que vous voulez continuer à préserver l'état actuel des choses. Néanmoins, je sais que vous ne seriez pas en train de lire ces pages en ce moment si vous n'étiez pas tout au moins curieux quant à la possibilité de vous élever bien au-delà de la vie que vous avez menée jusqu'à présent. Et je peux vous assurer que le travail est minime. Une fois que vous aurez réalisé que vous êtes beaucoup plus qu'un amas d'os, de muscles, d'organes et de sang, vous serez déjà dans la bonne direction. Quand vous commencerez à vous demander qui est cette personne que vous avez appris à appeler vous-même, vous serez dans la bonne direction. Quand vous commencerez à réaliser que vous êtes vous-même d'essence divine simplement parce que vous avez un esprit et une intelligence universelle qui soutiennent votre forme, vous aurez déjà démarré en trombe. Le reste se produira presque automatiquement.

Quelques suggestions pour favoriser votre transformation personnelle

- Exercez-vous à penser à vous-même et aux autres comme étant dénués de forme. Consacrez quelques moments par jour à vous évaluer, non pas selon votre performance dans le monde physique, mais en fonction de la pensée et du sentiment à l'état pur. Imaginez-vous à l'arrière-plan de votre être physique. Observez-vous en train d'agir et d'interagir et ressentez ce que vous sentez. Ne critiquez pas, ne jugez pas. Observez simplement comment se comporte votre forme et quels sentiments elle éprouve. Soyez un observateur tandis que votre forme pose les gestes qu'elle a choisis.
- Faites l'exercice de l'observateur avec d'autres personnes. Commencez à remarquer comment elles détruisent leur potentiel de bonheur et de succès car elles s'identifient exclusivement à leur forme. Tandis que vous les observez évoluant dans le ballet de leurs gestes frustrants, sachez que ce n'est pas là l'être humain complet, que chacune des personnes que

vous croisez quotidiennement contient un être invisible et pensant, d'essence divine. Dans vos relations proches, réunissez-vous avec les êtres que vous aimez dans un endroit où il n'y a aucune limite, rencontrez-les en pensée, au-delà de la forme, et vous verrez que la plupart de vos divergences sont insignifiantes, que l'être humain réel qui se situe au-delà de cette forme est beaucoup plus vaste que ce que vous révèlent vos yeux physiques. Faites le vœu d'établir un lien avec cette dimension.

- Faites l'effort d'aller régulièrement au-delà de votre zone de confort. Écoutez le véritable vous, la voix intérieure qui vous encourage à vous transcender, plutôt que l'ancien vous qui décrétait que vous étiez incapable d'y parvenir. Posez-vous la question suivante: «Quelles sont les structures de comportement que je répète constamment car c'est là où je suis le plus à l'aise?» Quand vous aurez obtenu une réponse honnête, efforcez-vous d'adopter une nouvelle approche à l'égard des processus de votre pensée. Si vous n'avez pas fait de séjour dans la nature parce que cette idée va à l'encontre de votre zone de confort, engagez-vous à le faire. En vous étirant pour atteindre de nouveaux niveaux, vous ouvrirez la porte à la transformation.
- Faites l'effort de cesser de vous étiqueter pour établir qui vous êtes en tant qu'être humain. J'ai cessé depuis longtemps de me définir en fonction des titres professionnels. Quand les gens me demandent ce que je fais, je réponds habituellement par une petite remarque simplette du genre: «Mon travail, c'est le plaisir.» Néanmoins, derrière cette petite plaisanterie se cache une grande vérité: Je fais tout car je suis tout.

Oui, bien sûr, j'écris, mais ce n'est qu'une petite partie de ce que je suis; l'écriture est essentiellement une façon d'exprimer mes pensées. Oui, je donne des conférences à titre professionnel, mais cette étiquette ne ferait que me restreindre. Les exposés que je fais sont aussi une expression de ma dimension humaine. Le fait d'éliminer les titres et les étiquettes nous rend moins enclins à compartimenter et à restreindre notre vie. Søren Kierkegaard a dit: «En m'étiquetant, vous me niez.»

Dans une certaine mesure, presque toutes nos étiquettes font référence à la forme et à ce que nous faisons avec nos corps physiques. Qand vous cesserez de vous définir exclusivement en fonction de votre forme, alors votre profession, votre âge, votre race, votre sexe, votre nationalité, votre situation financière, votre liste de possessions, les mentions que vous aurez remportées, vos handicaps, votre degré de conditionnement physique, et toutes les autres étiquettes perdront leur sens. Mettre fin à ce processus d'étiquetage vous permettra de vous définir en termes plus spirituels et plus profonds. Si vous devez absolument employer une étiquette, essayez d'employer celle-ci: «Je suis relié à l'intelligence parfaite inhérente à toute forme, et par conséquent, j'en fais partie intégrante. Je n'ai pas de limites et pas de compartiments. Je ne vais pas tout *obtenir*, je suis déjà tout.»

- Commencez à percevoir votre esprit, votre dimension exempte de forme, comme étant nouvelle et miraculeuse. Sachez que votre esprit est capable de transcender votre forme, et que votre corps est en grande partie contrôlé par votre esprit. Imaginez-vous tenant un citron en main. Maintenant, visualisez que vous approchez le citron de votre bouche et que vous y mordez. Cet exercice vous fera saliver abondamment, car c'est ainsi que réagit le corps à l'invasion imaginaire de l'acide citrique.

Telle est la transformation en mouvement. Votre esprit déclenche une réaction dans votre être physique. C'est le principe même de l'hypnose. C'est une façon de vous mettre dans un état d'esprit qui vous permet de vous situer au-delà de votre forme et de transcender la douleur en refusant d'enregistrer les signaux douloureux. Vous disposez en tout temps de ce stupéfiant pouvoir.

- Travaillez chaque jour pour vous débarrasser des deux éléments qui inhibent le plus votre transformation personnelle: la négativité et le jugement.

Plus vous entretenez de pensées négatives, plus il est probable que vous percevrez uniquement votre aspect physique et qu'en outre, vous vous comporterez d'une façon telle que vous détruirez votre corps. Chaque pensée négative freine votre transformation personnelle. Cela vous obstrue tout comme le cholestérol bouche une artère. Lorsque vous êtes plein de pensées négatives, cela vous empêche de découvrir un bonheur plus grand et plus riche.

La tendance à juger les autres est un obstacle considérable qui inhibe votre transformation personnelle. *Lorsque vous jugez quelqu'un d'autre, vous n'êtes pas en train de le définir, vous êtes en train de vous définir*. Le jugement que vous portez sur l'autre ne révèle rien à propos de cette personne; cela indique simplement que vous avez besoin de juger la personne comme vous le faites. En fait, vous en dites plus long à propos de vous-même qu'au sujet de l'autre.

Lorsque vous vous surprendrez à penser et à agir de façon négative ou bien à porter des jugements, n'oubliez pas que cela indique aussi bien où vous êtes à ce moment-là que là où vous n'êtes pas; que c'est peut-être un signe que vous vous identifiez dans une certaine mesure avec la personne jugée. Ce qui nous dérange le plus chez les autres est souvent quelque chose que nous refusons de reconnaître en nous-même, ou encore quelque chose dont nous avons davantage besoin! Essayez de vous intéresser plutôt à la raison pour laquelle vous êtes en train de porter un jugement qu'à ce qui «cloche» chez cette autre personne.

Au bout d'un moment, la négativité et la tendance à porter des jugements feront place à une analyse délicate et à une attention aimante envers ce qui vous «accroche». Un niveau de conscience plus élevé, c'est-à-dire votre transformation personnelle, signifie la mise en pratique de cette règle d'or; lorsque vous ferez un faux pas, il vous faudra appliquer cette règle à vous-même. Vous découvrirez que le monde n'a pas changé, mais que *vous* êtes à présent un être humain entièrement différent, un être humain transformé. C'est un sentiment vraiment merveilleux que de prendre possession de sa propre vie intérieure.

- Analysez comment vous traitez la partie physique ou visible de vous-même. Lorsque vous aurez amorcé le processus d'affranchissement, vous vous sentirez de plus en plus équilibré, vous améliorerez vos habitudes alimentaires et votre programme d'exercice. Lorsque vous vous déferez de la négativité et de la tendance à porter des jugements, vous vous débarrasserez également des habitudes qui vous portent à abuser de votre forme. Vous prendrez conscience du fait que les aliments que vous mangez nourrissent le merveilleux temple où habite votre être. Vos anciennes habitudes négatives qui vous portaient à détruire votre forme disparaîtront et vous rendrez hommage à la forme comme étant une manifestation de vous-même. Lorsque vous permettez à ce processus de se dérouler, vous déclenchez un phénomène de synergie.
- Consacrez du temps à la méditation. La méditation est un outil puissant, et c'est aussi simple que la respiration. Vous

devriez choisir votre propre style de méditation. Il vous sera peut-être utile que je vous parle brièvement du mien.

Je m'installe dans un endroit tranquille et, en fermant les yeux, je visualise une lumière de couleur pastel. La puissance de la lumière écarte toute pensée. Je me sens de plus en plus paisible et je commence à voir une lumière blanche au centre du champ de lumière pastel. Je sens que je me rapproche de cette lumière blanche. Lorsque je la traverse enfin, cela ressemble beaucoup au moment que j'ai décrit tandis que je traversais le portail. Je me sens plein d'énergie, je sens que j'exerce un contrôle absolu sur moi-même et sur mon environnement. La meilleure façon de décrire cet endroit, c'est de dire qu'il y règne une «paix exquise». Je me sens aussi reposé que si j'avais dormi profondément pendant huit heures.

Lorsque je quitte ce niveau de conscience, je me sens intimement lié à l'humanité entière. De fait, j'appelle cette méditation mon point d'attache à toute l'éternité, parce qu'au tréfonds de moi-même je suis entièrement libéré de ma forme. Après avoir médité, je sais que je peux tout accomplir! J'ai prononcé mes meilleurs discours, j'ai écrit des passages qui m'ont apporté une grande satisfaction personnelle, et j'ai eu les idées les plus profondes après avoir médité. Quant à l'appréciation que j'éprouve envers les êtres qui me sont chers, le terme «summum» est la meilleure façon de la décrire.

Essayez. Employez votre propre méthode. Mais donnez-vous le temps et l'espace tranquille d'être seul avec cette partie invisible de vous-même. Les miracles vous attendent dans cet espace spectaculaire. Allez-y. C'est un endroit réellement délicieux!

- Surtout, soyez bon et compréhensif envers vous-même. Soyez particulièrement indulgent envers vous-même si vous vous comportez d'une façon qui vous déplaît. Parlez-vous avec douceur. Soyez patient à l'égard de vous-même quand vous éprouvez des difficultés à vous comporter comme une personne «sainte». Cela exige une longue pratique, de même qu'il vous a fallu une longue pratique pour acquérir des comportements névrosés, et l'habitude de porter des jugements. Pardonnez-vous et lorsque vous n'agissez pas comme vous aimeriez le faire, analysez vos actes pour vous rappeler où vous êtes et où vous n'êtes pas. Plus vous ferez preuve de bienveillance envers vous-même, plus cela deviendra une réaction automatique à l'égard des autres.

En résumé, je vous offre la métaphore du brocoli. Imaginez que vous allez au supermarché de votre quartier et que vous achetez un paquet de brocoli congelé parce que vous êtes attiré par la superbe photo sur l'emballage. Lorsque vous ramenez le brocoli chez vous, vous vous sentez encore tellement attiré par cette image que vous jetez le contenu à la poubelle et que vous commencez à préparer l'emballage pour dîner. Lorsque vous posez la photo du brocoli sur votre plat, vous réalisez soudain que vous allez avoir très faim si vous ne consommez que l'emballage.

Votre vie ressemble peut-être exactement à cela. Peut-être que vous prêtez tellement attention à l'emballage qui contient le véritable vous que vous jetez les ingrédients essentiels. Votre forme est l'emballage et bien que sa beauté et son apparence puissent vous sembler d'une grande importance, son utilité principale est de contenir tout le reste de votre magnifique entité humaine. Le contenant ne peut pas vous donner le plaisir, la satisfaction et la plénitude que vous apporte le contenu. Bien que vous ne puissiez pas voir ce qui se trouve dans ce magnifique emballage, vous savez que c'est cela qui vous apporte des éléments nutritifs irremplaçables. Si vous passez votre vie à vous concentrer exclusivement sur l'emballage, vous serez sous-alimenté sur le plan spirituel et très malheureux.

Chapitre 2

La pensée

Vous n'êtes pas un être humain
qui vit une expérience spirituelle.
Vous êtes un être spirituel qui vit une expérience humaine.

La pensée est beaucoup plus que quelque chose que vous faites. C'est en fait ce que tous les autres et vous *êtes* également. La pensée constitue tout notre être sauf la portion de nous qui est une forme, c'est-à-dire l'«emballage» qui transporte notre esprit. Essayez de concevoir la pensée comme quelque chose qui n'existe pas seulement en vous, mais aussi à l'extérieur de vous. C'est peut-être difficile car vous êtes habitué à croire que vos pensées sont un mécanisme interne qui guide la partie de vous qui est une forme. Essayez plutôt de considérer la pensée comme une entité universelle dans laquelle vous êtes né. C'est quelque chose que vous faites, et c'est quelque chose que vous êtes! Une fois que vous vous serez habitué à cette nouvelle idée, cela deviendra de plus en plus facile pour vous d'envisager *toutes* les pensées comme faisant partie intégrante de vous-même.

Voici une mini-leçon à propos de ce qu'est la pensée. Votre *désir* d'améliorer votre vie est réellement votre pensée d'améliorer votre vie. Votre *volonté* de vivre est réellement votre pensée de vivre. Vos *attitudes* concernant toute votre vie sont en fait vos pensées à propos de ces questions. *Tout votre passé* jusqu'à ce moment-ci n'est en réalité rien d'autre qu'une pensée. *Tout votre avenir* à partir de ce moment-ci n'est rien d'autre qu'une pensée. Vos *relations* avec tout le monde ne sont rien d'autre qu'une pensée. Votre *détermination* de réussir n'est rien d'autre que votre pensée à ce propos. L'idée du succès est réellement la *pensée* du succès.

Comme vous ne pourrez jamais vous placer derrière les orbites de quelqu'un d'autre et ressentir les mêmes choses que cette personne, vous êtes éloigné d'une étape du processus de cette personne et vous ne la découvrez que grâce à la pensée. C'est par le mécanisme de la pensée que vous entrez en contact avec chaque chose et avec chaque personne sur cette planète. Ce n'est pas ce qui se trouve dans le monde qui détermine la qualité de votre vie, c'est votre façon de choisir de gérer votre monde dans vos pensées.

De nombreux penseurs fort respectés provenant de diverses disciplines ont conclu que la pensée, l'esprit, déterminent entièrement comment nos vies se déroulent. Le philosophe hollandais Baruch Spinoza a dit: «J'ai vu que toutes les choses que je craignais, et qui me craignaient, n'avaient, de façon intrinsèque, aucune qualité bonne ou mauvaise sauf dans la mesure où l'esprit était affecté par ces choses.» Albert Ellis, le fondateur de la thérapie rationnelle émotive, a déclaré: «Les êtres et les choses ne nous bouleversent pas, c'est plutôt nous qui nous bouleversons en croyant qu'ils peuvent nous causer des difficultés, des ennuis.» «Nous devenons ce que nous pensons toute la journée», selon Ralph Waldo Emerson. «Il n'y a rien de bon, ni de mauvais, c'est la pensée qui confère leurs attributs aux choses», nous dit William Shakespeare. Abraham Lincoln a décrété: «Les gens sont aussi heureux qu'ils décident de l'être.» «Changez vos pensées et vous changerez votre monde», a dit Norman Vincent Peale. Jésus a dit: «Vous serez tel que vous pensez.»

Notre avenir est formé par les pensées que nous entretenons le plus souvent. Nous devenons littéralement ce à quoi nous pensons, et nous avons tous reçu le don de pouvoir écrire notre propre histoire. En ce qui me concerne, c'est presque une vérité absolue. Dans ma parabole *Le Message d'Eykis: à la découverte de soi*, Eykis dit: «Il n'y a pas de chemin vers le bonheur, c'est le bonheur qui est le chemin.»

Mes pensées ont toujours créé mon univers.

Après que ma mère eût réussi à rassembler les membres de sa famille, nous habitâmes dans l'est de Detroit. Pendant que tout le monde dormait, je passais de nombreuses nuits à regarder un programme appelé *The Tonight Show*, mettant en vedette Steve Allen, à une minuscule télévision de marque Admiral dont l'image était blanc et noir. J'adorais l'excentricité de monsieur Allen. Assis dans notre petit salon de la rue Moross, j'imaginais que j'avais été invité au *The Tonight Show* et je m'entraînais mentalement à bavarder avec Steve Allen. J'avais inventé des scénarios très précis, et j'apportais des corrections ici et là à notre conversation.

Mais dans mon esprit, je ne me visualisais pas âgé de 13 ans. Je me voyais en tant qu'adulte qui passait à la télévision et discutait de choses qui, je le savais, étaient vraies. La plupart de ces apparitions à la télévision reposaient sur la croyance – que j'avais même à cette époque – que nous avons la faculté de choisir notre destin, et que nous avons la capacité de faire rire les autres. Ces pensées étaient tellement réelles pour moi que je racontais à mes frères et à mes amis ce que j'allais dire au *The Tonight Show* lorsque j'y serais invité. Ils me considéraient comme un enfant doté d'une imagination fébrile qui vivait de toute façon dans un monde à part, et par conséquent, ils tendaient l'oreille à mes propos et passaient eux-mêmes à des choses plus réalistes.

Néanmoins, mes images intérieures n'étaient jamais affectées par l'attitude des autres. Depuis que j'ai l'âge de raison, j'ai toujours eu la faculté de pénétrer dans ce monde de «pensée pure», et cela est aussi réel pour moi que le monde de la forme l'est pour nous tous. Il m'est arrivé souventes fois quand j'étais enfant de savoir ce qui allait m'arriver avant que cela se produise, car je l'avais vécu mentalement à de nombreuses reprises. Je n'ai jamais rien accompli avec cette faculté quand j'étais jeune et un jour je cessai même d'en parler aux autres.

Comme je l'ai mentionné dans mon introduction, lorsque je retournai à New York en 1974 après mon expérience transformationnelle au pied de la tombe de mon père, je savais que je devais apporter des changements majeurs à ma vie. Même si j'aimais beaucoup enseigner à l'université, une voix intérieure me disait que je devais suivre mon propre chemin, changer de direction et m'orienter dans une direction entièrement nouvelle.

Pendant près d'un an, je retournai maintes fois dans mon esprit l'idée que je devais suivre mon propre chemin et abandonner la sécurité que m'apportait un chèque de paie deux fois par mois. Je voyais de magnifiques images avec l'œil de mon esprit. Je me voyais en train de parler à tous les Américains à propos des idées que je venais tout juste de mettre sous forme de livre dans *Vos zones erronées*. Je voyais mentalement que mon livre allait connaître un grand succès.

Et c'est pourquoi j'annonçai un jour à mes étudiants de doctorat que j'allais quitter l'université dans peu de temps et que j'allais suivre mon propre chemin. J'éprouvai un choc après cette déclaration. J'en avais à peine parlé à ma famille et pourtant j'étais en train de faire une déclaration publique. Apparemment, ma forme suivait la force invisible de mon monde intérieur.

Un matin, j'eus une image mentale très claire. Je me vis seul dans mon projet, sans aucune garantie et malgré cela plus paisible que je ne l'avais jamais été. Je savais que le jour était venu, que dans quelques heures je serais officiellement seul, et que je ne pourrais plus compter sur un chèque de paie.

Quand j'arrivai sur le campus, j'allai immédiatement au bureau de la doyenne. Je n'avais pas dit à ma femme, ni aux membres de ma famille, que le jour était venu. C'était la vision que j'avais eue le matin même qui avait rendu les choses très claires pour moi. Tout le processus au cours duquel j'entrai dans le bureau de la doyenne était un processus mental. Tout était des pensées, des visions que j'entretenais en mon for intérieur. Des images de moi-même que je ne pouvais plus effacer. J'avais peine à croire en moi-même. Et pourtant j'étais là, sur le point d'annoncer à la doyenne que je démissionnais dans quelques semaines, dès la fin du semestre en cours.

Notre conversation fut brève. Je lui dis que je voulais quitter l'université et réaliser un projet auquel je croyais profondément. Elle me demanda d'y repenser et d'en discuter avec ma famille et avec certains de mes collègues, mais je lui dis que c'était déjà un fait accompli dans mon esprit – dans mes pensées – et qu'il s'agissait maintenant d'une simple formalité qui consistait à rendre ce projet réel dans le monde physique.

Elle souligna tous les risques possibles, et me dit qu'il était fort peu probable que je réussisse à gagner ma vie en écrivant et en donnant des conférences, et que des postes tels que celui que je détenais étaient excessivement rares dans les années 70, car les professeurs étaient en surnombre et il y avait fort peu de débouchés dans les universités. Je lui dis que j'étais conscient du risque, et que c'était l'une des raisons majeures pour lesquelles j'amorçais ce tournant dans ma vie. J'avais commencé à cheminer sur la voie que Robert Frost avait appelé «La Voie la moins freqentée».

«Deux routes bifurquaient dans un bois,
J'ai choisi la moins fréquentée,
Et voilà qui changea complètement les choses.»

En quittant le bureau de la doyenne, je marchai seul, radieux. J'étais libre, libre de cheminer avec confiance en direction de mes rêves.

Je nettoyai, je rangeai mon bureau et j'annonçai la nouvelle à mes étudiants et aux étudiants de doctorat dont je supervisais la thèse. Au volant de ma voiture, sur l'autoroute, je savais que j'étais en train de franchir l'étape la plus importante de ma vie. J'étais sur le point de quitter un poste sûr, pour aller parler au public des idées que j'avais exposées dans mon nouveau livre. Personne ne me connaissait dans les médias. Néanmoins, j'étais enchanté car j'avais déjà vécu ces événements mentalement avant qu'ils se produisent dans le monde de la forme.

Je discutai de ma nouvelle aventure avec ma femme et ma fille; elles m'offrirent leur soutien et m'encouragèrent. Étant donné que j'avais toujours assumé mes responsabilités et mes obligations financières, j'étais certain de continuer à pouvoir le faire. Nous allions utiliser nos économies – j'emprunterais de l'argent et nous réduirions certaines de nos dépenses si cela devenait nécessaire.

Ma famille était entièrement d'accord avec moi: il ne fallait pas que la peur de manquer d'argent m'empêche de suivre la route du bonheur. Ma femme et ma fille semblaient savoir que je devais réaliser ce projet et, comme c'est presque toujours le cas quand les gens vous aiment, elles me stimulèrent. Tout comme moi, elles avaient l'intuition que tout allait très bien marcher. Elles aussi étaient prêtes à tenter la chance, car elles savaient que cet effort nous mènerait vers un plus grand bonheur.

Tous les obstacles que je rencontrai devinrent une occasion. On me dit que seul un petit nombre d'exemplaires de mon livre avait été imprimé et que même si j'allais parler aux journalistes, cela ne servirait à rien car la plupart des librairies ne vendaient pas mon livre. Je décidai donc d'acheter moi-même une grande quantité d'exemplaires et de les présenter au public. Au début, je devins littéralement mon propre distributeur.

En 1976, je laissai des exemplaires en consignation dans des librairies partout aux États-Unis. J'eus la chance inouïe de croiser des êtres merveilleux au bon moment. L'une de ces personnes, Donna Gould, fut tellement convaincue de l'importance de mes idées après avoir lu mon livre qu'elle m'aida bénévolement à organiser des conférences dans tout le pays. Donna savait que je défrayais la plupart de mes dépenses, et elle consacra beaucoup de temps et d'énergie à m'aider. Lorsque mon éditeur vit les résultats que j'obtenais grâce à mon enthousiasme, il fut lui aussi persuadé que j'étais sur la bonne voie. Je commençai à sillonner le pays en voiture. J'accordai des entrevues à des journalistes locaux, dans de nombreuses petites villes.

Je parcourus tout d'abord la côte Est, puis je me rendis dans le Midwest, et je traversai finalement tout le pays, accompagné de ma femme et de ma fille. Je payais mes propres dépenses. Nous descendions dans des motels bon marché. Je profitais de chaque minute de cette nouvelle aventure. Je pensais rarement à faire de l'argent. J'avais publié trois recueils de textes sur un sujet précis qui avaient connu du succès et de nombreux articles sans que cela ne se traduise par des gains financiers. Je n'étais donc pas motivé par le désir de gagner une fortune. Je faisais tout simplement quelque chose que j'adorais et je n'avais de comptes à rendre à personne. Étant donné que j'utilisais mes économies pour financer ce voyage et pour acheter les livres, j'exerçais un contrôle absolu sur tous les aspects de cette promotion.

Au fur et à mesure que les mois s'écoulèrent, mon horaire devint de plus en plus chargé. Je finis par accorder jusqu'à 15 entrevues par jour. Les librairies, qui se trouvaient dans les villes que j'avais déjà visitées, commencèrent à passer de nouvelles commandes chez mon éditeur. Au début, je n'avais réussi à obtenir des entrevues que dans de petites villes, mais maintenant on commençait aussi à me demander d'apparaître à la télévision dans des villes importantes.

Un «expert» dans le domaine de la publicité et de l'édition m'avait dit que la seule façon de parler à tout le monde en Amérique, dans les années 70, était de passer sur l'ensemble du réseau de télévision, mais que cette possibilité était difficile à envisager car je n'étais pas assez connu. Il me dit que je devrais me considérer chanceux si je réussissais à vendre quelques milliers de livres dans la région de New York, si mon livre était réimprimé à deux ou trois reprises, et si la publication de mon livre m'aidait à obtenir une promotion à l'université. C'était également l'opinion de nombreuses autres personnes qui connaissaient à fond le secteur de l'édition. Elles semblaient ignorer la grande vérité qu'avait exprimée Victor Hugo: «Rien n'est plus puissant qu'une idée dont l'heure est venue de naître».

Qu'est-ce qu'une idée sinon une pensée? Les experts avaient leurs propres idées et ils agissaient en conséquence. Moi aussi j'avais mon idée. Je savais que la façon la plus simple de parler à tout le monde en Amérique était de passer par la télédiffusion, mais j'étais convaincu que ce n'était pas la seule manière. Je réussirais à atteindre tout le monde en Amérique car j'étais prêt à y consacrer le temps et l'énergie nécessaires et à courir les risques que comportait ce genre d'approche. J'étais très motivé. Je voulais me prouver que j'étais capable de surmonter tous les obstacles. Et j'y parvins chaque fois. D'un côté, je faisais en sorte que les choses se produisent par le biais de mes pensées, de l'autre je laissais les événements se dérouler sans leur opposer de résistance. Je faisait tout avec bonne humeur et amour. Chaque journée, chaque entrevue, chaque nouvelle ville, chaque nouvel ami me stimulaient et m'amusaient.

Les mois devinrent des années et ma famille et moi étions toujours sur la route. Les choses semblaient se résoudre toutes seules sur le plan financier. Un jour, alors que j'accordais une entrevue à un journaliste de la station KMOX, à Saint Louis, je reçus un appel d'Arthur Pine. Arthur était à la fois mon ami et mon agent. Il me fit savoir que dès la semaine suivante mon livre allait paraître en huitième position sur la liste nationale des best-sellers du *New York Times*. J'avais réalisé mon projet même si tout le monde me disait que ce serait impossible. Sans paraître une seule fois à la radio, ni à la télévision nationale, j'avais réussi à établir un contact avec les habitants des États-Unis. Mon livre s'était tellement bien vendu qu'il se trouvait à présent sur la liste nationale des best-sellers. J'étais stupéfait et je me trouvais dans un état de choc.

Mais ce ne fut que le début du processus par lequel mes images intérieures, mes pensées, commencèrent à se manifester. Ce à quoi j'avais pensé chaque jour se matérialisait. En me montrant réceptif, j'avais découvert ma raison d'être. Je me débarrassais enfin des idées négatives et des jugements qui entravaient le flux de ce processus.

C'est alors que d'autres changements se produisirent. Je commençai à faire de l'exercice chaque jour. Lentement au début, mais de façon très régulière. En août 1976, je courus pour la première fois 1,5 kilomètre sans m'arrêter. À la fin, je soufflais comme un phoque et j'étais épuisé, mais j'éprouvais néanmoins une grande satisfaction. Le lendemain, je fis l'effort de parcourir à nouveau la même distance. Au bout d'une semaine, je courais 1,5 kilomètre sans effort. Deux mois plus tard, je courus 12 kilomètres sans m'arrêter et c'est ainsi que je pris l'habitude de courir 12 kilomètres par jour chaque jour, sans jamais faillir, depuis le 7 octobre 1976. Je faisais plus attention à mon alimentation et je cessai peu à peu de consommer de nombreux aliments dépourvus d'éléments nutritifs.

Ma vision devenait plus claire. Je ne me laissais plus aller à des idées négatives, ni à porter des jugements. Je commençais à traiter mon être physique de façon plus saine. Lorsque je découvris ma raison d'être, je me sentis plus heureux et plus en harmonie avec moi-même. En fin de compte, il semblait que je m'oubliais et que je me mettais automatiquement au diapason de ma mission et de mes objectifs.

Il semble que c'est ainsi que fonctionne le processus d'illumination. On passe par une série d'étapes où l'on se concentre au tout début sur soi-même et où l'on travaille consciemment pour s'améliorer jusqu'à ce que les remous intérieurs disparaissent. Il devient plus facile de donner de sa personne. Il faut d'abord éprouver un sentiment authentique d'amour et d'harmonie avant de pouvoir en faire don.

Lorsque mon livre commença à paraître régulièrement sur les listes de best-sellers dans tous les États-Unis, on me proposa de plus en plus souvent de donner des conférences et d'accorder des entrevues aux médias. Divers producteurs de programmes télévisés m'appelèrent pour me demander quelle date je serais disponible. Je commençai à apparaître à tous les endroits clés du circuit de conférences. Au bout de quelques mois, mon livre se trouva catapulté en première position et il y resta pendant deux ans.

Un jour, je reçus le coup de téléphone magique qui allait concrétiser l'image que j'avais visualisée quand j'étais un jeune garçon qui regardait la télévision dans l'est de Detroit.

Howard Papush qui faisait partie de l'équipe du programme télévisé *The Tonight Show* avait assisté à une soirée à Long Island où quelqu'un lui avait remis un exemplaire de mon livre. Il le lut sur le vol qui le ramenait à Los Angeles. La semaine suivante, je reçus un appel de l'un des membres de l'équipe du programme *The Tonight Show*, me demandant si, de passage à Los Angeles, je serais disposé à aller aux studios Burbank pour réaliser une pré-entrevue qui serait diffusée dans le cadre du programme!

Dix jours plus tard, j'étais assis dans le bureau de Howard et je lui exposai les idées auxquelles je croyais avec tant de conviction. À cette époque, j'avais déjà accordé des centaines d'entrevues, et j'avais appris que la meilleure stratégie était tout simplement d'être moi-même. Juste moi, parlant au journaliste qui m'interviewait comme si nous nous trouvions dans mon salon. Howard et moi nous entendîmes à merveille et, jusqu'à présent, nous sommes toujours amis. Je devais paraître pour la première fois à *The Tonight Show* au cours de la semaine suivante.

Ce lundi soir-là, l'animateur était Shecky Greene, un comédien très connu de Las Vegas. Tandis que j'attendais le début du programme dans le couloir à côté de la salle verte, je remarquai des téléphones publics. Je décidai d'appeler ma femme et de lui faire part de l'enthousiasme que j'éprouvais. Alors que nous bavardions, je remarquai la présence d'un homme qui parlait au téléphone juste à côté de moi. C'était le premier invité de la soirée, l'homme auquel j'avais parlé tant de fois dans mon esprit, presque tous les soirs, il y avait près d'un quart de siècle, monsieur Steve Allen.

À mon avis, ce soir-là l'enregistrement fut sensationnel. Je disposais d'environ 15 minutes pour exposer à la télévision nationale les idées qui étaient tellement importantes à mes yeux. C'était la réalisation de mon rêve. Je me sentais absolument euphorique quand je me rendis à l'aéroport pour prendre le vol de nuit qui devait me ramener sur la côte Est. C'est alors que j'entendis un employé de l'aéroport me demander à l'un des haut-parleurs. Howard était au téléphone et il m'appelait pour me faire part d'une mauvaise nouvelle: le programme avait dû céder l'antenne pour la première fois depuis de nombreuses années, car le Congrès national républicain s'était prolongé. Le programme serait donc diffusé à une date ultérieure.

Dans le vol qui me ramenait chez moi, je me demandai si le programme serait jamais diffusé, mais le lendemain je reçus un autre appel de la part de Howard me demandant de reprendre l'avion le lendemain pour paraître à l'émission de Johnny Carson qui allait être diffusée au cours de la semaine. Je pris donc un troisième avion, je traversai à nouveau le pays et j'arrivai à Los Angeles. Je fus interviewé par Johnny un mercredi soir dans le cadre de son programme. Mais nous ne disposions que de six ou sept minutes à la fin du programme et, en raison de la brièveté de l'entrevue, Johnny me demanda sur les ondes si je pouvais rester deux jours de plus et revenir le vendredi soir!

Je prolongeai donc mon séjour et je fus à nouveau interviewé le vendredi soir. Tout se déroula parfaitement. Une semaine après, le lundi suivant, le programme annulé fut diffusé. Moi qui n'étais qu'un inconnu et qui n'avais réussi qu'à obtenir des entrevues dans le cadre de simples programmes locaux, j'avais paru trois fois au *The Tonight Show*, à la télévision nationale, et les trois programmes avaient été diffusés en l'espace de 11 jours. Il me sembla clair que Henry David Thoreau avait parfaitement raison lorsqu'il écrivit: «Quand nous avançons avec confiance en direction de nos rêves, et que nous nous efforçons de vivre la vie que nous avions imaginée, nous atteignons un succès que nous n'aurions jamais espéré en temps normal.»

Vos zones erronées fut finalement publié en 26 langues dans le monde entier. J'ai écrit d'autres livres, enregistré des cassettes, rédigé des articles, donné des conférences dans de nombreux pays, et cela m'a permis de changer la vie de millions et de millions de personnes. J'ai gagné plus d'argent au cours de la première année où j'ai décidé de suivre ma propre voie et d'abandonner la sécurité que m'apportait un chèque de paie habituel que je n'avais gagné au cours des 36 années précédentes.

Le comment et le pourquoi de la visualisation

Je suis fermement convaincu que les pensées sont des choses. Les pensées, quand elles sont bien entretenues et intériorisées, se transforment en réalité dans le monde de la forme. Voyez-vous, nous pensons en images, et ces images deviennent notre réalité intérieure. Lorsque nous découvrons les mécanismes de ce processus de visualisation, nous sommes alors sur le chemin d'un «succès que nous n'aurions jamais espéré en temps normal».

Les quatre principes de la visualisation efficace

Pensez au processus qui consiste à produire des pensées comme à une visualisation intérieure qui n'est sujette à aucune des limites du monde physique. Vous pouvez vous projeter en pensée dans l'avenir ou dans le passé. Vous n'avez pas besoin de vos cinq sens pour pénétrer le monde de la pensée et vos rêves en sont la preuve: c'est exactement ce que vous faites quand vous rêvez. La cause et l'effet ne sont pas indispensables. Vous pouvez créer par la pensée toutes les images que vous désirez, et ces images sont l'essentiel et le plus pur de votre vie, sa quintessence.

Ces quatre principes élémentaires vous permettront de retirer des bienfaits de cette dimension qui se situe au-delà de la forme. Cet impact positif se fera sentir aussi bien sur le plan physique que mental.

1. Vos actes découlent de vos images. Tout notre comportement découle des pensées qui l'ont précédé. Si vous vous percevez comme une personne incompétente dans un domaine particulier, et si vous renforcez continuellement cette perception par le biais d'une image mentale, ce scénario imaginaire finira par se transformer en réalité. Supposons que vous êtes sur le point de mettre vos bagages dans la voiture et que vous vous rendez compte que vous devez mettre six valises dans le coffre arrière, mais que celui-ci n'est conçu que pour en contenir cinq. L'image que vous formerez dans votre esprit déterminera le nombre de valises que vous emporterez avec vous en voyage! Si vous pensez: «Je vais devoir me limiter à cinq valises – cette voiture n'en contiendra jamais six», c'est exactement ce qui se produira.

Mais si vous vous imaginez emportant les six valises en voyage, et si vous conservez cette image dans votre esprit, vos actes refléteront cette pensée: «Je sais que j'arriverai à caser toutes ces valises. Je réorganiserai les choses jusqu'à ce que toutes les valises rentrent.» J'appelle les pensées des *choses*, parce qu'elles ont le même impact sur le nombre de valises que vous emportez en vacances que sur d'autres aspects de votre vie, tels que votre voiture, vos valises, vos cartes routières, votre provision d'essence, votre argent, et toutes les autres choses qui se trouvent dans le monde de la forme. Lorsque vous aurez compris que la pensée est la première étape du processus de la vie, vous saisirez alors l'importance de la visualisation dans un cadre positif.

Pour devenir riche, appliquez la notion selon laquelle les pensées sont des choses. Si vous vous imaginez en train de devenir prospère, si vous conservez cette vision dans votre esprit malgré les obstacles que vous rencontrez, et si vous la voyez clairement sur votre écran mental, vos actes refléteront cette image. Vous permettrez alors à cette image de dominer votre univers mental. Vous ferez 15 appels par jour au lieu de 3 ou 4. Vous commencerez à économiser une partie de vos revenus, ce qui équivaut à vous payer en premier, et c'est là une étape cruciale pour devenir riche. Vous axerez vos pensées sur la richesse et vous vous entourerez de personnes qui renforceront vos visions.

Puis, vous suivrez des cours pour mieux connaître les sujets importants qui ont trait à la mission que vous vous êtes fixée. Vous serez dans un état permanent d'éducation personnelle. Vous demanderez conseil aux gens qui ont de l'expérience et qui ont réussi dans votre domaine. Vous consacrerez des heures à lire des livres ou des articles portant sur des personnes qui ont réussi en dépit de leurs humbles origines. Toute votre vie sera centrée sur l'image qui vous représente dans un état de prospérité, et tout cela reposera sur une seule chose: une pensée.

Il est tout aussi important d'analyser l'image contraire. Si vous vous imaginez pauvre, vos actes quotidiens refléteront cette image. Vous vous entourerez de personnes démunies, vos lectures porteront sur des échecs, vous éviterez d'entreprendre de nouveaux projets et vous ne croirez pas en l'auto-amélioration car l'idée centrale dans votre esprit, c'est que vous êtes pauvre. Votre comportement reflétera constamment cette visualisation. Vous considérerez que les gens ayant réussi ont eu de la chance ou sont nés dans des circonstances favorables. Vous aborderez toutes les rencontres qui pourraient vous aider à devenir prospère en pensant que tout cela se soldera inévitablement par un échec.

Presque tout ce que vous faites découle de l'image mentale que vous aviez à l'esprit avant de poser ce geste. Si vous vous imaginez incapable de performer devant un auditoire, vous échouerez. Vous éviterez tout simplement cette expérience et vous vous justifierez en vous collant une étiquette de personne timide. Les gens timides projettent constamment des images timides dans leur esprit et agissent toujours en conséquence, jusqu'au jour où ils réussissent enfin à se projeter mentalement des images où ils ont conquis la crainte.

Quelles que soient vos circonstances particulières, vous êtes l'écrivain, le metteur en scène, et le producteur de vos images mentales. Vous agirez toujours en fonction de ces images. Vos circonstances ne déterminent pas comment votre vie se déroulera; elles révèlent le genre d'images que vous avez choisies jusqu'à présent. Vous agissez en fonction d'images et cela comprend tout, depuis votre apparence physique, jusqu'à votre régime alimentaire, l'état de vos finances, la qualité de vos relations. Votre esprit emmagasine toutes les images que vous sélectionnez, et vous exécutez tous les jours les ordres que vous envoient vos pensées.

Il est impossible d'éprouver un sentiment sans avoir tout d'abord une pensée. Votre comportement est basé sur vos sentiments, lesquels sont fondés sur vos pensées. Il vous faut donc changer non pas votre comportement, mais ces *choses* qui se trouvent à l'intérieur de votre conscience et que nous appelons des pensées. Une fois que vos pensées refléteront ce que vous souhaitez sincèrement être, les émotions appropriées et le comportement qu'il convient d'adopter se manifesteront automatiquement. Croyez-y et vous le verrez!

2. *Dites-vous que tout ce que vous visualisez est déjà là.* Rappelez-vous ce qu'Albert Einstein nous a révélé à propos du temps! Le temps n'existe pas dans le monde linéaire – cela a été inventé par l'homme en raison de sa vision limitée et de son besoin de tout compartimenter. En fait, le temps n'existe pas. Imprégnez-vous de ces mots et montrez-vous réceptif à la possibilité qu'ils soient vrais. Maintenant, dans un univers dans lequel le temps n'existe pas, tout ce à quoi vous êtes capable de penser est déjà là.

D'ailleurs, à quel autre endroit ces choses pourraient-elles se trouver? Cette chose dans votre tête que nous appelons une pensée est déjà là, dans le monde physique. Elle ne se trouve pas dans un autre système solaire ni dans un autre univers. Elle est là. Mais vous ne pouvez pas vous contenter de visualiser quelque chose et d'attendre tout bonnement que cela se matérialise dans votre vie. Vous devez comprendre que l'occasion de transformer une pensée en une réalité physique dépend de vous. La réalité physique est déjà là, et il vous appartient d'établir la connexion entre le mental et le physique. Votre travail en tant que «visualiseur» est d'apprendre à transposer les choses du monde astral de la pensée au monde physique de la forme.

Supposons que vous vous visualisez en train de vendre cinq millions de gadgets que vous avez inventés. Vous vous direz peut-être: «Comment cette image peut-elle être là si ces bidules n'ont pas encore été fabriqués?» Parce que tout ce que vous visualisez est déjà là. Mais qui est-ce qui va acheter un bidule à la fois? Où se trouvent ces cinq millions d'acheteurs? Sur une autre planète? Dans un autre système solaire? Certainement pas. Elles sont déjà là. Il va de soi que de nombreuses étapes doivent être franchies pour que ces bidules prennent forme. Vous devez savoir comment fabriquer, distribuer, et faire de la publicité pour votre produit. Le reste des étapes existe déjà en pensée. Tout ce qu'il vous reste à faire, c'est de relier vos pensées à leurs pensées d'acheter un gadget, et ce que vous avez visualisé commencera à se matérialiser dans le monde de la forme.

Supposons que vous vous visualisez comme quelqu'un qui peut courir un marathon de 40 kilomètres. Où allez-vous le faire? Ici même! Pas dans un autre système de réalités, mais ici même, maintenant. Lorsque les frères Wright visualisèrent un avion en train de voler, cette réalité était déjà présente. Nous n'avons pas eu besoin d'inventer un nouveau système de réalités pour produire des possibilités volantes pour les êtres humains. Nous avons eu besoin de relier nos pensées à la réalité qui était déjà là. Une fois que ces pensées ont été synchronisées à la fréquence du vol en tant que possibilité, c'est devenu notre réalité. La personne en bonne santé que vous visualisez, c'est vous, elle est déjà là, même si elle est enveloppée des pensées malsaines antérieures. Le fait de comprendre que tout ce que vous pouvez voir dans votre esprit est déjà là vous aidera à assumer la responsabilité de votre vie entière.

Chaque *chose* est de l'énergie. Rien n'est solide. Tout vibre à son propre niveau de réalité; même si la forme semble être solide, un simple examen au microscope révèle qu'en fait cet objet solide est vivant et composé de molécules qui bougent et qui vibrent à une vitesse légèrement inférieure à celle de la lumière et qui semblent, par conséquent, être solides. L'énergie est la quintessence de l'univers, et les pensées font partie de cette «essence».

Aussi, lorsque vous avez une pensée concernant un événement que vous aimeriez voir se produire, n'oubliez pas qu'il s'agit simplement de connecter les deux fréquences pour que cette réalité se manifeste. Gardez à l'esprit que si vous êtes capable de concevoir l'idée dans votre tête sous forme d'image de quelque chose que vous aimeriez, eh bien c'est déjà là. Et lorsque vous commencerez à douter, n'oubliez pas de vous poser la question suivante: «À quel autre endroit cela pourrait-il se trouver sinon ici même, dans notre système de réalités?» Lorsque j'étais enfant, la pensée que j'avais d'apparaître au programme *The Tonight Show*, aussi difficile à saisir que cela puisse être, était déjà là.

Si le temps n'existe pas, cela signifie que 1953 et 1976 sont en fait la même chose. Si vous savez au tréfonds de vous-même que vos images sont déjà là tout simplement en vertu du fait que vous pouvez les penser, vous cesserez d'attendre passivement et vous commencerez à travailler pour que ces images soient transposées de votre réalité intérieure à votre plan physique. «À quel autre endroit cela pourrait-il se trouver?» est une question merveilleuse qu'il vous faudra vous poser lorsque vous serez assailli par le doute et que vous vous demanderez si ces images se matérialiseront ou non.

3. *Soyez prêt*. Oubliez le mot «détermination»! Oubliez la persévérance! Oubliez la motivation personnelle! Ce ne sont pas ces

concepts qui vous aideront à comprendre le processus de la visualisation et à faire en sorte qu'il se manifeste dans votre vie. J'entends constamment: «J'ai fait de mon mieux.» «J'ai vraiment essayé, j'ai travaillé dur, et ça n'a pas marché.» «J'ai persévéré pendant des mois et je n'ai quand même pas réussi à obtenir ce que je voulais.» Le mot clé qui manque dans toutes ces déclarations est *prêt*. Pour que votre visualisation se transforme en réalité dans le monde de la forme, vous devez être prêt à faire tout ce qu'il faut pour que cela se produise. C'est l'aspect principal de la visualisation. Tout ce que vous pouvez imaginer dans votre esprit est déjà là, et attend que vous établissiez un lien. Tout ce qu'il faut ajouter, c'est l'état qui consiste à être prêt.

Lorsque j'ai quitté l'université pour réaliser mes rêves, j'étais prêt à faire n'importe quoi. Si cela voulait dire qu'il fallait déménager dans une autre région du pays, j'étais prêt. Si cela voulait dire que je devais emprunter de l'argent, j'étais prêt. Si cela voulait dire que je devais me séparer de ma famille pendant un certain temps, j'étais prêt, car je savais que ma famille me soutiendrait. Si cela voulait dire que je devais travailler 18 heures par jour pendant des années et des années, j'étais prêt.

Lorsque je donne des conférences portant sur l'imagerie positive et la visualisation créative, il y a toujours quelqu'un dans l'auditoire qui me dit: «J'ai travaillé sans cesse pour réaliser mon rêve et malgré tout, ça n'a pas marché. Pourquoi?» La réponse que je donne à cette personne est une question: «Qu'étiez-vous prêt à faire?» En général, on me répond ainsi: «Je ne peux pas déraciner ma famille et déménager à un nouvel endroit simplement pour réaliser mes propres rêves.» Je réponds alors: ««Peut-être que vous devez analyser à quel point vous êtes prêt à faire ce qu'il faut pour transformer votre rêve en réalité.» Je crois que le fait d'être prêt à faire *n'importe quoi* est nécessaire pour réaliser vos rêves. C'est un facteur clé pour que vos rêves s'accomplissent.

En fait, être prêt est un état d'esprit. C'est une déclaration intérieure du genre: «Je *serai* le bonheur et cela imprégnera tous mes projets. Je franchirai l'étape suivante qui me permettra de transformer mon rêve en réalité.» Ce n'est pas un principe qui présuppose une longue liste d'objectifs. Bien au contraire. C'est une déclaration intérieure selon laquelle *je ferai* tout ce qu'il faudra car que je suis convaincu de la justesse de mes actes.

Je crois que plus vous êtes certain d'être sur la bonne voie, plus vous serez prêt à faire ce qu'il faut. Si vous vous rendez compte que vous n'êtes jamais prêt, je vous suggère d'analyser votre rêve de façon plus détaillée. Vous recevez peut-être un signal intérieur vous indiquant que ce n'est pas ce que vous voulez. Autrement, vous avancerez avec confiance et vous ne vous arrêterez pas quels que soient les commentaires que vous font les autres, les obstacles qui surgissent, ou les signes qui semblent indiquer que vous ne réaliserez pas votre visualisation.

J'ai deux affiches encadrées dans mon bureau. L'une est une photo d'Albert Einstein, sous laquelle on peut lire: «Les grands esprits ont toujours dû affronter une opposition violente de la part des esprits médiocres.» Sur l'autre affiche se trouvent simplement deux phrases: «Je suis reconnaissant envers ceux qui m'ont dit non. C'est grâce à eux que j'ai fait les choses moi-même.» Ce sont là des pensées d'une grande profondeur!

La notion d'*ouverture* est inhérente au troisième principe de la visualisation. Lorsque vous êtes prêt à faire tout ce qui est nécessaire pour *formaliser* vos images, vos pensées, vous ouvrez alors votre cœur à toutes les possibilités qui existent autour de vous. Aucun projet ne sera trop absurde, aucun obstacle, aucun découragement ne pénétrera le champ de votre conscience. Vous êtes ouvert à tout. En outre, lorsque vous êtes ouvert à la prospérité, vous commencez à agir de façon prospère. Je me suis fait dire bien des fois par des «experts» que mes efforts visant à informer les gens des concepts que contenait *Vos zones erronées* étaient futiles.

Mais au tréfonds de moi-même, je savais que même si leurs conseils étaient logiques à leurs yeux, cela ne faisait qu'augmenter mon désir de faire ce que je devais faire. Je me suis passionné pour chaque étape le long de ce périple, et je n'ai jamais perçu mes efforts comme une torture que je devais subir pour arriver au lieu du pique-nique. Chaque fois que je réussissais à surmonter un nouvel obstacle, je célébrais intérieurement cette réussite. Et je me suis rendu compte que ce lieu de pique-nique futur n'était qu'une illusion, car le futur n'existe pas du tout; la seule chose qui existe c'est l'unité de travail de notre vie, c'est-à-dire le présent.

Lorsque vous serez réellement prêt à faire le nécessaire quels que soient les obstacles, votre ouverture vous mènera à une harmonie intérieure qui ne vous permettra plus d'abandonner la partie. Être prêt ne signifie pas *devoir* souffrir, ni *devoir* tout faire. Souvent, il suffit d'être prêt, et être prêt, c'est une pensée.

4. Réalisez que l'échec n'existe pas. Gardez cette pensée à l'esprit et vous réaliserez tout ce que vous aurez conçu mentalement. Vous n'échouez jamais, vous produisez simplement des résultats. Toujours des résultats. Si vous essayez de frapper une balle de golf sur 100 mètres et si elle roule seulement vers la droite sur quelques centimètres, vous n'avez pas échoué. Vous avez produit un résultat. Votre concept de l'échec est attribuable au fait que vous avez cru à l'opinion de quelqu'un d'autre concernant votre façon de frapper cette balle de golf. Mais dans notre réalité, vous n'auriez pas pu la frapper autrement. Vous avez produit un résultat. Vous pouvez soit vous blâmer, soit replacer la balle sur le tertre de départ et procéder sur la base du résultat antérieur que vous avez obtenu. Si vous faites cela 200 fois, vous n'aurez toujours pas échoué, vous aurez simplement produit 200 résultats.

Aussi, selon les principes de la visualisation, si vous voulez réussir à frapper une balle de golf pour qu'elle roule sur une centaine de mètres sur l'allée ou pour qu'elle reste plus longtemps en l'air, vous devez être prêt à faire ce qu'il faut pour que cet événement se produise. C'est très, très simple. Vous ne faites pas ce qu'il faut pour que votre conjointe, ou pour qu'Arnold Palmer réussisse, vous faites ce qu'il faut pour réussir vous-même 100 élans, 200, 6 000. Si vous voulez que votre vision se convertisse en réalité dans le monde de la forme, vous devez être prêt à faire ce qu'il faut, et vous remémorer constamment que vous ne pouvez pas échouer en étant vous-même. Vous ne pouvez que produire des résultats.

Supposons que vous pesez 110 kilos et que vous aimeriez en peser 55. Vous n'avez pas échoué, vous avez produit des résultats majeurs. Appliquez maintenant les 4 principes des pensées en tant qu'objets. Voyez-vous comme une personne de 55 kilos. Formez une image de cette personne dans votre esprit et ne la laissez jamais, jamais disparaître. Vous poserez ensuite des gestes découlant de cette image, et vous verrez que vos habitudes alimentaires et votre programme d'exercice changeront pour correspondre à l'image.

Deuxièmement, rappelez-vous que cette personne de 55 kilos que vous visualisez comme étant vous est déjà là, même si elle est enveloppée de 55 kilos de plus. Troisièmement, soyez prêt à faire tout ce qu'il faut pour que votre visualisation se réalise, pour atteindre votre objectif. Je ne parle pas de ce qui a marché pour votre sœur mais pour *votre* propre visualisation. Enfin, rappelez-vous que vous ne pouvez pas échouer dans ce processus; vous ne pouvez que produire des résultats.

Si selon vos résultats continuels, vous ne perdez pas de poids, mettez-vous à l'œuvre pour découvrir quel est le système de croyances qui vous empêche de maigrir, car ce sont vos pensées qui créent ces résultats non désirés. La méthode la plus efficace à mon avis, ce sont les programmes qui mettent l'accent sur le fait que vous détenez déjà la réponse. Cherchez l'approche qui vous convient le mieux, une approche axée sur la responsabilité de soi et sur le fait que vous comprenez que ce que vous croyez est ce que vous voyez. Essayez de travailler sur vos rêves, ce qui consiste à mieux vous connaître en invitant les solutions, les réponses, et les éclaircissements à venir vers vous, grâce aux rêves et à la méditation, à partir de votre conscience intérieure.

Vous êtes le rêveur des rêves

Le vous qui se trouve au-delà de la forme est éternel et vit dans un monde exempt de forme. Voilà peut-être une déclaration audacieuse, mais seriez-vous convaincu de la véracité de mes propos si vous pouviez quitter votre corps, exister dans un monde sans forme, puis réintégrer votre corps et exister dans l'état que nous appelons la forme? C'est exactement ce que je vous suggère de faire chaque nuit, et je vous suggère de consacrer approximativement un tiers de tout le temps que vous passerez sur cette planète à faire cet exercice. Nous appelons cela rêver, et l'analyse de ce qui se produit lorsque nous quittons notre corps et pénétrons dans le monde du rêve peut nous permettre de faire des découvertes importantes à propos de la dimension de la pensée pure chez l'être humain.

Chaque fois que nous nous endormons et que nous commençons à rêver, je suis convaincu qu'en fait nous quittons notre corps, et que nous pénétrons dans un nouveau corps rêvant. Nous sommes persuadés que notre corps rêvant est réel pendant que nous rêvons; sinon, nous ne pourrions pas faire de rêves. En effet, à quel endroit ce rêve se produirait-il sinon dans ce corps rêvant?

Examinons les règles qui s'appliquent pendant que nous rêvons et voyons à quel point elles diffèrent des règles qui s'appliquent à l'état de veille.

Tout d'abord, dans les rêves, *le temps n'existe pas*. Nous pouvons reculer et avancer dans le temps comme bon nous semble. Nous pouvons nous trouver aux côtés de quelqu'un qui est décédé, il y a de nombreuses années et malgré cela, cette personne nous semblera très réelle. Nous pouvons redevenir des adolescents et cela nous semble aussi très réel quand nous nous trouvons dans ce corps rêvant. Nous pouvons vivre une vie entière en l'espace d'un rêve d'une durée de 14 minutes et tout cela est réel pour notre corps rêvant.

Deuxièmement, *il n'y a pas de cause à effet* pendant que nous rêvons. Nous pouvons bavarder avec quelqu'un que nous connaissons très bien à un moment donné, et l'instant d'après nous pouvons nous trouver dans un autobus en conversation avec un parfait étranger. Nous pouvons poser des actes qui produisent un résultat diamétralement opposé au résultat que ce même acte produirait à l'état de veille.

Troisièmement, *les rêves peuvent n'avoir ni début ni fin.* Au beau milieu d'un rêve, nous pouvons nous propulser à un autre endroit, puis revenir à l'endroit où nous nous trouvions auparavant, beaucoup plus jeunes que nous ne l'étions il y a quelques instants.

Quatrièmement, dans le rêve *chaque obstacle se transforme en une occasion.* Si dans notre rêve, nous sommes au volant de notre voiture et que nous parcourons une route qui finit abruptement par une falaise, cela peut devenir l'occasion de voler au-dessus du terrain plutôt que de nous écraser au fond d'un gouffre. Dans un scénario où nous nous trouvons en voiture et où une autre voiture nous poursuit et nous tire dessus, nous pouvons acquérir la capacité étonnante d'attraper les balles en plein vol.

Cinquièmement, *nous créons tout ce dont nous avons besoin pour notre rêve.* C'est très important pour étayer mon hypothèse. Si nous avons besoin que quelqu'un se mette à crier dans le rêve, nous créons cette personne et nous créons également l'épisode où elle crie. Nous créons chaque personne et chaque chose dont nous avons besoin pour notre rêve. Qui d'autre pourrait créer tout cela, sinon nous-mêmes?

Sixièmement, *nos réactions dans notre rêve se manifestent dans notre corps physique, mais les choses qui créent ces réactions ne sont que des illusions ou des pensées.* Par exemple, si vous créez quelqu'un qui vous menace d'un couteau, votre cœur commencera à battre plus rapidement, et cela est réel. Mais le couteau et la personne qui le brandit ne sont que des illusions.

En dernier lieu, *la seule façon de savoir que nous rêvons, c'est de nous réveiller.* Si nous rêvions 24 heures par jour, telle serait notre réalité.

Nous sommes convaincus que le corps est réel, et pourtant tout ce que nous vivons dans notre rêve appartient entièrement au royaume de la pensée. Il n'y a pas de réalité physique, c'est une illusion, et c'est ce que nous réalisons quand nous nous réveillons. Nous passons approximativement un tiers de notre vie à dormir, et une grande partie des heures pendant lesquelles nous dormons se passe à rêver. L'activité du rêve est une pensée pure dénuée de forme qui semble très réelle avant notre réveil.

De fait, nous sommes capables de faire de véritables prouesses quand nous nous trouvons dans notre corps rêvant. Nous pouvons voler, transcender les frontières du temps, créer tout ce que nous désirons; les hommes qui rêvent peuvent également créer toute la danse de la vie dans cet état de pensée pure. Qu'est-ce qu'une émission de sperme nocturne, sinon l'éjaculation du protoplasme de la vie? La pensée pure en train de créer l'occasion pour que la danse de la vie se manifeste. Sans contact physique. La pensée pure engendre la vie. C'est un processus stupéfiant dans ce monde mystérieux et fabuleux de la pensée, de l'absence de forme à l'état pur.

Je n'aborderai pas ici l'interprétation des rêves. Je fais mention du processus du rêve pour vous encourager à devenir un *rêveur éveillé,* c'est-à-dire pour vous aider à comprendre que les règles qui semblent s'appliquer uniquement à votre corps rêvant peuvent se rapporter également à votre corps en état de veille. Henry David Thoreau a été le précurseur de cette théorie lorsqu'il a dit: «Notre vie la plus vraie est lorsque nous rêvons tout éveillés.»

Afin d'établir une comparaison, pensez à trois niveaux de conscience. Nous appellerons le premier, au niveau inférieur: la conscience associée à l'état de rêve; le second niveau s'appellera: la conscience associée à l'état de veille; et nous appellerons le troisième: le niveau supérieur de conscience. Analysons maintenant ces divers niveaux de conscience et voyons quel impact ils ont dans notre vie. Je vous citerai un exemple personnel.

Quand j'étais jeune, je rêvais souvent que j'étais en train de pelleter de la neige; parfois, je marmonnais quelques mots à propos de ma pelle, ce qui réveillait l'un de mes frères. Il se rendit compte que s'il parvenait à s'insérer dans mon rêve en me parlant tout doucement, il réussissait à me convaincre de lui tendre ma pelle, ce qu'il trouvait très comique; il se mettait alors à rire, ce qui me réveillait. Mais tant qu'il réussissait à faire partie de mon rêve, je coopérais avec lui pendant que j'étais dans un état de rêve alors que lui se trouvait en état de veille. Je suis convaincu que cela démontre que la communication est possible entre l'état de rêve et l'état de veille.

Que se passerait-il si quelqu'un provenant d'une dimension plus évoluée que l'état de veille voulait bavarder avec nous tout en marchant? Cette personne devrait également prendre notre apparence et faire semblant d'être l'un d'entre nous, même s'il ou elle savait qu'il existe un état de conscience de loin supérieur à l'état de veille. Si cet être était charismatique et convaincant, de nombreuses personnes l'écouteraient et réussiraient à découvrir le potentiel de cet état de conscience plus élevé qui se situe au-delà de l'état de veille.

Je suis convaincu que tel est le processus qu'emploient les maîtres spirituels qui sont venus sur terre pour nous enseigner qu'il existe des dimensions auxquelles nous pouvons accéder dans le monde qui se trouve au-delà de notre forme. Quelle apparence ont-ils adoptée? Peut-être celle d'un charpentier qui nous donne un bref aperçu de cet univers auquel nous pouvons accéder, et qui nous dit tout en faisant un miracle après l'autre: «Celui qui croit en moi, créera les mêmes prodiges que moi, et pourra même en accomplir de plus grands»? Peut-être s'agit-il d'un professeur, d'un écrivain, ou d'un préposé à la station d'essence? Oui, il y a des faiseurs de miracles qui peuvent nous mener à la frontière de l'état de veille et nous donner un aperçu d'un univers beaucoup plus vaste. Les grands maîtres spirituels qui ont vécu parmi nous, et qui continuent à le faire, ont transcendé les règles de la forme que nous croyons immuables.

Quand nous nous trouvons dans notre corps en état de rêve et que nous vivons la partie de notre vie qui se déroule dans le monde de la pensée pure, nous pouvons transcender tout ce que nous désirons. Nous n'avons besoin d'aucun de nos sens dans cet état qui se situe au-delà de la forme. Nous n'avons pas besoin de toucher, de ressentir, ni de sentir quoi que ce soit par le biais de nos sens pour vérifier si ce que nous rêvons est réel, car la pensée est réelle.

En devenant un rêveur tout éveillé, vous pénétrerez ce niveau de conscience supérieur qui se situe au-delà de l'état de veille, le niveau que les maîtres spirituels nous ont permis d'entrevoir grâce à leurs enseignements et à l'exemple qu'ils nous ont donné en tant qu'êtres humains. Mais pour y parvenir, vous devez remettre en question votre système de croyances à propos de la réalité.

Pour devenir un rêveur tout éveillé, vous devez apprendre à «mourir pendant que vous êtes en vie». Commençons par analyser brièvement le processus de la mort. Je suis convaincu que (1) nous ne pouvons pas tuer la pensée; et que (2) toute forme se trouve dans un état de transition. Il s'ensuit donc que la mort ressemblera de très près à la conscience associée à l'état de rêve que j'ai décrite ci-dessus. Nous, nos pensées, quittons notre corps lorsque nous pénétrons dans notre rêve, et ensuite nous (les pensées que nous sommes) réintégrons notre corps pour passer à l'état de veille.

De même, quand nous mourons, nos pensées quittent notre corps et peuvent observer le rêve que nous vivons en ce moment et que nous appelons l'état de veille avec le même genre de vision que nous avons quand nous repensons à nos rêves. C'est une idée d'une grande puissance. Elle pourrait nous libérer de notre crainte de la mort si nous apprenions à intérioriser ce processus. La raison pour laquelle nous avons des difficultés à accepter que cet état de veille est un rêve, c'est que tout semble trop réel.

Mais revenons à l'état de conscience pendant le rêve. La même logique s'applique ici. Pendant que nous nous trouvons dans le corps rêvant, nous sommes convaincus qu'il est réel, mais il n'est réel que dans la dimension du rêve et se transforme en illusion quand nous nous réveillons. Tout ce que nous vivons alors que nous nous trouvons dans un état de veille est également réel pour nous.

Mourir pendant que nous sommes en vie nous donne la seule occasion que nous aurons jamais de sortir de cet emballage qui nous contient temporairement. Voici une ancienne parabole que racontent les maîtres spirituels de l'Inde, de génération en génération:

«Un voyageur quitta l'Inde pour se rendre en Afrique afin d'y acheter des produits locaux et des animaux. Alors qu'il se trouvait dans la jungle, il vit des milliers de magnifiques perroquets bariolés qui savaient parler. Il décida de capturer l'un de ces perroquets doués de parole et de le ramener chez lui pour en faire un oiseau domestique.

«Une fois arrivé chez lui, il mit le perroquet en cage et le nourrit de délicieuses graines et de miel. Il faisait écouter de la musique à son oiseau et le traitait bien. Lorsque le moment fut venu de retourner en Afrique, deux ans plus tard, il demanda à son perroquet s'il souhaitait faire parvenir un message à ses amis dans la jungle. Le perroquet pria son maître de leur dire qu'il était très heureux en cage, que chaque journée était très agréable et qu'il les aimait tous.

«Quand le voyageur arriva en Afrique, il transmit ce message aux perroquets de la jungle. Juste au moment où il finissait de leur donner ce message, les yeux de l'un des perroquets s'emplirent de larmes et il tomba raide mort. L'homme en fut alarmé et conclut que ce perroquet avait probablement eu des liens très étroits avec le perroquet qui se trouvait dans la cage et que telle était la raison de sa tristesse et de son décès.

«Lorsque le voyageur rentra en Inde, il raconta à son oiseau domestique ce qui s'était passé. Au moment où il terminait son histoire, les yeux du perroquet domestique s'emplirent de larmes et il tomba raide mort dans sa cage. L'homme en fut stupéfait, mais il conclut que son oiseau était mort de désespoir d'entendre les nouvelles du décès de son grand ami dans la jungle.

«Le commerçant ouvrit la cage et jeta l'oiseau mort sur un monceau de déchets. L'oiseau domestique déploya immédiatement ses ailes et se percha sur une branche dans le jardin.

«Le commerçant lui dit: "Eh bien, tu n'es pas mort du tout. Pourquoi as-tu agi ainsi?"

«Le perroquet répondit: "Car cet oiseau d'Afrique m'a envoyé un message très important.

– Quel était ce message?», demanda le commerçant sur un ton impatient.

– Il m'a dit que si l'on veut s'échapper de sa cage, il faut mourir pendant qu'on est en vie.»

Nous devons en effet mourir pendant que nous sommes en vie afin de pouvoir examiner notre état de veille et nous voir enfermés dans notre cage, c'est-à-dire dans notre corps. Et c'est alors que nous réaliserons à quel point il est inutile de rester en cage.

Analysons de plus près les sept règles qui s'appliquent à notre corps rêvant et voyons à quel point notre état de veille deviendra plus enchanteur si nous apprenons à mourir pendant que nous sommes en vie – à devenir des rêveurs éveillés.

1. Le temps n'existe pas. Albert Einstein a consacré sa vie à l'étude de la théorie selon laquelle nous existons dans un univers complet. Si le temps n'existe pas, sauf en tant que concept utile à l'être humain, cela signifie que 8 heures ou 80 ans sont essentiellement la même chose. Un rêve de 8 heures et un rêve de 80 ans sont identiques et la seule chose qui nous permette de savoir que nous sommes en train de rêver, c'est de nous réveiller. Dans un rêve, nous pouvons être un minuscule bébé, ou un tout petit enfant, ou un adolescent. Nous pouvons nous marier, avoir des enfants, faire carrière, déclarer faillite, avoir des petits-enfants, emménager dans une maison de retraite et vieillir – le tout en l'espace de quelques minutes. Dans le rêve, tout cela est très réel et nous sommes en mesure de tout comprimer dans un minuscule segment de ce qu'on appelle le temps. Lorsque nous sommes éveillés, c'est-à-dire dans un état de veille, il est également possible de reconnaître que le temps est une illusion et de nous redéfinir pour tenir compte de notre nature exempte de forme et d'âge.

2. *Il n'y a pas de cause à effet.* Dans notre corps rêvant, nous allons et venons librement, sans être restreints par la loi de la cause à effet. En pensée, nous avons exactement la même faculté. Nous pouvons avoir une pensée qui n'a absolument aucun rapport avec la pensée précédente, dans le cadre d'un processus de pensée plus vaste. Nous pouvons faire un rêve dans le cadre d'un rêve et en rêver encore un autre. Quand nous sommes en état de veille, nous pouvons également choisir de reconnaître que nous ne sommes pas tenus d'être restreints par les règles qui régissent la forme. La loi physique de la gravité ne s'applique pas à la pensée.

En fait, juste au-delà de notre atmosphère, même notre forme n'est pas sujette aux restrictions qu'impose la gravité. Un rêveur éveillé peut rêver n'importe quelle pensée sans qu'elle n'ait de rapport avec la pensée antérieure. Nous pouvons passer rapidement d'une pensée à l'autre et n'employer que les pensées utiles. Dans un état de veille, nous pouvons comprendre que nous avons la faculté de changer de vitesse à n'importe quelle étape de notre vie. Si vous avez une formation de médecin mais que cela n'est plus pertinent à cette étape-ci de votre vie, vous choisissez tout simplement de nouvelles pensées et vous vous appliquez à transformer vos visualisations en réalité à l'état de veille.

3. *Il n'y a ni début ni fin.* Dans notre corps rêvant, nous ne disparaissons pas et rien ne se termine, car ce n'est qu'à l'état de forme qu'il y a un début et une fin. Nous ne mourons jamais dans notre rêve, nous ne cessons jamais d'être. Nous ne cessons pas non plus d'être à l'état de veille, et il faut bien comprendre cela si nous voulons surmonter notre crainte de la mort. Nous ne pouvons pas tuer la pensée, et nous en avons la preuve chaque nuit. Votre grand-mère décédée peut être présente dans votre rêve, âgée de 53 ans et de 83 ans, sans être limitée par les lois de la forme. Quand

nous entrons dans notre corps rêvant, il n'y a pas de début à chaque séquence de rêve, nous sommes tout simplement là, purs et simples; il n'est pas nécessaire de commencer à un endroit particulier.

Nous pouvons également nous trouver ici même, maintenant, dans un état de veille, ignorant le début et la fin, imaginant plutôt l'éternité. Dans ce concept d'éternité, la notion de début et de fin est absurde. Essayez d'imaginer où commence et finit l'univers, et vous vous rendrez compte à quel point tout cela est ridicule. Essayez d'imaginer le début et la fin d'une pensée et vous verrez que la pensée ne se conforme pas à ce genre de règles. L'univers, et tout ce qui s'y trouve, dont l'humanité, est pensée, et le rêveur éveillé s'efforce de comprendre plutôt que de se préoccuper du début et de la fin. Les âmes réellement illuminées ont toujours su qu'elles étaient immortelles. Elles savent que la mort n'est qu'une transition vers une autre forme, et que la dimension astrale de la pensée n'est pas sujette aux phénomènes du début ni de la fin.

4. Les obstacles sont des occasions. Notre corps rêvant sait comment transformer les obstacles en occasions, et lorsque nous rêvons, c'est ce que nous faisons constamment. Nous transcendons fréquemment des difficultés et nous pénétrons dans de nouvelles réalités dans notre corps rêvant. C'est l'une des leçons qu'il faut aussi apprendre à propos de l'état de veille. Tout ce qui nous arrive dans la vie comporte une leçon. Chaque maladie renferme le potentiel de surmonter cette même maladie. Chaque relation, si nocive puisse-t-elle sembler, peut nous enseigner quelque chose.

Toute toxicomanie contient le pouvoir inhérent de la surmonter, et tous les anciens toxicomanes avec qui j'ai travaillé, disent toujours la même chose: «Je bénis la toxicomanie car cela m'a permis de découvrir certaines choses à mon sujet et j'ai réalisé que j'avais la faculté de transcender le piège que je m'étais créé.» Le rêveur éveillé sait qu'au moment où un problème surgit, il contient une bénédiction cachée et le rêveur apprend à détecter cette bénédiction de plus en plus rapidement.

Nous pouvons adopter l'attitude du rêveur éveillé en nous débarrassant de notre besoin de rager contre nos problèmes et en faisant plutôt une pause pour voir quelle leçon nous pouvons tirer de nos difficultés. Lorsque nous nous trouvons dans un état de veille, il est essentiel de garder à l'esprit que toutes les choses contre lesquelles nous luttons ou nous rageons ne font que nous affaiblir et nous empêchent de déceler l'occasion que contient l'obstacle. Nous savons tout cela dans notre corps rêvant.

De fait, quand nous nous trouvons dans notre corps rêvant, nous pouvons rager contre quelqu'un et nous réveiller en colère et tendu. Cette leçon est importante. La colère est réelle et nous la ressentons aussi bien dans notre corps rêvant que dans notre corps physique quand nous passons à l'état de veille, mais les choses ou les gens contre lesquels nous étions fâchés ne sont que des illusions. Quelle formidable leçon. C'est nous qui vivons toute notre colère, mais la source de cette colère n'est pas réelle du tout, elle se trouve dans un personnage que nous avons créé dans le but de rêver.

5. Vous créez tout ce dont vous avez besoin pour rêver. Dans notre corps rêvant, nous créons tout ce qui se produit. Nous créons tous les gens, les événements, les réactions de tout le monde, les frontières temporelles, tout. Nous créons également tout ce dont nous avons besoin à l'état de veille. Prenez quelques instants pour assimiler ce concept! C'est l'une des leçons que les maîtres spirituels essaient de nous enseigner depuis le début des annales de l'Histoire. Assumez la responsabilité de tout!

Imaginez que vous venez de mourir et que vous êtes entré dans une dimension exempte de forme, dans la dimension de la pensée pure. Une fois que vous aurez pénétré dans cette dimension, vous décidez d'observer la réalité où vous vous trouviez lorsque vous habitiez votre corps. Vous vous rendrez compte alors que cette réalité – qui nous semble si réelle quand nous sommes dans notre forme humaine – ressemble beaucoup aux rêves que nous faisons quand nous dormons.

Quand vous transcenderez votre cage, c'est-à-dire votre corps, vous verrez que vous aviez créé tout ce dont vous aviez besoin pour vivre votre vie, c'est-à-dire le rêve que nous mesurons en années, plutôt qu'en heures, mais c'est exactement la même chose lorsqu'on comprend que le temps n'existe pas.

Essayez maintenant de saisir à nouveau cette notion pendant que vous êtes ici, dans ce corps-ci. N'oubliez jamais que vous êtes un être multidimensionnel. Cela ne vous semblera pas absurde si vous vous placez dans la dimension de la pensée pure, et que vous y créez tous les événements que vous vivez. Analysez tout ce qui se passe dans votre vie en adoptant cette perspective: il est impossible de conserver sa forme lorsqu'on la transcende; de même, lorsqu'on se réveille, il est impossible de s'accrocher aux objets et aux choses que l'on a créés dans ses rêves.

Un peu bizarre? Oui! Légèrement effrayant? Oui! Mais imaginez la puissance de cette idée et à quel point elle pourrait être d'une nature radicalement supérieure dans votre vie. Commencez à vous détacher de votre forme, et à percevoir tout ce que vous avez ou non, toutes vos possessions et toutes vos relations, toutes vos affaires, absolument tout, comme quelque chose que vous avez créé pour ce rêve qu'on appelle la vie.

Vous pouvez maintenant apprendre à manœuvrer vos créations de façon à ce que ce rêve soit le plus beau rêve que personne ait jamais fait, ou bien vous pouvez être bouleversé, immobilisé, déprimé, inquiet, et très stressé par les choses que vous avez créées pour ce rêve. Tout cela à cause d'illusions! Aussi, pourquoi ne pas commencer à assumer la responsabilité de tout, et profiter de ce rêve qui s'étend sur plus de 80 ans?

6. Les réactions sont réelles, les personnages sont tous illusoires. Lorsque nous rêvons, nous avons de nombreuses réactions affectives. Nous nous sentons euphoriques en raison de certaines pensées, et notre corps réagit: notre tension artérielle change, notre pouls s'accélère, nous rougissons, nous avons des érections, nous sourions, etc. Nous nous sentons blessés en raison d'autres pensées qui sont nos rêves, et notre corps réagit: nous fronçons les sourcils, nous pleurons, ou d'autres signes physiques se manifestent. La colère résulte de pensées provenant du rêve, mais notre corps réagit: nous fermons les poings, notre respiration devient plus rapide, nous grinçons des dents, et nous versons même parfois des larmes.

Mais n'oubliez pas que nous avons créé tous les personnages et les événements, et que nous passons aux actes uniquement en pensée; et pourtant, nous avons tout de même des réactions physiques. Même si les personnages sont effectivement illusoires, les réactions sont réelles. C'est la même chose en état de veille, même s'il vous est difficile d'accepter immédiatement le concept du rêveur éveillé.

Je n'ai aucun désir de me lancer dans un débat à propos de ce qui existe ou n'existe pas dans une réalité quelconque qui est ou qui n'est pas. À mes yeux, les réactions, les manifestations de nos sentiments, sont réelles. Si ces sentiments vous empêchent de jouir de la vie, il faut alors examiner les éléments auxquels nous permettons de nous empêcher d'être heureux. Que les gens ou les événements soient réels ou non n'est qu'une question de perspective.

L'important, c'est d'examiner ce qui vous arrive, plutôt que de savoir si ce qui arrive est causé par quelque chose de réel ou par une illusion. Examinez votre colère, vos haines, ou les divers stress que vous subissez à la lumière de ce nouveau concept. Personne ne peut provoquer la colère ou le stress en vous. Vous seul pouvez le faire et votre colère est attribuable à votre façon de percevoir les événements dans votre monde, ou, en d'autres termes, à votre façon de penser.

Aussi, au lieu de débattre de ce qui est vrai ou faux, concentrez-vous sur votre façon de structurer vos pensées et vos sentiments. Et tout comme dans votre rêve, quand vous vous réveillerez vraiment, vous verrez après coup que la seule chose qui reste ce sont vos réactions, c'est-à-dire les résidus des sentiments dans votre corps. Êtes-vous capable de laisser couler ces sentiments et ces pensées sans les censurer, tout comme vous le faites quand vous rêvez et que vous vous trouvez dans un autre état de conscience?

En état de veille, pouvez-vous penser ce que vous pensez sans porter de jugements, sans réprimer ni arrêter quoi que ce soit? Dans l'état de conscience associé au rêve, vous ressentez toute la gamme des sentiments propres à l'être humain sans porter de jugement. Essayez de faire la même chose lorsque vous êtes en état de veille et vous deviendrez ce que j'appelle un rêveur éveillé.

Considérez le domaine de l'amour. L'amour que vous éprouvez est réel et vous le vivez dans votre corps lorsqu'il se trouve en état de veille, mais vous êtes le seul à pouvoir évoquer ces sentiments par le biais de vos pensées. Plus vous choisissez d'avoir des pensées aimantes, positives, et belles envers vous-même et les autres, plus les réactions de votre corps seront saines. Vous créez tout, et cela inclut votre entourage. Néanmoins, ce qui est encore plus important, c'est votre façon de laisser libre cours ou de freiner vos réactions internes.

Telle est la quintessence du rêve éveillé: ne porter aucun jugement sur la façon dont nous réagissons au point de vue affectif à l'égard de tous les personnages et de tous les événements qui font partie de notre vie. Concentrez-vous sur ce que vous faites en observant vos pensées et vos sentiments. Si vous apprenez à mourir pendant que vous êtes vivant, vous pourrez regarder de manière rétrospective tous ces éléments externes et voir qu'ils sont illusoires, mais que vos réactions intérieures sont très, très réelles. En fait, ces réactions sont ce que vous êtes, c'est-à-dire vos pensées à l'état pur.

7. *La seule façon de savoir que vous rêvez, c'est de vous réveiller.* Si nous rêvions 24 heures par jour, telle serait toute notre réalité. Ce n'est que lorsque nous nous réveillons que nous savons que nous étions en train de rêver. Le même principe s'applique au niveau de conscience que nous appelons l'état de veille. Une fois que nous nous réveillons, c'est-à-dire quand nous examinons les principes de la dimension de l'absence de forme et de la pensée, nous pouvons considérer toutes nos activités de la même façon que nous considérons notre état de conscience associé au rêve. Quand nous sommes réveillés, il semble plutôt ridicule de s'attacher à des choses que l'on ne peut percevoir qu'endormi. C'est sans doute la raison pour laquelle ma voisine a mis une pancarte dans sa buanderie sur laquelle elle a écrit: «Ce qui suit l'illumination, c'est la lessive.»

Pourquoi laisser les autres contrôler nos pensées alors que nous avons la capacité de créer notre monde et les personnes qui s'y trouvent conformément à nos désirs? Les personnes éveillées savent au tréfonds de leur âme qu'elles sont beaucoup plus qu'un corps, qu'elles créent tout ce dont elles ont besoin pour leur rêve. En faisant un retour sur nos rêves et en les étudiant quand nous sommes réveillés, nous voyons à quel point il est futile d'être bouleversés par le contenu de rêves que nous avons créés et nous réalisons également à quel point il est absurde d'être bouleversés par ce que nous créons lorsque nous nous trouvons en état de veille.

En fait, l'élément clé pour comprendre que nous sommes la pensée et que la pensée est nous, c'est de nous réveiller maintenant et de nous servir de notre nouvelle perspective pour faire en sorte que notre vie soit aussi glorieuse, harmonieuse et remplie d'amour que possible. Cela n'exclut pas l'analyse du contenu de nos rêves et de nos circonstances lorsque nous sommes en état de veille pour atteindre un niveau de conscience plus élevé et avoir une compréhension plus approfondie des choses, même si tel n'est pas le sujet de ce livre.

Je vous suggère à présent de réexaminer les sept principes qui forment la base du rêve éveillé et de penser à la façon dont vous pouvez les appliquer dans votre vie. Servez-vous de cette nouvelle prise de conscience pour optimiser votre état de veille et pour vous libérer de la crainte de la mort, et commencez à vivre la vie la plus fascinante que quiconque ait jamais osé rêver.

La raison pour laquelle nous résistons

- Nous avons pris l'habitude de nous percevoir en tant que corps physique plutôt que comme une énergie intérieure. Nous regardons dans le miroir et nous croyons être ce que nous voyons. Nous vivons dans une culture qui renforce cette croyance. Nous sommes bombardés de messages quotidiens qui nous rappellent de nous parfumer, de nous raser, de nous laver, de nous alimenter, de nous reposer, et d'orner nos corps afin d'être heureux et sains, et de réussir. Beaucoup d'entre nous ont été soumis à cette philosophie depuis l'enfance; aussi, nous traitons-nous essentiellement comme un emballage dont le contenu n'a pas d'importance. Il est compréhensible que nous résistions donc à l'idée que nous avons également une nature suprême importante, qui est invisible et imperméable aux exigences du monde extérieur.

L'histoire de l'homme qui cherchait sa clé à l'extérieur de sa maison, sous le lampadaire, illustre ce que je tente de démontrer. Lorsqu'une inconnue lui demanda si elle pouvait l'aider à chercher la clé qu'il avait perdue, il lui en fut très reconnaissant. Au bout de 30 minutes de recherches infructueuses, l'inconnue lui demanda: «Où est-ce que tu as laissé tomber cette clé?

– Oh», répondit-il, «elle est tombée dans la maison.

– Mais pourquoi est-ce que tu cherches dehors sous le lampadaire si tu l'as perdue dans la maison?» demanda-t-elle.

– Il n'y a pas de lumière dans la maison, c'est pourquoi je suis sorti ici pour chercher à un endroit où il y a de la lumière.»

C'est précisément ce que nous faisons chaque fois que nous cherchons des solutions à nos problèmes à l'extérieur de nous-mêmes. Nous vivons à l'intérieur, nous pensons à l'intérieur, notre dimension humaine réside à l'intérieur, et pourtant nous cherchons incessamment des réponses à nos problèmes à l'extérieur de nous-mêmes parce que nous omettons d'illuminer l'intérieur par nos pensées. Nous résistons au principe que la pensée est partout où nous sommes, parce qu'il semble plus facile de chercher à l'extérieur.

- Il semble plus facile de nous définir en fonction de l'emballage plutôt que par les qualités intérieures que nous ne pouvons pas toucher, voir, sentir, goûter, ni entendre. Adopter la voie qui semble la plus facile est l'une des raisons prédominantes qui expliquent le fait que nous sommes réticents à accepter que la pensée est la base de notre dimension humaine. En outre, lorsqu'on croit que tous les autres se définissent en fonction de leur physique, il semble plus facile de suivre le mouvement que d'adopter une position différente. Je remarque ce phénomène lorsque je parle aux jeunes de mon quartier.

Lorsque je leur suggère de se percevoir comme des individus en se distançant de la foule, ils me répondent: «Mais les autres me considéreraient comme un marginal ou comme un type bizarre.» Ils sont préoccupés par la façon dont les autres les perçoivent et sont inconscients que leurs pensées sont une composante cruciale de qui ils sont. Ils ne réalisent pas qu'ils peuvent interpréter leur monde comme ils le désirent, et ils optent souvent pour le choix, apparemment plus simple, qui consiste à suivre le courant.

Beaucoup d'entre nous choisissons d'agir comme les autres sans examiner notre réalité exempte de forme. Cela est peut-être en raison du fait que nous ne sommes pas disposés à accepter les critiques dont nous ferions l'objet si nous décidions de penser de façon indépendante. Nous résistons peut-être à l'idée de nous percevoir comme des êtres qui sont beaucoup plus complexes qu'une simple forme physique parce que nous nous sommes totalement identifiés à notre corps et nous sommes habitués à vivre ainsi. Pour changer, nous devons redéfinir le soi et nos priorités, et nous donner la permission d'observer à quel endroit nous nous trouvons, sans être sur la défensive et sans porter de jugement à propos de notre point de vue. Lorsque nous prenons note de notre position actuelle de façon non critique, il est plus facile d'aborder l'étape suivante.

- En nous identifiant à notre forme, nous ne pouvons fonctionner que dans le domaine des choses, en excluant les pensées que nous considérons parfois irritantes. Acquérir des biens matériels devient une façon de démontrer nos compétences, tandis que notre nature exempte de forme est reléguée dans un placard. Nous nous comportons comme si nous n'avions pas de responsabilités à l'égard des sentiments et des pensées des autres en insistant qu'ils doivent trouver leur bonheur dans les biens matériels que nous leur fournissons. Nous nous justifions en disant: «Je travaille dur, je paie les factures, je leur donne tout ce qu'ils désirent – que puis-je faire d'autre ? » Ce que nous pouvons faire, c'est nous montrer réceptifs à ce qu'ils pensent, bavarder avec eux à propos de leurs aspirations, établir une connexion avec eux dans cet espace divin qui contient leur forme et les encourager à mener leur vie comme ils le désirent.

Nous travaillons dans le but d'accumuler des biens et de réussir. Nous nous fixons des buts, nous acquérons des possessions et nous devenons prospères sur le plan matériel.Nous déterminons le succès en fonction du nombre de choses que nous possédons, sans jamais découvrir le bonheur intérieur. Nous nous efforçons continuellement, sans jamais y arriver. Je suis convaincu que nous sommes plus que cela, que nous sommes une intelligence qui habite notre forme, tout comme la rose est une intelligence de laquelle émanent le parfum et l'apparence de la fleur. Nous ne pourrions jamais créer une rose seuls. Nous avons besoin de la force vitale qui se trouve dans la forme que nous appelons « rose ».

De même, nous avons besoin d'être en contact avec l'intelligence, ou la force divine, qui sous-tend la forme que nous sommes, ainsi que celle de ceux avec qui nous entrons en contact. Peut-être résistons-nous simplement parce que nous ne sommes pas familiers avec cet aspect de l'humanité et que ce que l'on ne connaît pas fait peur. Demandez-vous si c'est une raison suffisante pour vous cantonner exclusivement dans la dimension de la forme.

- Dans le monde de la forme, blâmer les autres ou les circonstances est une excuse bien pratique pour expliquer pourquoi notre vie n'est pas exactement telle que nous la souhaiterions. Nous jetons le blâme sur le monde quand nous sommes malades, nous attribuons nos problèmes financiers aux fluctuations boursières, nous accusons la boulangerie de causer notre excédent de poids, et nous jetons la faute sur nos parents quand notre personnalité ne nous plaît pas.

Néanmoins, dans le monde de la pensée, nous sommes responsables de tout. C'est nous qui choisissons nos pensées et nous sommes ce que nous pensons. Non pas ce que nous mangeons, mais ce que nous pensons. Si nous ne voulons pas assumer la responsabilité de la façon dont nous avons créé notre nature suprême, cela nous mène à ignorer la composante de l'auto-création et à vivre exclusivement dans la forme dont nous avons hérité. Si nous savons que la pensée est capable de guérir, de créer une vie heureuse et d'améliorer la vie des autres, nous devons nous servir de cette capacité. C'est ça, vivre de façon responsable. Une fois que notre attention se centre sur le monde intérieur de la pensée, nous acceptons de nous comporter de façon plus responsable. Analysez-vous afin de découvrir quels sentiments vous éprouvez à l'idée d'assumer une plus grande part de responsabilité vis-à-vis du monde.

- Il est possible que le monde du rêve nous plaise tellement que nous ne soyons pas disposés à envisager la possibilité que de grandes choses nous attendent si nous nous réveillons. Nous choisissons donc de rester endormis, inconscients des choses fabuleuses qui nous attendent. Se cantonner dans ce qui est familier signifie ne pas tenter la chance. Ne pas courir de risques veut dire que nous n'avons pas besoin de changer. Le refus de changer nous permet d'expliquer notre stagnation par une foule de circonstances extérieures. C'est un cercle apparemment rassurant où nous nous sentons à l'abri, même si en fait nous faisons du surplace et nous nous trouvons dans une dimension qui nous profite rarement et qui ne profite guère non plus à ceux que nous aimons.

La résistance est une composante fondamentale de la peur du changement. Lorsque nous abordons des questions métaphysiques ou spirituelles, nous voyons qu'il existe une longue tradition dans laquelle voir, c'est croire. Cela devient un obstacle qui nous empêche de percevoir les choses qui ne sont pas directement perceptibles par le biais des sens. Je propose de renverser cette situation à notre avantage en modifiant notre façon de penser et en adoptant le postulat suivant: «Je verrai ce en quoi je croirai.»

Le chemin qui vous mènera hors de la cage

- La pratique quotidienne permet de s'améliorer dans tous les domaines, dans le monde de la forme. Par exemple, le fait de nous exercer au piano deux heures par jour nous permet d'améliorer notre performance musicale. Le fait de nous exercer à frapper de nombreuses balles de golf, tous les jours, nous permet de mieux jouer. La visualisation est l'équivalent de la pratique, mais cette fois-ci dans le monde de l'absence de forme. Le soir, avant de vous endormir, exercez-vous à former mentalement une image précise de ce que vous souhaitez obtenir. Si vous désirez améliorer votre condition physique, exercez-vous à vous voir exactement dans la forme physique que vous souhaitez. Fixez cette image dans votre esprit.

N'oubliez pas de faire cet exercice plusieurs fois par jour. Le travail ici consiste à vous servir de vos pensées pour vous concentrer sur des images positives, ce qui vous permettra d'évoluer. La personne parfaite que vous avez choisi d'être jusqu'à présent atteindra un niveau encore plus élevé de perfection qui se manifestera dans le moment présent. Ne vous percevez pas comme quelqu'un d'imparfait. Formez une image mentale de ce que vous souhaitez ardemment être et vous verrez que vous commencerez automatiquement à poser des gestes qui correspondront à cette nouvelle image. En d'autres termes, commencez à agir comme si vous étiez déjà parvenu à l'objectif que vous souhaitez atteindre, et vos actes s'enchaîneront spontanément.

- Au lieu de vous concentrer sur votre comportement, travaillez plutôt vos pensées sur une base quotidienne. C'est votre façon de penser qui crée les sentiments que vous éprouvez et c'est également de vos pensées que découlent vos actions. Accordez donc à cette dimension de votre être toute l'attention qu'elle mérite. Interrompez-vous consciemment lorsque vous vous surprendrez à verbaliser des pensées défaitistes. Par exemple, si vous claironnez: «Je n'arriverai jamais à régler mes dettes» ou «Je ne réussirai jamais à communiquer avec mon conjoint malgré tous mes efforts», arrêtez-vous et rappelez-vous gentiment que ce sont vos pensées qui déterminent vos gestes. Ne laissez pas les facteurs externes dicter vos pensées. Réorganisez maintenant vos pensées et visualisez-vous libre de toute dette. Refusez d'évoquer des pensées endettées. Vous commencerez très bientôt à agir en fonction de l'image que vous avez de vous-même en tant que personne libre de toute dette. Vous commencerez à déchirer vos cartes de crédit, ou à consolider vos dettes, ou vous prendrez un travail supplémentaire et vous ferez les choses qui correspondent à l'image mentale que vous aurez créée.

De même, en ce qui a trait à votre conjoint, au lieu d'agir en fonction de l'image que vous avez selon laquelle vous êtes marié à quelqu'un d'impossible, commencez à agir comme quelqu'un qui va résoudre cette relation d'une façon ou d'une autre. Visualisez-vous dans une relation aimante et harmonieuse et vos gestes correspondront à cette image. Si vous ne recevez pas la rétroaction qui correspond à cette image, envisagez la possibilité de poursuivre votre chemin seule, ou avec quelqu'un avec qui vous êtes plus en harmonie.

Mais au lieu de vous sentir bouleversé parce que votre conjoint est inabordable, vous commencerez à agir en fonction de l'image que vous aurez créée: un être humain équilibré. Si vous réussissez à résoudre le problème, ce sera formidable; dans le cas contraire, vous poursuivrez votre chemin en paix. Quel que soit le dénouement, vous aurez résolu votre relation au lieu de continuer à entretenir une image mentale d'un être qui se trouve dans une situation intolérable. Faites en sorte que la situation soit parfaite dans votre esprit et vos gestes correspondront à cette perfection. La qualité de nos relations est inexorablement liée à nos images et à nos pensées. Ce que nous voyons est une preuve concrète de ce que nous croyons.

- Rappelez-vous que vos circonstances ne vous façonnent pas, mais qu'elles vous révèlent. Certaines personnes m'ont dit qu'elles pensent que c'est facile pour moi de donner des conseils quant à la manière d'être heureux et de réussir parce que je suis riche et célèbre. Ma réaction, c'est que je considère que mes circonstances me révèlent. C'est-à-dire que je ne donne pas des conseils parce que je suis riche et célèbre. Si je suis riche et célèbre, c'est parce que j'ai suivi ces conseils. J'ai vécu en fonction de ces principes toute ma vie et je suis convaincu que c'est pour cela que la richesse et la célébrité se sont manifestées dans ma vie.

Analysez votre vie, quelle qu'elle soit. Vos relations, votre situation financière, l'intensité de votre bonheur, votre état de santé. Essayez maintenant de penser que ces circonstances *révèlent* quelque chose à propos de vous. Reconnaissez que vous jouez un rôle dans vos circonstances et percevez-les comme un reflet de votre façon de penser, de la façon que vous avez agi et, par conséquent, de votre façon d'agir. Vous pouvez vous servir du pouvoir de la visualisation pour que cette image reste la même, se détériore, ou se transforme en une glorieuse image lumineuse sur votre écran intérieur. Vous êtes ce que vous pensez toute la journée.

Et même si vous pensez aux gens qui survivent difficilement dans des conditions sordides, rappelez-vous que ce sont ces gens qui ont besoin, plus que toute autre personne sur notre planète, d'entendre et de croire aux principes que j'expose ici. S'ils réussissaient à changer leur image intérieure de désespoir et à la convertir en une image plus satisfaisante, et s'ils refusaient catégoriquement d'imaginer toute autre possibilité, ils réussiraient d'une façon ou d'une autre à faire en sorte que cette image se matérialise dans la dimension physique.

Les preuves sont claires lorsqu'on pense à des gens qui ont réussi à surmonter des circonstances apparemment désespérées et qui ont déclaré que leurs réalisations étaient le produit de leurs croyances. Deuxièmement, sachez que vous n'êtes pas cette personne. Vous êtes ici, en ce moment même, le résultat de toutes les images antérieures que vous avez peintes mentalement, et vous pouvez en peindre de nouvelles, ce qui inclut une image de vous-même en train d'aider les personnes dans le besoin, si c'est ce que vous souhaitez faire.

- Rappelez-vous tous les jours que la pensée n'est pas limitée par les frontières du temps, ni par la loi de cause à effet, ni par le début et la fin, ni par toutes les autres règles qui régissent la forme. Il n'y a tout simplement aucune limite dans le royaume astral de la pensée. Éclairé par cette prise de conscience, vous pouvez commencer à rencontrer d'autres personnes dans ce royaume. Les relations peuvent exister dans cette dimension, et vous pouvez faire en sorte qu'elles se produisent en vous rappelant que *chacun* dans votre vie est une entité divine dotée de l'intelligence qui sous-tend toute forme.

Par ailleurs, les êtres qui vous sont chers partagent leur corps, tout comme vous, avec Dieu, ou avec ce que vous choisirez d'appeler cette intelligence parfaite qui imprègne toute forme. Communiquez avec les êtres de cette façon, établissez un contact avec eux, à ce nouvel endroit, restez en contact avec la perfection qui habite leur forme, et vous verrez que la qualité de tous vos rapports s'en trouvera améliorée de façon spectaculaire. En outre, vous pouvez communiquer avec les étrangers de la même façon. Percevez chaque être humain comme une composante de cette force merveilleuse, mystérieuse et invisible qui se trouve dans chacun d'entre nous. Traitez les autres comme les créatures divines qu'ils sont.

- Il y a sept principes qui sous-tendent l'état de rêveur éveillé. Étudiez-les en appliquant l'un d'entre eux chaque jour de la semaine. Voici un exemple de la façon dont vous pouvez procéder pour que ces principes deviennent votre réalité au cours de la semaine prochaine.

1. *Dimanche: le temps n'existe pas*. Aujourd'hui, passez du temps dans la nature et regardez droit vers le ciel. Essayez d'imaginer que la direction où vous regardez s'étend pour toujours, étant donné que même notre esprit rationnel nous dit que l'univers ne peut tout simplement pas prendre fin. S'il s'étend à perpétuité, cela veut donc dire qu'il est déjà complet, aussi mystérieux cela puisse-t-il sembler. Il est tout à fait complet. Dans un univers complet, le temps est simplement un concept élaboré par les hommes dans le but de les aider à organiser leurs activités quotidiennes. L'éternité est pour toujours, il n'y a pas de temps, seulement le toujours.

Maintenant, que pouvez-vous faire de ce principe? Vous pouvez éliminer toute préoccupation qui a rapport au temps, au vieillissement, au comportement de type A, à l'organisation de votre vie en fonction d'un horaire, et à la hâte. L'univers dans lequel nous nous trouvons est absolument parfait. Ralentissez le rythme et profitez-en. La durée de votre vie, qui est d'environ 90 ans, est exactement la même qu'un rêve d'environ 8 heures. Ce n'est pas moi qui ai inventé cette notion de l'absence de temps. Albert Einstein a exprimé cette réalité par une formule mathématique. Depuis le début des annales de l'histoire, les philosophes nous ont fait part de ce concept. Les références à l'éternité abondent dans la Bible. Il faut honorer et célébrer la vie que vous passez dans votre forme et non pas la calculer et la compartimenter. Allez au-delà de l'asservissement que vous vivez par rapport au temps et vivez pleinement ce temps, le seul que vous ayez. Vivez dans le *maintenant*, l'unité de travail de votre vie.

2. *Lundi: il n'y a pas de loi de cause à effet*. Aujourd'hui, prenez le temps de comprendre ce que cela signifie d'être, tout simplement. Vous n'êtes pas un faiseur humain, mais bien un être humain. Alors que la forme est régie par toutes les règles de cause à effet, l'absence de forme n'a pas de cause, tout comme le temps que vous passez à rêver. Tour à tour ici maintenant, ensuite là-bas, vos pensées sont indépendantes les unes des autres. Vous pouvez aller au-delà de la cause et de l'effet purs en vous mettant au diapason de votre dimension humaine invisible.

Vous n'avez pas besoin de continuer à faire le métier pour lequel vous avez acquis une formation, tout simplement parce que lorsque vous étiez adolescent, il y a 30 ans, vous avez pris des décisions à propos de ce que vous vouliez étudier à l'université ou à propos des stages que vous vouliez faire. Vous n'avez pas besoin de continuer à être régi par la croyance que vos décisions passées sont la cause de ce que vous êtes aujourd'hui. Vous pouvez être un créateur sans laisser d'anciennes règles gouverner votre vie. Vous pouvez *être* tout ce que vous souhaitez, peu importent ce que les autres disent ou font, et en dépit de tout ce que vous avez fait ou n'avez pas fait auparavant.

Si vous pouvez l'imaginer, vous pouvez être cela, et votre imagination, vos pensées, ne sont pas limitées par les règles de la cause à effet. Aujourd'hui, lundi, exercez-vous à n'être l'*effet* de rien, mais plutôt le *créateur* de ce que vous imaginez être. Vous n'avez pas besoin de faire appel à un conseiller; il vous suffit simplement d'harmoniser votre forme à vos pensées et de vous permettre ensuite d'*être* simplement cette forme.

3. Mardi: il n'y a pas de début ni de fin. Exercez-vous à vivre cette journée comme si elle faisait partie de l'éternité. Ici même et maintenant, c'est pour toujours. Si l'on fait abstraction du temps dans cette expérience métaphysique, aujourd'hui et un million d'années sont équivalents. Vous êtes éternel, et votre essence invisible ne peut jamais mourir. Une fois que vous saurez cela, toutes vos préoccupations vous sembleront insignifiantes. De même, l'attachement que vous éprouvez envers des choses que vous ne pourrez jamais réellement posséder, diminuera considérablement. Regardez-vous dans le miroir, ce mardi matin, et dites à voix haute: «Je ne suis pas ma forme. Je suis quelque chose de bien plus divin qu'une simple forme.» Le fait que vous puissiez aller et venir dans votre corps rêvant, libre de toute contrainte temporelle, est la preuve que la dimension de la pensée n'est pas à craindre, mais à savourer.

Aujourd'hui, mardi, vivez chaque moment comme s'il était l'éternité qu'il est réellement, et savourez chaque moment. Prenez cette habitude dès aujourd'hui. Un moment à la fois. Une éternité à la fois. Soyez patient et aimant à l'égard de toute pensée provoquée par la crainte. Rassurez vos craintes en leur disant que vous comprenez leur besoin de vous prévenir de ce qui leur semble dangereux; invitez-les ensuite à vivre avec vous la journée d'aujourd'hui, sans plus. Exercez-vous à penser de cette nouvelle façon, avec amour et en toute sécurité.

4. Mercredi: chaque obstacle est une occasion. Aujourd'hui, sachez apprécier tout comportement désagréable que pourraient avoir d'autres personnes envers vous et transformez-les en occasions de vous rappeler que ces personnes s'adressent uniquement à votre forme. Sachez que les autres ne peuvent pas atteindre votre divinité, à moins que vous ne décidiez de la partager avec eux. Alors, peut-être pour la première fois, serez-vous en mesure de percevoir la divinité qui se trouve en eux, au sein de la forme qui se montre désagréable envers vous. Servez-vous de l'obstacle, de l'irritation que vous causent certaines personnes et transformez-les en occasions d'établir un contact avec votre nature suprême.

Aujourd'hui, voyez combien de fois vous pouvez transformer une réaction de malaise en une bénédiction envers vous-même et envers les autres êtres divins. Servez-vous de ces incidents et transformez-les en occasions de vous exercer à observer ce qui se passe dans le monde de la forme sans porter de jugements. Ne portez aucun jugement sur vous ni sur les autres et observez plutôt ce que vous ressentez; laissez-vous libérer par ces sentiments. Ainsi, vous découvrirez finalement la bénédiction ou l'occasion dans ce qui vous semblait être auparavant un obstacle à l'harmonie. Aujourd'hui, mercredi, vous êtes en train de devenir le rêveur éveillé, vous transformez les obstacles en occasions quand vous vous trouvez dans votre corps éveillé, tout comme vous le faites lorsque vous vous trouvez dans votre corps rêvant.

5. Jeudi: vous créez tout ce dont vous avez besoin pour le rêve. En tant que rêveurs éveillés, nous savons en notre for intérieur que lorsque nous mourrons, notre conscience continuera à vivre dans une nouvelle dimension et que tout ce que nous avons vécu dans notre état actuel de veille semblera illusoire. De même que dans le corps rêvant, tout ce dont nous avons besoin pour le rêve éveillé est créé par nous, même les gens que nous trouvons difficiles: ils se trouvent dans notre vie parce que c'est nous qui les avons mis là. Ils ont d'importantes leçons à nous enseigner.

Aujourd'hui, concentrez-vous sur la question suivante: «Pourquoi ai-je créé ceci dans ma vie?» Assumez la responsabilité de tout ce qui se trouve dans votre vie, en vous fondant sur la croyance que c'est vous qui avez tout créé. Consacrez ce jeudi à vivre dans cet état d'esprit. Réagissez aujourd'hui comme si tous ceux qui croisaient votre chemin avaient été placés là par vous, de même que tout ce que vous avez connu dans votre rêve hier soir, a été créé par vous. Tout ce qui nous arrive est, d'une certaine façon, le reflet de nos croyances. Lorsque vous saurez véritablement que vous avez créé chacun des aspects de votre vie quotidienne, vous apprendrez alors à mettre fin à la dissonance, ou bien à découvrir son message. Lorsque vous n'aurez plus besoin d'apprendre à affronter la discordance dans votre vie, vous cesserez de la créer, et vous créerez de l'amour et de l'harmonie partout où vous irez. Gardez ceci à l'esprit toute la journée d'aujourd'hui.

6. Vendredi: les réactions sont réelles, tous les personnages sont illusoires. Consacrez la journée d'aujourd'hui à prendre votre essor et à vous transformer. Analysez comment vous réagissez face aux personnages et aux événements que vous créez dans votre vie. N'oubliez pas que tous les sentiments que vous éprouvez, la colère, la joie, la crainte, le stress, le bonheur, sont tous très, très réels pour vous, tout comme dans votre rêve quand vous vous mettez à haleter parce que quelqu'un vous poursuit. Le halètement et le souffle court sont réels, mais les personnages sont de votre création. Vos réactions constituent l'essence même de la qualité de votre vie.

Analysez aujourd'hui comment vous réagissez envers tous les facteurs extérieurs que vous avez créés, et concentrez-vous sur la façon dont vous interprétez vos pensées. Ce sont nos pensées qui déterminent nos réactions dans notre vie. Commencez dès aujourd'hui à analyser vos réactions défaitistes, plutôt que l'événement ou la personne. Imaginez que vous êtes bouleversé toute la journée parce que l'un des personnages de votre rêve ne s'est pas comporté comme vous pensiez qu'il ou elle devrait le faire. Vous êtes assez sage pour vous dire simplement: «Ce n'était qu'un rêve», et pour continuer à mener votre vie, ou pour examiner ce reflet de vous-même. Vous pouvez dès aujourd'hui employer cette même stratégie et refuser de vous laisser immobiliser par les actes de quelqu'un d'autre.

7. Samedi: la seule façon de savoir que vous rêvez, c'est de vous réveiller. Aujourd'hui, vous pouvez vous entraîner à vous réveiller, c'est-à-dire à mourir pendant que vous êtes encore en vie, et à analyser en faisant un retour sur ce que vous considériez qu'il était nécessaire de faire dans votre vie. Commencez à réaliser que tout ce que vous vivez est une pensée. Le biscuit que vous voulez manger, mais qui n'est pas bon pour vous, n'est rien d'autre qu'une pensée. La colère que vous ressentez envers votre conjoint ou vos enfants parce qu'ils refusent d'agir d'une certaine manière, n'est qu'une pensée. Vous êtes en train de vous éveiller, et ce faisant, vous pourrez voir exactement en quoi tous vos actes dévalorisants ne sont en vérité que des réactions à l'égard de ce que vous avez créé vous-même. En adoptant cette perspective, vous réussissez à vous dissocier de votre corps et à observer votre comportement dans diverses situations.

Comme un acteur sur scène, vous voyez votre corps évoluer dans les rôles et franchir les obstacles que vous avez créés, et vous savez que vous n'êtes pas exclusivement cette forme physique. Vous êtes invisible et détaché de vos sens pendant une journée, et vous pourriez presque vous moquer de vous-même pour avoir agi de façon tellement ridicule en vous laissant immobiliser par vos pensées. En tant qu'être éveillé, vous savez que vous ne pouvez donner que ce que vous possédez intérieurement, et que tout ce qui se trouve en vous est là en raison de vos pensées. Si vous donnez de la haine ou de la colère aujourd'hui, ce n'est pas en raison des circonstances extérieures, mais bien à cause de ce qui se trouve en vous. Les pensées harmonieuses et aimantes engendrent l'amour et l'harmonie, peu importe ce qui se produit autour de vous. Les pensées discordantes et chargées de haine engendrent la haine et la colère et c'est ce que vous donnez. Ces deux types de pensées reflètent vos croyances à propos de votre monde.

Dans cette vie, dans cet état de veille, vous ne pouvez tout simplement pas donner ce que vous ne possédez pas. Observez ce que vous donnez toute la journée, et rendez-vous compte que la seule façon de vivre cette illusion de façon harmonieuse et équilibrée, c'est de devenir réceptif à une autre dimension et d'analyser tous vos actes en adoptant cette nouvelle perspective.

C'est ainsi que prend fin toute une semaine que vous avez consacrée à être un rêveur éveillé. Maintenant que nous savons que nous vivons uniquement des moments, et non pas des semaines ou des mois, nous pouvons tirer parti de cette prise de conscience pour vivre notre vie quotidienne dans un état de veille sans frontières, semblable en cela à l'expérience que nous vivons dans notre corps rêvant qui ne connaît lui non plus aucune contrainte spatiale ni temporelle.

Gardez toujours à l'esprit ces six mots et pensez à la sagesse qu'ils renferment. Comme a dit le Prince de la paix: «Tel l'homme pense en son cœur tel il est.»

Chapitre 3

L'unicité

Vous êtes à la fois un cœur qui bat
et un seul battement de cœur dans le corps appelé humanité.

Prenez quelques moments pour étudier le mot «univers», le terme que nous employons pour décrire ce monde immense de la forme dans lequel nous pensons et nous respirons, jour après jour. Si l'on décompose le mot, on trouve «uni» qui signifie «un» et «vers» qui veut dire «chanson». Une chanson! Tel est notre univers, mes amis. Une chanson, tout simplement. Peu importe si nous la divisons en de petites notes individuelles, nous faisons quand même tous partie de la même chanson.

Voilà l'un des concepts les plus difficiles à comprendre et à appliquer dans notre vie quotidienne, car nous sommes intimement convaincus de notre individualité. Nous nous concevons en tant qu'unité qui fonctionne séparément parmi des milliards d'autres. Nous nous identifions exclusivement à notre propre esprit que nous pensons être unique et distinct de celui de tous les autres êtres sur notre planète. Nous observons les choses à partir de notre individualité et nous sommes convaincus que la seule façon d'interagir avec le monde et la réalité, c'est par le biais de notre individualité.

Il faut amorcer un immense virage dans notre conscience pour y inclure le principe universel de l'unicité. Une fois que nous aurons fait ce virage et que nous aurons admis que toute l'humanité est une magnifique chanson harmonieuse, de profonds changements se manifesteront dans nos vies individuelles. Mais pour réaliser ce virage, il vous faudra faire abstraction des croyances qui découlent d'une perspective étroite et qui sont le produit de votre histoire personnelle, et commencer plutôt à vous percevoir en relation avec toutes les autres personnes qui partagent cette planète maintenant, à tous ceux qui y ont déjà vécu, et, ce qui est encore plus stupéfiant, à tous ceux qui y vivront à l'avenir.

Une nouvelle perspective à propos de notre place dans cette chanson

Albert Einstein, que je considère avoir été peut-être le plus grand esprit de notre siècle, a écrit ces mots à propos de la perspective que je vous demande d'examiner:

> «Un être humain fait partie du tout que nous appelons l'«univers», une partie limitée dans le temps et dans l'espace. Il se perçoit, avec ses pensées et ses sentiments, comme quelque chose de distinct du reste, un genre d'illusion optique de la conscience. Cette illusion est une sorte de prison pour nous, car elle nous limite à nos désirs personnels et à ne chérir que quelques personnes qui nous sont proches. Notre tâche doit consister à nous libérer de cette prison en élargissant notre cercle de compassion de façon à y inclure toutes les créatures vivantes et toute la nature dans sa beauté.»

Albert Einstein était bien plus qu'un scientifique; c'était un métaphysicien, un grand penseur, qui ne se préoccupait guère des façons communément acceptées de penser et de faire. Dans les phrases que je viens de citer, monsieur Einstein nous met au défi de nous libérer de nos cages et de voir de quelle façon nous sommes tous reliés les uns aux autres, non seulement dans un sens spirituel ou astral, mais également dans un monde réel, physique, et linéaire.

J'ai ma propre façon de faire se matérialiser ce concept. Tout d'abord, pour me mettre dans un état d'esprit propice à la réflexion métaphysique, je me pose la question suivante: «Puis-je prendre assez de recul pour voir l'image en sa totalité?» Je me visualise debout dans un endroit où je pourrais littéralement contempler la création entière. Étant donné qu'il m'est impossible de faire cela dans ma forme, j'essaie de regarder dans l'autre direction, c'est-à-dire vers la plus minuscule particule et de magnifier ce qui se trouve à l'intérieur de cette particule, etc., jusqu'à l'infini.

Victor Hugo a exprimé ainsi ce concept: «Le microscope commence là où finit le télescope. Lequel des deux nous donne-t-il une vue plus vaste?» Je vous suggère donc de mettre temporairement de côté le télescope qui est braqué sur toute la chanson et de centrer votre attention vers l'intérieur, sur ce que vous connaissez le mieux, votre propre corps. Nous verrons ici que nous sommes tous un «je qui est un nous», pour emprunter une phrase tirée du merveilleux livre de Richard Moss. Rapprochons notre œil de ce microscope métaphorique.

Nous grouillons de formes de vie dont la plupart sont nécessaires à notre survie. Nos paupières renferment de nombreux organismes minuscules qui fonctionnent en harmonie avec le tout. La paroi de notre gros intestin comporte des centaines de différents types de bactéries, toutes vivantes, ayant toutes leurs caractéristiques uniques, et faisant toutes partie de la personne entière. Notre cuir chevelu est habité de minuscules organismes qui ont tous une identité distincte et que l'on peut examiner grâce à un puissant microscope. Il en est de même pour notre foie, notre pancréas, nos ongles, notre peau, notre cœur, etc. qui débordent de vie; toutes ces formes de vie fonctionnent en harmonie avec le tout que nous appelons «moi».

Oui, effectivement, vous et moi sommes «un moi qui est un nous», et bien que ces formes vivantes microscopiques qui résident à l'intérieur de nos ongles, n'entreront probablement jamais en contact avec ces autres formes vivantes très différentes qui résident dans nos globes oculaires, elles sont toutes deux distinctes et uniques et jouent un rôle crucial qui permet de survivre à l'ensemble que nous appelons l'être humain.

Cela est devenu parfaitement clair à mes yeux quand j'ai vu un document portant sur les formes de vie qui vivent dans une goutte de pluie. Grâce à un microscope très puissant, des scientifiques ont prouvé qu'il existait des centaines de formes de vie dans chaque goutte de pluie; un grand nombre de celles-ci n'avaient aucun contact physique avec les autres formes de vie qui se trouvaient dans la même goutte. Elles avaient des couleurs, des formes et des origines différentes; chacune était dotée de caractéristiques physiques uniques, et elles étaient aussi éloignées les unes des autres que nous le sommes des tribus en Afghanistan. Et pourtant, elles composaient la totalité appelée «goutte de pluie».

Dans un univers infini, il est concevable que notre taille physique soit proportionnellement la même que celle du plus minuscule microbe au sein du plus minuscule microbe, au sein du microbe encore plus minuscule, lesquels se trouvent tous dans cette goutte de pluie. La forme de vie infiniment minuscule qui réside à l'intérieur de l'ongle de mon orteil n'entrera jamais en contact physique avec les minuscules microbes qui se trouvent dans la paroi intérieure de ma rétine, dans mon orbite, dans ma tête rattachée à mon torse, et ainsi de suite, ad infinitum. En même temps, c'est une partie unique et distincte de l'ensemble appelé «personne». Cette perspective nous permet de contempler le soi en tant que personne reliée à la totalité appelée «univers».

Notre vision étroite nous permet de voir que nous sommes reliés sur le plan physique, et nous pouvons le démontrer grâce à des méthodes de mesurage. Mais nous avons tendance à nous servir de ces mètres étalons que nous avons inventés, comme d'instruments qui nous rendent esclaves d'une interprétation étroite et contraignante de notre place dans cette seule et unique chanson.

C'est que nous croyons que la réalité est uniquement ce que nous pouvons quantifier ; en fait, nous pouvons quantifier certains aspects de la réalité, mais d'autres sont et resteront toujours inquantifiables. Les microbes et les bactéries ont existé dans nos corps bien avant que nous puissions les examiner sous un microscope. Ce n'est pas l'invention du microscope qui a créé les germes! Tout comme nous avons créé des appareils pour mesurer ce qui a toujours été là, mais qu'il était impossible de mesurer, il est possible et pour moi probable, que chacun d'entre nous fait partie d'un «nous» qu'il est impossible de mesurer avec la technologie contemporaine.

Si nous pensions à toute l'humanité comme à un seul être, et à nous-mêmes comme étant des pièces individuelles de cet être géant, et si nous pouvions prendre assez de recul pour voir cette forme de vie dans son ensemble, nous remarquerions immédiatement si l'une des parties de cet être venait à manquer. Nos yeux se dirigeraient automatiquement vers cet espace vide. Cet espace démontre l'importance de chacun de nous. Vous et moi formons le corps complet de l'humanité. Si nous ne sommes pas complètement vivants et si nous ne fonctionnons pas en harmonie avec le corps entier, cela cause un déséquilibre. Et si un nombre suffisant d'entre nous manquons, le corps mourra. Telle est la perspective que nous devons adopter pour comprendre le principe d'unicité et commencer à l'appliquer.

Il va sans dire qu'il est paradoxal d'être unique et de faire simultanément partie d'un tout. Néanmoins, telle est notre réalité, et une fois que nous aurons compris comment fonctionne ce principe d'unicité dans cet univers infini, nous commencerons à voir comment nous pouvons faire fonctionner ce principe non seulement pour chacun d'entre nous, mais pour cette seule et unique chanson dont nous faisons partie. Vous ressentirez cette harmonie au tréfonds de vous-même, et elle irradiera pour transformer cette seule et unique chanson en une merveilleuse mélodie, en parfaite harmonie avec toutes les notes individuelles qui composent cet «univers»! Permettez-moi de vous raconter à quel point cela a transformé tous les aspects de ma vie.

Mon premier contact avec l'unicité

Ma grand-mère maternelle occupe une place très spéciale dans mon cœur. Lorsque ma mère dut affronter de nombreuses difficultés après que mon père nous eût abandonnés, mon frère aîné alla vivre chez mes grands-parents. C'est lorsque je vis ma grand-mère jouer le rôle de mère que je commençai à comprendre pour la première fois le concept de l'unité et de l'unicité.

Ma grand-mère avait allaité chacun de ses enfants – dont ma mère – et s'était montrée extrêmement protectrice envers eux. Elle avait passé la majeure partie de son temps à les bercer, à leur chanter des chansons, à les dorloter et à s'occuper d'eux.

Ma grand-mère perdit certaines de ses facultés physiques lorsqu'elle atteignit l'âge de 94 ans. Un peu avant d'avoir 95 ans, elle commença à avoir besoin d'aide et de soins constants. J'observais ma mère tandis qu'elle s'occupait de ma grand-mère pendant ses derniers jours. Ma mère lui apportait des vêtements propres et la changeait fréquemment pour que ses sous-vêtements ne soient jamais souillés. Un jour, je vis ma mère tenant ma grand-mère dans ses bras; elle lui pelait une banane, la réduisait en bouillie dans sa propre bouche et massait la cou de sa mère pour l'aider à avaler le fruit. Elle l'aida ensuite à mettre des sous-vêtements propres. Elle berça sa mère et lui parla presque comme si celle-ci était un bébé.

Tandis que j'observais la scène, je me posai une question que je tournai et retournai dans mon esprit: «Qui est la mère et qui est l'enfant? Ma grand-mère-enfant, maintenant devenue impuissante, n'avait-elle pas dans le passé changé les couches de la mère-enfant et n'avait-elle pas réduit les aliments de son enfant en bouillie pour que celle-ci puisse les avaler aisément?» Ces deux êtres humains ne jouaient-ils pas en fait le même rôle l'un envers l'autre?

Je fus frappé par l'unicité de tout cela et j'éprouvai une véritable stupéfaction tandis que je regardais les deux femmes. Je me rendis compte que tout est un grand cercle, de même que l'univers est un seul et unique grand cercle, et que bien que nous ayons tendance à nous identifier à notre individualité, lorsque nous réussissons à changer de perspective, nous nous rendons compte que l'univers forme un tout, et qu'il existe dans cette seule et unique chanson un grand être appelé Être Humain, et que chacun d'entre nous est né au sein de cet être.

J'eus conscience pour la seconde fois de ce concept d'unicité lorsque je commençai à lire certains livres portant sur la conscience collective. J'avais lu *The Hundredth Monkey* de Ken Keyes, et j'essayais de placer son récit dans un contexte qui eût un sens pour moi. En résumé, le centième singe est une théorie selon laquelle tous les êtres d'une même espèce ont un impact les uns sur les autres. Des chercheurs firent une étude portant sur un groupe de singes qui vivaient sur la côte du Japon, et constatèrent que l'un des singes avait commencé à laver ses patates douces dans l'eau salée d'une certaine manière. Peu après, tous les singes commencèrent à l'imiter. Lorsqu'un certain nombre de singes eut commencé à se conduire de cette façon, le même comportement se manifesta au sein d'un groupe de singes vivant à des centaines de kilomètres, en dépit du fait que les deux groupes n'avaient eu aucun contact physique. Le centième singe symbolisait ce que les scientifiques appellent la masse critique chez les espèces.

Selon cette théorie, une fois que l'on atteint un nombre représentant la masse critique, le même comportement commence à se manifester chez tous les membres de la même espèce. Il semble que chez toutes les espèces, lorsqu'une masse critique donnée de membres commence à penser ou à agir d'une certaine façon, tous les autres membres de l'espèce en font autant. Dans le livre de Ken Keyes, l'auteur cite l'exemple de la guerre nucléaire et suggère que si un nombre suffisant de membres de l'espèce humaine sont convaincus qu'il y aura éventuellement une guerre nucléaire et agissent en conséquence, lorsque nous atteindrons cette masse critique, nous créerons cette réalité pour notre espèce. Par ailleurs, si un nombre suffisant d'entre nous sommes convaincus qu'un tel événement est impossible et si nous agissons en conséquence, nous pouvons tout aussi bien créer cette autre réalité pour toute notre espèce.

Les scientifiques signalent que lorsque les atomes contenus dans une molécule s'alignent d'une certaine façon et que l'on atteint un nombre correspondant à la masse critique, le reste des atomes s'aligne spontanément de la même manière. *Quantum Reality* de Nick Herbert, *Le Tao de la physique* de Fritjof Capra, *La Danse des éléments: un survol de la nouvelle physique* de Gary Zukav, *Le Bal des cellules* de Lewis Thomas, et *Une nouvelle science de la vie: l'hypothèse de la causalité formative* de Rupert Sheldrake sont les titres de quelques ouvrages où l'auteur décrit une connexion entre les principes de la physique et la conscience collective.

Essayez d'imaginer les répercussions incroyables de cette notion scientifique toute récente; voici là une base scientifique étayant la théorie de l'unicité. Cela confirme que si un nombre suffisant d'êtres, qui partagent cette forme de vie appelée Être Humain, commence à penser et à agir de façon aimante et harmonieuse, cela aura un impact sur *tout* l'être appelé Être Humain.

Toute l'histoire de l'Être Humain n'est qu'une longue succession de guerres et de tumultes. Au cours des siècles, combien de mères ont-elle pleuré leurs fils, partis à la guerre? Une interminable cascade de terreurs et de discordes marque cet être que nous appelons Être Humain, et vous vous êtes matérialisé dans cet être! Êtes-vous en faveur des divisions qui font désormais partie de l'histoire de cet être, ou saurez-vous influencer ceux qui se trouvent à vos côtés, lesquels influenceront à leur tour les membres de leur entourage, et ainsi de suite jusqu'à ce que l'on atteigne cette masse critique où tout l'être commence à s'aligner harmonieusement dans la seule et unique chanson?

Seul l'Être Humain n'est pas en harmonie avec le reste de la totalité que l'on appelle Dieu, ou l'unicité, ou par d'autres noms. Lorsque les individus qui composent cet être total prennent position d'une certaine façon, tout comme les atomes qui se trouvent dans une molécule donnée, ils peuvent avoir un impact sur tous les êtres qui composent cet unique Être Humain.

J'ai entendu des scientifiques, provenant de presque tous les domaines, parler des forces invisibles qui relient tous les membres d'une espèce. Ils indiquent que lorsqu'une matière liquide se cristallise à un endroit de la planète, ce même processus de cristallisation se produit presque simultanément à un autre endroit, sans qu'il n'y ait eu de contact physique, ni d'échange d'information. J'ai entendu des chercheurs raconter qu'au moment où des microbes ont soudainement commencé à changer de comportement, d'autres microbes, situés à des endroits différents de la planète, ont commencé presque simultanément à avoir le même comportement, sans qu'il n'y ait eu d'échange d'information entre eux. Toute l'histoire de l'Être Humain semble suivre ces règles tacites qui régissent la conscience collective.

Je n'essaie pas de donner ici une preuve scientifique de ce point de vue. Je cherche simplement à démontrer que le concept de l'unicité est accepté dans les cercles scientifiques, et que c'est un moyen d'expliquer ce qui semblait inexplicable sur le plan scientifique, par le passé. Il est certain que si un nombre suffisant d'êtres humains commence à penser de façon harmonieuse et non agressive et que si l'on atteint la masse critique, cela pourrait signifier la fin de la guerre.

Si chaque être humain avait des rapports harmonieux avec l'être humain à ses côtés, en peu de temps, les hostilités cesseraient et il n'y aurait plus de soldats disposés à suivre les ordres des généraux. Cette harmonie commencerait à se refléter sur ceux qui conçoivent les armes de destruction. Si les fabricants arrêtaient de créer des armes, les autorités gouvernementales cesseraient de signer des contrats d'achat d'armement, et il y aurait une réaction en chaîne qui se ferait sentir dans toutes les sphères de l'activité humaine. Les personnes qui transportent des armes commenceraient à trouver cela inacceptable compte tenu de leur propre harmonie intérieure et refuseraient tout simplement de continuer. Les agences de publicité sentiraient que l'on exerce une pression sur elles, et elles s'aligneraient dans le camp de l'harmonie plutôt que dans celui du tumulte. Cette transition s'effectuerait dans l'Être Humain, tout comme elle se fait au sein d'une molécule.

Au fur et à mesure qu'un nombre croissant d'êtres humains prendrait position pour l'harmonie, la pression deviendrait insurmontable, et l'unicité de l'humanité régnerait partout. Comment tout cela commence-t-il? De façon symbolique, par le singe qui a ramassé une patate douce et qui a eu le courage de se comporter différemment, puis par le singe suivant, jusqu'à ce qu'on atteigne la masse critique. Une seule personne dotée d'une conscience devient une majorité grâce à ce processus de conscience collective.

Un jour, alors que j'étais en train de courir, je me mis à penser à toute cette histoire, à savoir que j'étais un «je qui est un nous» quand je remarquai la présence d'un autre coureur à une trentaine de mètres devant moi. Je me posai alors une question qui changea véritablement ma vie: «Comment est-il possible que je sois relié à cet être que je n'ai jamais vu et que je ne connais ni d'Adam ni d'Ève et qui pourtant semble faire la même chose que moi ?»

Je me souvins alors de la question de la perspective. Je pensai à mes pieds qui avançaient l'un devant l'autre et à toutes les formes de vie qui existent en moi, sur ma peau, qui ne se verront jamais, qui sont pourtant indissolublement liées, et qui jouent un rôle essentiel dans la formation de cet être que j'appelle Wayne. Je décidai de prendre un recul mental suffisant et je me rendis compte pour la première fois que 30 mètres en termes de distance physique n'étaient absolument rien dans une seule et unique chanson infinie que nous mesurons en années-lumière. L'autre coureur n'était pas plus loin de moi que les microbes vivant dans mon œil ne l'étaient de mon pancréas.

Pour la première fois de ma vie, je sentis que j'étais relié à un être qui m'avait semblé entièrement distinct de moi. Il devint évident pour moi que peu importe l'endroit où nous sommes sur cette planète, il est impossible de choisir un côté étant donné que la terre est ronde. Je compris que nous faisons littéralement partie de cet être dans lequel nous nous sommes matérialisés, et qui a un comportement et une personnalité propres ; et que chacun d'entre nous au sein de cet être peut modifier la façon dont la totalité procède et existe. Une petite voix au milieu de cette seule et unique chanson peut influencer tout l'être et le mener vers la destruction ou l'harmonie.

J'eus une véritable prise de conscience ce jour-là. Tandis que j'en parlais à ma femme, à la maison, j'ouvris une lettre que m'avait envoyée une femme qui vivait en Iran. Cette lettre cristallisa toutes ces notions à mes yeux.

Une personne qui parlait l'anglais, en Iran, avait lu plusieurs de mes ouvrages et avait décidé de les traduire en persan pour que le peuple iranien puisse en prendre connaissance. Elle avait donc traduit ces livres et avait distribué 5 000 exemplaires de chaque ouvrage. Elle avait ensuite décidé de les faire réimprimer. C'est à ce moment-là que le gouvernement ordonna de faire insérer une clause d'exonération de responsabilité dans le livre, déclarant que mes idées subversives ne correspondaient pas à la philosophie de la révolution qui se déroulait alors en Iran.

La nièce de la traductrice obtint mon adresse par l'entremise de mon éditeur aux États-Unis, et m'écrivit en me disant que mes livres avaient eu un effet remarquable sur elle. Sa lettre arriva le jour où j'avais soudainement réalisé, à ma plus grande stupéfaction, que j'étais non seulement relié à ce coureur qui se trouvait à une trentaine de mètres devant moi, mais que j'étais également relié à toute l'humanité. La lettre de Mariam Abdollahi, qui arriva d'Iran, m'aida à voir que tous les êtres humains sont liés les uns aux autres, même si les frontières et les barrières que nous avons érigées nous portent à croire le contraire.

Mariam me décrivit avec force détails l'importance que mes écrits avaient eu pour elle. Elle me dit que le peuple iranien prenait conscience que les rivalités et la haine devaient cesser et que l'Iran devait s'unir au reste du monde. Elle commença à m'envoyer régulièrement des lettres et fit parvenir des cadeaux à nos enfants: des tapisseries que nous avons accrochées à nos murs, et des livres portant sur la paix et l'amour. Elle nous fit découvrir un nouvel aspect d'un peuple pris au piège du cercle vicieux de la guerre.

Un vendredi après-midi, je reçus un appel interurbain de Téhéran. C'était Mariam, émue jusqu'aux larmes, car elle venait de recevoir des cassettes audio et vidéo, et d'autres cadeaux que je lui avais envoyés des États-Unis, cette autre partie de la seule et unique chanson. Depuis, nous sommes devenus amis et nous nous téléphonons de temps en temps. Elle me raconte que les mots que j'ai écrits et les cassettes que j'ai enregistrées il y a plusieurs années ont maintenant un effet sur les gens qui parlent persan. À nouveau, je fus très frappé par l'unicité de tous ces événements. Je reçus alors une belle lettre qui me prouva à nouveau l'universalité des êtres humains. Voyez ce que m'écrit Mariam, d'Iran, une autre partie de notre cercle, et rendez-vous compte à quel point il est impossible de choisir l'un des côtés du cercle.

Wayne,

C'était le 20 novembre il y a 2 semaines. J'étais un peu fatiguée, car j'avais travaillé toute la semaine, et je voulais me reposer.

Ma mère me dit: «Prépare-toi, les invités arrivent.

– Oh, je suis fatiguée. Dis-leur que je ne suis pas à la maison.

– Non, cette fois-ci c'est différent. Prépare-toi dès que possible.»

Je ne savais pas ce qui se passait. On a sonné à la porte et j'ai ouvert. Ma nièce est entrée. Je ne pouvais pas en croire mes yeux. Elle tenait mon paquet entre les mains. Oh! Je l'avais attendu si longtemps.

«Tante Mariam, c'est pour toi.»

Mon frère avait reçu le paquet, mais il ne m'en avait pas parlé. J'ai couvert la boîte de baisers. Au bout d'un moment, mes frères, nos amis, et nos parents proches sont arrivés. «Que se passe-t-il ce soir?», ai-je demandé.

Ils voulaient participer à cette célébration. Ma mère les avait invités. Il y avait une trentaine de personnes à cette fête. J'ai dit à ma sœur: «Oh, Layla, qu'est-ce que je t'avais dit mardi?» Le mardi soir, ma sœur et moi étions allées acheter de la viande et du lait. Il est généralement impossible de trouver de la viande et du lait à 19 heures, mais nous n'avions pas le choix. En chemin, j'ai pensé: «Oh, si nous réussissons à obtenir de la viande, cela voudra dire que je recevrai mon paquet. Mais sinon, oh non.» C'est ce qu'on appelle l'intention. J'avais peur d'avoir une intention, mais que faire à propos des risques dont Wayne parle dans ses livres?

«Vous avez beaucoup de chance. Il ne reste plus de viande, c'est le dernier morceau de 8 kilos 400 grammes, vous avez beaucoup de chance», nous a dit l'homme. Nous en voulions 8 kilos.

«Oh, Layla, je suis sûre de recevoir mon paquet.» Lorsque j'ai dit aux invités que le docteur Dyer m'avait envoyé une cassette vidéo, tout le monde m'a dit: «La dernière fois, tu as eu de la chance de recevoir ton paquet. Mais cette fois-ci, tu ne le recevras pas, parce qu'ils vont l'ouvrir et ils ne te le donneront pas.» Oh, Eykis a bien besoin de venir ici pour me dresser une liste de préoccupations, telles que: et si on arrête mon fils dans la rue et qu'on l'amène au

front, et si aujourd'hui c'est notre tour d'être tués par des bombes irakiennes, ou bien et si je ne reçois pas mon paquet!!

– Layla, je l'ai enfin reçu», ai-je dit à ma sœur et j'ai embrassé la boîte.

– Ouvre-le», ont dit les invités.

– Non, après que nous ayons mangé les gâteaux», ai-je dit...

[Mariam décrit ses émotions après avoir examiné tous les objets que contenait le paquet. Elle conclut sa lettre ainsi:]

«Écoutez, tout le monde, écoutons sa voix. D'accord? Imaginons qu'il est ici...»

Nous vous avons écouté sur cassette: "Ou bien vous sortez d'ici ou bien vous prenez votre vie en main et vous devenez une personne responsable qui fait en sorte que les choses se produisent, sans quoi vous ne serez qu'une pupille de la nation de plus... J'ai réalisé que maintenant tout est possible pour moi... Et c'est attribuable essentiellement au fait que je suis convaincu d'en être capable. Mon travail reflète réellement la notion que l'on devient ce que l'on s'attend à devenir. Quelles que soient ces attentes..."

Quelle bonne soirée j'ai passée. Je ne l'oublierai jamais. Il était deux heures du matin. «Eh bien, les amis, rentrez chez vous. Je dois me lever à 5 h 30.

– Non», ont-ils dit, «ça fait des années que nous ne t'avons pas vue l'air aussi heureux, les yeux aussi pétillants et riant d'aussi bon cœur.»

Mon beau-frère a renchéri: «Je te parie que tu ne dormiras pas cette nuit, que tu reliras la lettre de nombreuses fois et que tu écouteras les cassettes.»

Merci de m'avoir permis de vivre ces instants mémorables. Je vous envoie des photos. S'il vous plaît, envoyez-moi autant de photos que possible. Plus vous en enverrez, mieux ce sera. Est-ce la maladie du plus? Descartes: "Je pense, donc je suis." Mariam: «J'ai reçu une lettre du docteur Dyer, donc je suis!» Je vous suis très reconnaissante de m'avoir envoyé le livre, et je vous souhaite de joyeuses fêtes.»

Amitiés,

Mariam

Nous pouvons commencer à imaginer à quel point il serait magnifique de percevoir l'unicité de tout, sans que cela ne menace notre individualité. Nous pouvons nous permettre de nous sentir sincèrement reliés les uns aux autres, de savoir que nos pensées, nos sentiments, et notre comportement ont un effet sur chaque personne, même sur celles que nous n'avons jamais vues. Chacun d'entre nous est un tout composé d'un nombre infini de particules de vie, et chacune de ces particules vivantes est composée d'autres particules vivantes, et ainsi de suite, ad infinitum.

L'inverse est également vrai lorsque nous troquons le microscope pour le télescope et que nous nous voyons en tant que composante d'une forme de vie dans un être de plus en plus grand qui est l'unicité. La plus belle parabole à ce sujet se trouve dans le roman satirique de Jonathan Swift *Les Voyages de Gulliver*. Dans ce livre, être Lilliputien (très petit, minuscule) ou être Brobdingnagien (géant), c'est une question de perspective.

Examinons à nouveau toute cette histoire d'unicité et voyons comment ce concept s'applique à votre corps individuel.

Comment se situer clairement par rapport au tout

En tournant mon microscope métaphorique vers l'intérieur et en examinant une cellule dans la totalité qui est moi, je découvre de nombreuses composantes de cette cellule, dotées de noms sophistiqués tels que noyaux, mitochondries, ADN, ARN, centrioles, corpuscules basaux, et ainsi de suite. Une seule cellule constitue un tout, et comporte tous les éléments nécessaires pour reproduire l'organisme entier appelé moi. L'une de vos cellules contient tout votre être.

En partant de l'hypothèse que nous avons six milliards de cellules, il est théoriquement possible de cloner une personne entièrement nouvelle avec n'importe laquelle de ces cellules. Néanmoins, il y a aussi quelque chose d'autre qui compose une cellule, quelque chose qui va au-delà de toute explication physique. Pour comprendre cette chose, il faut passer du domaine physique au plan métaphysique. C'est la «colle» qui unit toutes les composantes de la cellule et les empêche de se désagréger. On appelle cette «colle» la source, la sérénité, l'harmonie, la paix, ou, mon terme préféré, l'amour.

Pierre Teilhard de Chardin a exprimé ainsi ce concept: «L'amour est l'affinité qui lie et attire les éléments du monde les uns vers les autres... De fait, l'amour est l'agent de la synthèse universelle.» L'amour, ou l'harmonie, est cet ingrédient non quantifiable et invisible qui synthétise et crée la forme que nous appelons nos corps et notre monde physique.

Lorsqu'une cellule ne jouit pas d'harmonie intérieure, même si toutes ses composantes ont les proportions justes, cette cellule se comporte d'une façon inharmonieuse et affecte le tout qui la contient. Ainsi, une cellule mal à l'aise, c'est-à-dire une cellule malade, n'a pas de point de référence par rapport au tout, ni par rapport à elle-même. Une cellule malade manque d'harmonie et d'amour. Elle n'a absolument aucun point de référence par rapport au tout, par rapport à la personne individuelle. Par conséquent, elle détruit tout sur son passage en refusant de coopérer avec la cellule adjacente jusqu'au moment où elle détruit le tout et, par conséquent, se détruit elle-même.

Je viens de décrire la progression d'un cancer dans un corps. C'est un organisme qui n'a aucun point de référence par rapport au tout, qui ne coopère pas avec les autres cellules, qui finit par tuer le tout, et par se tuer également dans ce processus. Étant donné que cette cellule n'a aucun point de référence par rapport au tout, elle s'engage sur un chemin qui la mène à sa propre destruction.

Changez maintenant votre centre d'attention et concentrez-vous sur le télescope. Commencez à regarder vers l'extérieur de cette cellule et imaginez le soi comme une seule cellule, parmi six milliards d'autres cellules, composant un corps plus vaste qu'on appelle l'humanité. La totalité que vous êtes, fonctionne exactement comme une cellule. Vous avez de nombreuses composantes et quelque chose de mystérieux et d'invisible qui les relie – la même chose que Teilhard a décrite.

Si vous êtes l'univers, l'amour est votre synthétiseur universel. Lorsque vous, en tant que cellule unique, êtes composé de quelque chose d'autre que de bien-être ou d'harmonie intérieurs, vous êtes malade, et vous réagissez à l'égard des cellules qui vous sont adjacentes de la même façon qu'une cellule cancéreuse agit envers ses voisines. Vous refusez de coopérer; vous essayez plutôt d'avaler vos cellules voisines, ou de les détruire d'une manière agressive, ou encore de les juger insidieusement. C'est ainsi qu'un cancer social est presque identique à un cancer physique.

Quand un individu agit de façon destructrice vis-à-vis d'une autre personne, cela est attribuable au fait qu'il n'a pas de point de référence par rapport au tout. Comme il n'a pas le sentiment d'appartenir au tout, il agit de façon agressive face aux autres et finit par se détruire également. Nous commençons à comprendre comment un manque d'affinités entre les composantes de l'ensemble, ou un refus de penser en termes d'unicité, comment tout cela peut déclencher un cancer dans une cellule, ainsi que dans une société.

Maintenant, ajustons à nouveau notre télescope. Pensez à toute la planète sur laquelle nous vivons comme s'il s'agissait d'une seule cellule. La meilleure description que j'aie jamais lue de ce concept se trouve dans l'ouvrage de Lewis Thomas, *Le Bal des cellules*:

> «J'essaie de penser à la Terre comme s'il s'agissait d'une sorte d'organisme, mais je n'y réussis pas. Je n'arrive pas à y penser en ces termes. C'est trop grand, trop complexe, il y a trop de pièces qui manquent de connexions *visibles*. L'autre soir, tandis que je conduisais dans une région montagneuse et boisée du sud de la Nouvelle-Angleterre, je me suis posé cette question: si la Terre ne ressemble pas à un organisme, à quoi ressemble-t-elle donc le plus? C'est alors que j'ai eu la satisfaction de comprendre: elle ressemble le plus à une cellule unique...
>
> «Lorsqu'on observe la Terre à partir de la Lune, la chose la plus étonnante à propos de la Terre, la chose qui nous coupe véritablement le souffle, c'est qu'elle est vivante. Les photographies de la Lune nous révèlent une surface sèche et un sol plein de cratères, aussi mort qu'un vieil os. Suspendue, flottant en liberté au-dessous de la membrane humide et miroitante du ciel se trouve la Terre; c'est la seule chose exubérante dans cette partie du cosmos.
>
> «Si vous pouviez fixer votre regard assez longtemps, vous verriez les amoncellements de nuages blancs tourbillonnants, qui couvrent

et découvrent les masses de terre à moitié cachées. Si vous aviez regardé pendant une très longue période de temps géologique, vous auriez pu voir que les continents eux-mêmes bougent, qu'ils s'éloignent les uns des autres sur leurs plaques de lithosphère de croûte terrestre, et qu'ils sont soutenus par un feu souterrain. La Terre a l'apparence organisée et autonome d'une créature vivante, pleine de données, dotée d'une merveilleuse habileté à manipuler le soleil.»

Qu'en dites-vous? Toute la planète est une cellule? Et pourquoi pas? Lorsque vous changez de point de vue et que vous adoptez une nouvelle perspective, vous devenez réceptif à la magnitude, à la grandeur démesurée de toute cette seule et unique chanson. Toutes les caractéristiques d'une cellule unique – tout comme la cellule que vous êtes – et tout comme celle qui se trouve à l'intérieur du bout de votre nez, et la cellule à l'intérieur de cette cellule qui se trouve dans le bout de votre nez, et ainsi de suite, puis en allant en sens contraire vers l'extérieur jusqu'à l'infini. Tout est un.

Et que dire de la cellule cancéreuse ou dissonante sur notre planète? Réfléchissez à ce que nous appelons l'âge nucléaire. Qu'avons-nous fait à notre planète? N'avons-nous pas créé en fait des armes sans aucun point de référence à l'égard du tout, face à notre cellule unique appelée la Terre? Cet âge nucléaire ne fonctionne-t-il pas exactement de la même façon qu'une cellule malade, avalant tout dans son sillage, détruisant finalement le tout et s'autodétruisant aussi dans ce processus? Si jamais un jour nous faisions exploser l'un de ces engins au cours d'une guerre contre l'un de nos frères, ne serions-nous pas en fait en train de détruire non seulement nos cellules voisines, mais nous-mêmes et notre planète?

Sans point de référence vis à-vis du tout, sans éprouver ce sentiment d'unicité, nous ne pouvons agir que comme une cellule malade. Et qu'est-ce qu'une cellule malade sinon une cellule dépourvue d'harmonie intérieure, de sérénité, ou, comme l'a dit Teilhard de Chardin, d'amour? Le chemin menant à l'unicité semble passer par l'harmonie intérieure. L'harmonie intérieure passe par la pensée. De quel genre de pensées s'agit-il? Il s'agit de pensées portant sur l'unicité et l'unité. La pensée que nous sommes tous reliés les uns aux autres. Que même si les liens ne sont peut-être pas visibles à l'œil nu, ils existent tout de même, de même qu'ils existent à l'intérieur de chaque cellule individuelle de votre propre corps.

Chaque fois que vous ne réussissez pas à vous voir comme faisant partie de ce tout, relié à toutes les composantes de cet être que nous appelons l'Être Humain, vous manquez alors d'harmonie intérieure et vous tombez malade. Cette maladie se manifeste par un comportement agressif, non aimant et peu coopératif vis-à-vis de vos cellules voisines. Ainsi, le manque d'unité dans notre monde peut en fait s'attribuer aux cellules individuelles qui composent ce corps que l'on appelle l'humanité. De même que nous travaillons pour éliminer le cancer de nos corps en cultivant un sentiment d'unicité, d'harmonie et de visualisation positive, nous pouvons aussi éliminer les substances cancérigènes de notre société de la même façon. Chacun d'entre nous, en tant que cellule unique, a la possibilité d'affecter l'être entier soit de façon harmonieuse et aimante, soit de façon désordonnée et malade.

Jusqu'à présent, l'histoire de l'Être Humain est l'histoire d'un bien trop grand nombre de cellules cancéreuses et de bien trop peu de cellules harmonieuses. Le corps fléchit et chacun d'entre nous doit faire ce qu'il peut pour amorcer un virage vers un niveau de conscience plus élevé de sorte que tous les éléments de la seule et unique chanson vibrent en harmonie. Nous devons aspirer au règne de l'harmonie. Cette tâche n'incombe pas seulement aux autres. Il appartient à chacun d'entre nous d'y participer, d'aider tout le corps à guérir et à rester sain. Cela fait trop longtemps que l'Être Humain est déchiré par la discorde. Le défi suprême que doit relever l'humanité est d'apprendre à se percevoir comme un tout, comme les composantes indissociables d'une seule cellule qui fonctionne harmonieusement.

Dès que nous adoptons cette nouvelle perspective, il devient clair que quiconque agit de façon destructrice ou agressive envers les autres manque d'harmonie intérieure. Nous devrions percevoir notre haine et notre hostilité vis-à-vis d'autrui comme un problème personnel.

Dans ce contexte, il serait constructif d'analyser de quelle façon nous traitons les cellules adjacentes qui ont une apparence légèrement différente de la nôtre, qui parlent une langue différente de la nôtre, ou qui ont une religion différente de la nôtre. Nous avons créé une grande cellule composée de nombreuses cellules malades. Or, nous savons pertinemment que le tout ne peut pas survivre longtemps dans de telles conditions. Dès qu'il fut possible de diviser l'atome, Albert Einstein avertit l'humanité qu'elle se trouvait dorénavant sur la voie de la destruction totale. La seule solution était d'apprendre une nouvelle manière de penser. Il faudrait dorénavant trouver une façon de résoudre nos disputes, sans avoir recours à la guerre.

Un très bref aperçu de l'histoire de l'être humain

Depuis les temps les plus reculés de l'histoire, c'est la discorde, et non l'union, qui règne chez les hommes. Penchez-vous sur n'importe quel manuel qui relate l'histoire de l'Être Humain, et vous y trouverez une longue suite de dissensions. L'aspect le plus stupéfiant de notre histoire, c'est que nous nous sommes toujours livré des guerres. Nous pouvons mesurer nos progrès technologiques en fonction du perfectionnement croissant des armes que nous créons depuis des siècles dans le but de tuer nos frères. Nous sommes passés du tomahawk et du simple couteau, grossièrement fabriqués à la main, à des pistolets qui tuent à distance, puis à des mitrailleuses qui permettent de tuer un grand nombre de nos frères à la fois. Le terme «mégamort» a été créé au XXe siècle pour décrire le potentiel de destruction de notre arsenal.

Revenons à l'analogie de notre propre corps et aux milliards de cellules dont sa totalité physique se compose. En partant du postulat que ce seul et unique corps vit depuis 50 000 ans, il faut bien conclure que toute cette période a été consacrée à la création de microbes et de bactéries, et ce, dans le but de détruire ce corps plus vite et de façon plus économique. Nous voyons alors que nous avons tué le pancréas, le foie, et les artères, et sectionné quelques membres. Nous avons préparé toutes les composantes à se battre les unes contre les autres jusqu'à ce que l'annihilation totale s'ensuive. Et maintenant, nous avons créé l'ultime cancer. Si jamais nous nous en servons, la race humaine sera entièrement et irrémédiablement détruite.

De tout temps, les hommes ont mis l'accent sur leurs différences et sur leurs dissensions. Jetez un coup d'œil sur un manuel d'histoire et voyez de quelle façon nous nous sommes comportés en tant qu'être total. L'Orient contre l'Occident. Les ténèbres contre la lumière. Les vieux contre les jeunes. Les Allemands contre les Français. Les peuples civilisés contre les sauvages. Une chronique infinie de dichotomies, de peuples élaborant des stratégies pour se conquérir, pour se dépasser, pour se vaincre mutuellement. C'est un peu comme si toutes les cellules de votre corps prenaient parti pour un camp ou un autre en se basant sur une apparence physique. Les cellules du foie contre le blanc de vos yeux. Les grandes cellules de votre épiderme contre les minuscules cellules de votre sang. Les cellules liquides contre celles de votre talon. Les longues cellules des intestins contre les cellules plus courtes des tympans. Discorde, discorde, discorde, jusqu'à ce qu'un groupe gagne enfin et tue tout le corps. Vous savez à quel point il serait absurde pour vous d'essayer de vivre en proie à cette cacophonie intérieure. Vous savez également, sans même avoir besoin d'y réfléchir, que toutes les composantes de votre corps doivent fonctionner ensemble, en fonction d'un cadre de référence global – c'est-à-dire vous – si vous désirez survivre pendant près de 90 ans.

Or, l'être qu'est notre Être Humain a une plus longue durée de vie parce qu'il est beaucoup plus grand (une question de perspective). Aussi devez-vous examiner de quelle façon se sont comportés les êtres individuels qui composent cet Être Humain et vous poser la question suivante: comment la survie est-elle possible dans un tel contexte de discorde? Voici la réponse: si nous ne collaborons pas pour changer le comportement et l'attitude des êtres qui composent l'Être Humain, nous allons vers sa destruction. Voyez ce que dit le célèbre yogi, Paramahansa Yogananda, dans son ouvrage *The Divine Romance*:

> «Je crois qu'il y aura toujours des guerres, jusqu'à ce qu'un jour, par chance, nos natures individuelles évoluent. Quand nous serons tous devenus des êtres spirituels, nous n'éprouverons plus le besoin de nous faire la guerre. Quelles que soient leurs différences, si de grands esprits, tels que Jésus, Krishna, Bouddha et Mohammed se réunissaient, ils n'emploieraient jamais les moteurs de la science pour se détruire mutuellement. Pourquoi les gens éprouvent-ils le besoin de se battre? La puissance des armes n'est pas une marque de sagesse, ni de paix durable.»

Notre histoire regorge d'événements qui démontrent bien que nous avons cultivé la discorde et acculé la race humaine au bord de la destruction, car nous nous percevons comme des ennemis, plutôt que comme des alliés dans ce miracle qu'est la vie. Certains des plus grands sages, qui ont vécu parmi nous, savent que l'unicité va au-delà de vagues considérations philosophiques et métaphysiques, et que telle est la quintessence de notre réalité.

Dans l'unicité qu'est l'humanité, nous nous sommes exercés à la dissension, au détriment du bien-être de l'ensemble. Il est vrai que certains grands esprits éclairés ont tenté de nous faire comprendre la folie de nos actes, mais fondamentalement nous n'avons pas su transcender notre forme physique, ni comprendre que notre dimension humaine réside dans notre façon de penser et que la pensée humaine n'a été qu'une longue suite de conflits et de divisions. Vous avez un grand rôle à jouer dans l'application de ce principe d'unicité, car votre façon de fonctionner par rapport à tous les autres êtres humains qui composent cette seule et unique chanson, est très importante. Vous pouvez être un instrument de cohésion et un leader, ou au contraire, l'un des êtres qui, inconsciemment, fait s'écrouler l'édifice.

Comment cultiver des points de référence par rapport à l'ensemble

Il y a quelques temps, alors que je faisais du jogging dans le quartier, je remarquai qu'un employé d'une entreprise d'élagage d'arbres était en train de travailler sur la pelouse de mon voisin. Étant donné que l'un des arbres devant ma maison avait pris de trop grandes proportions, je m'arrêtai pour demander à l'ouvrier s'il pouvait me donner des renseignements pour que je fasse appel aux services de cette entreprise. Sa façon de me répondre me permit de comprendre immédiatement comment il se percevait au sein de l'entreprise et dans son monde personnel:

«Écoutez, monsieur, je ne peux pas rester là à bavarder, mon boulot c'est d'élaguer les arbres. Je ne connais rien du tout de l'administration de cette affaire.» Sur ce, il augmenta la puissance de sa scie à chaîne et m'ignora entièrement. Il était tellement préoccupé par ses petites responsabilités compartimentées qu'il n'arrivait pas à voir que ses actions affectaient l'ensemble de l'entreprise; il ne se rendait pas compte que s'il continuait à agir ainsi sur une base régulière, il serait aliéné du tout et contribuerait à l'écroulement de l'ensemble, et par conséquent, à sa propre destruction. C'est comme si un dîneur dans un restaurant demandait l'heure à un garçon et que celui-ci lui répondait: «Je regrette, ce n'est pas ma table.»

Dans le monde des affaires, il y a deux attributs qui distinguent clairement les leaders des suiveurs:

1. Tous les leaders efficaces se situent par rapport à l'ensemble. Je pourrais vous citer des centaines d'exemples de personnes de ma connaissance qui n'ont aucune conception de l'ensemble. De fait, elles agissent exactement comme une cellule cancéreuse au sein de l'ensemble, c'est-à-dire l'entreprise où elles travaillent. «Ce n'est pas mon service – vous devez vous adresser à la comptabilité.» «Je fais seulement les choses pour lesquelles on me paye.» «Je regrette, c'est la responsabilité de quelqu'un d'autre.» «Je ne suis pas responsable de la manière dont les autres font leur travail, je ne peux faire qu'une chose à la fois.» C'est le genre de commentaires qu'on entend fréquemment de la part des préposés aux guichets de banque, des caissières, des standardistes dans un grand magasin, d'un employé du service où l'on délivre les permis de conduire, etc.

Aucun point de référence par rapport à l'ensemble, aucun sentiment d'appartenir à toute l'unité. Ces employés ne comprennent absolument pas qu'il faut coopérer avec les cellules adjacentes pour que l'unité puisse survivre. Toutes ces personnes sont engagées dans un voyage autodestructeur, tous les jours, dans le cadre des contacts qu'elles ont avec le public qu'elles sont payées pour servir, et nuisent en cela à l'efficacité de toute l'unité parce qu'elles ne perçoivent que leur petit cadre de référence étroit, et tout ce qui en sort «ne dépend pas de mon service». Un leader perçoit toujours l'ensemble et sait que chaque individu a un impact sur tous les membres de l'organisation.

2. *Tous les leaders efficaces ont un point de référence par rapport au plus grand ensemble.* Oui, j'ai dit le «plus grand» ensemble. Compte tenu du fait que la dimension temporelle n'existe pas aux yeux de ceux qui sont réellement transformés, il nous faut alors considérer notre entreprise comme une totalité située à l'extérieur du temps. Nous évaluons les activités de l'entreprise grâce à des instruments que nous avons conçus dans ce but et qui nous permettent d'avoir une vue d'ensemble. Par conséquent, nous voyons que les vrais leaders comprennent qu'un client, qui a essuyé une rebuffade de la part d'un employé aujourd'hui, aura un impact sur l'organisation pendant des jours, des semaines, et même des années à venir. Le leader voit les choses à long terme et sait qu'un client maltraité affectera l'ensemble non seulement aujourd'hui, mais pour toujours. En outre, ce client insatisfait parlera à 10 autres personnes de sa mauvaise expérience et celles-ci auront également un impact sur l'organisation.

Aussi, le leader efficace sait-il que chaque contact entre un employé et un client est un grand moment de vérité. Il faut toujours garder une perspective de l'ensemble. L'employé, qui est un suiveur typique, n'est guère intéressé à savoir si vous allez jamais revenir. Son attitude indique clairement que: «La seule chose qui m'intéresse, c'est d'en finir et de rentrer chez moi, et que mon chèque de paie arrive à temps.» Dans son champ de conscience limité, il est incapable de se préoccuper du fait que le client mécontent choisira certainement un concurrent la prochaine fois, et restera longtemps fidèle à ce concurrent en raison du traitement désagréable que lui a fait subir cet employé, limité par une vision étroite des choses. Les employés qui n'ont pas de point de référence vis-à-vis du plus grand ensemble sabotent toute l'unité de même qu'une cellule malade avale tout sur son passage.

Si vous êtes chargé de recruter du personnel, je vous suggère de chercher ces qualités chez vos futurs employés. S'ils réalisent qu'ils appartiennent à l'ensemble et s'ils ont conscience de l'impact considérable que leur comportement individuel a sur le tout, vous vous trouvez en face de leaders potentiels. Un leader n'oublie jamais que chaque comportement humain affecte le tout; il sait que le tout ne peut pas survivre lorsque certaines de ses cellules sont cancéreuses. Le leader efficace sait que le succès de l'entreprise dépend de la façon dont chaque client est traité pendant le moment de vérité où le contact s'établit entre le client et l'employé.

Quand je fais connaissance avec quelqu'un qui n'a aucun point de référence vis-à-vis de l'ensemble, j'ai le sentiment que l'entreprise où il travaille ou que l'unité au sein de laquelle il fonctionne, court un grand risque. L'employé qui fait savoir aux clients qu'ils sont importants et qui est prêt à faire ce qu'il faut pour leur donner satisfaction, contribue à créer une clientèle fidèle. Cet employé est l'une des cellules harmonieuses qui permettent à tout le corps de fonctionner de façon efficace, aujourd'hui et à l'avenir.

Dans le cadre de notre propre cellule familiale, il est important que chaque membre sache fonctionner seul, sur le plan individuel, tout en interagissant harmonieusement avec tous les autres membres de la famille. Cela est vrai pour les communautés, les villes, les États, les pays, et pour le plus grand ensemble, c'est-à-dire pour l'humanité.

Quand nous saisissons ce concept d'unicité et que nous l'appliquons dans notre vie quotidienne, nous éprouvons le sentiment de faire partie de la race humaine au lieu de lutter contre celle-ci. Nous avons enfin l'impression d'être tous embarqués dans la même aventure et nous comprenons que le comportement de chacun a un impact sur ce corps ou cet être appelé Être Humain.

Quand nous avons une vision panoramique, le concept d'unicité devient parfaitement clair. Les leaders, qui ont su jouer un rôle important dans l'histoire de l'humanité, savent que nous ne pouvons pas rester divisés et survivre. Ils sont conscients que toutes les dissensions, quelle que soit leur nature, contribuent d'une certaine façon à la destruction de l'humanité entière. Malheureusement, les personnes qui ont conscience de cela, ne réussissent pas facilement à se faire élire. Les électeurs sont prêts à voter pour les candidats qui appuient leurs discordes particulières, et non pas pour les leaders qui œuvrent pour que l'harmonie règne au sein de l'humanité. Jésus-Christ n'aurait sûrement pas été élu à son époque, et Mère Teresa ne serait pas non plus élue de nos jours.

Et pourtant, nous avons été témoins de l'émergence de certains leaders qui ont une vision d'ensemble de l'humanité. Il est certain que les Nations Unies représentent un petit progrès vers la coopération, car cette organisation tente de résoudre de façon pacifique les conflits qui surgissent à propos des frontières et des divisions que nous avons créées au cours de nos multiples tentatives de briser l'harmonie de la seule et unique chanson. Abraham Lincoln est apparu lorsque le besoin d'unité s'est fait pressant au cours du siècle dernier. Peut-être y aura-t-il un autre Lincoln au XXIe siècle qui aidera l'humanité à fonctionner de façon harmonieuse.

En commençant par la plus petite cellule individuelle, puis en passant au niveau suivant, c'est-à-dire l'individu en tant que cellule individuelle, et en englobant toutes les unités qui émergent dans le cadre de nos structures sociales, puis en passant aux plus grandes unités que nous appelons des pays, puis toujours dans un mouvement centripète qui englobe l'univers entier, le message est le même. Lorsque nous prenons conscience de l'unicité de tout cela, et lorsque nous nous comportons comme des individus qui respectent profondément cette totalité, nous permettons à l'ensemble de survivre et de prospérer. Quand nous manquons de respect envers la totalité, nous contribuons à l'écroulement de l'ensemble, et par là même, à notre propre destruction.

Comprendre ce concept d'unicité n'est pas un simple exercice métaphysique; c'est une façon d'être qui peut transformer votre vie. Quand nous découvrons l'harmonie intérieure, nous la percevons automatiquement dans le contexte plus vaste de nos relations avec les autres. On ne peut donner que ce que l'on a. Quand nous percevons cette unité en nous et que nous faisons en sorte qu'elle existe aussi à l'extérieur de nous-mêmes, nous devenons alors une cellule qui cherche à s'unir aux autres, tout en s'épanouissant.

L'unicité et le rêve

Je voudrais revenir maintenant à la perspective de votre corps rêvant pour vous rappeler que, pendant que vous rêvez, vous vous trouvez dans un monde de pensée pure, dans lequel vous créez tout ce dont vous avez besoin pour votre rêve. Vous n'avez pas besoin de vos sens pour voir, écouter, sentir, toucher, ou goûter. Votre corps réagit à tout ce que vous vivez pendant que vous rêvez. Les personnages qui font partie du rêve sont de simples illusions; ce sont des personnages que vous avez créés pour pouvoir rêver.

Tout cela nous mène à la leçon principale qui est aussi la plus difficile à saisir lorsque vous vous trouvez dans votre forme.

Il n'y a qu'un rêve! Relisez cette phrase. Il n'y a qu'un rêve. Je vous accorde qu'il y a peut-être des milliers de personnages dans chaque rêve. Le rêveur crée diverses situations qui n'ont rien à voir avec le temps. Peut-être y a-t-il dans ce rêve des voitures, des avions, des bateaux, des couteaux, des bombes, des lits, ou tout ce que le rêveur souhaite, mais il n'y a qu'un rêveur et qu'un rêve, et c'est *vous*. Dans l'état que nous appelons la conscience associée au rêve, il n'y a qu'un rêveur et qu'un rêve.

Passons maintenant à l'élément le plus difficile à saisir. Dans le chapitre 2, j'ai décrit trois dimensions de la conscience que j'ai appelées la conscience associée au rêve, la conscience associée à l'état de veille, et le niveau de conscience supérieur. Les maîtres, qui fonctionnent à un niveau de conscience supérieur, ont pris l'apparence de personnes ordinaires et ont vécu parmi nous pour nous enseigner que ce que nous vivons dans l'état de conscience associé au rêve est aussi possible en état de veille. Jésus nous a dit que même l'être humain le plus faible pourrait accomplir tout ce qu'Il a accompli, sinon plus. Imaginez un niveau de conscience véritablement supérieur dans lequel toute forme serait une illusion, comme c'est le cas dans vos rêves. Dans ce scénario, il ne peut y avoir qu'un seul rêve. Oui, on peut percevoir la conscience associée à l'état de veille comme un seul grand rêve, lorsqu'on se trouve à un niveau de conscience supérieur au nôtre, lorsqu'on se perçoit comme l'un des personnages dans ce rêve encore plus vaste que la vie.

Qui est le rêveur ultime? Appelez-le comme vous voulez: Dieu, la conscience suprême, Krishna, l'esprit, selon ce qui vous fait plaisir. Mais essayez d'admettre cette possibilité. Lorsqu'on se trouve dans la dimension supérieure, il n'y a qu'un seul niveau de conscience, et nous sommes tous des personnages dans ce rêve. Notre forme est aussi réelle à nos yeux qu'elle l'est aux yeux des personnages que nous créons dans notre rêve, mais lorsque nous parvenons à un niveau de conscience plus élevé, nous voyons alors que ces personnages sont tous des illusions qui font partie de notre rêve unique.

Un seul rêve, un seul rêveur, des milliards de personnages incarnés posant les gestes qui composent ce rêve, tandis que l'esprit désincarné quitte le niveau de conscience associé à l'état de veille et se libère des illusions de la souffrance auxquelles la forme est soumise. Votre véritable essence est que vous faites partie intégrante de ce seul grand rêve.

Tout en conservant cette perspective, essayez maintenant d'envisager votre propre mort. Lorsque nous sommes au niveau de conscience associé à l'état de veille, nous percevons la mort comme quelque chose d'effrayant: c'est l'ultime souffrance. En fait, c'est tout le contraire. On ne peut pas souffrir sur le plan astral, c'est-à-dire sur le plan de la pensée. La souffrance se manifeste quand nous nous trouvons dans notre forme. La douleur que nous éprouvons, le processus de vieillissement, les diverses maladies qui nous affligent, les coupures et les ecchymoses, ainsi que les difficultés que nous vivons dans nos relations sont des souffrances que nous éprouvons quand nous nous trouvons dans notre forme. Quand la forme meurt, la souffrance est impossible.

Maintenant que j'ai compris cela, la mort ne me semble plus dramatique comme c'est le cas pour la plupart des gens. Je perçois réellement la mort comme une récompense plutôt que comme une punition. Je sais que lorsque je transcenderai ma forme, mes souffrances prendront fin. Je sais également que je peux y mettre fin pendant que je me trouve dans ma forme en apprenant à vivre dans un état de conscience où il n'y a aucune limite. Le fait de percevoir l'état suprême de conscience comme un rêve, rêvé par un seul rêveur tandis que de nombreux personnages évoluent au niveau inférieur, nous aide à percevoir la mort comme une transformation plutôt que comme un châtiment et à comprendre enfin la merveilleuse unicité de notre seule et unique chanson.

Telle est la quintessence du message que nous envoient tous les maîtres spirituels. La façon de saisir ce message, c'est de vivre dans le monde mystique que vous pouvez créer dans votre corps rêvant. Vous, le rêveur... Dieu, le rêveur. Vous créez tous les personnages et les situations dont vous avez besoin. Dieu fait la même chose. Vos personnages sont réels pour vous lorsque vous êtes en train de rêver. Il en est de même pour les personnages que Dieu a créés. D'ailleurs, vous êtes l'un d'entre eux. Toute forme n'est qu'une illusion dans votre rêve, même si les réactions sont très réelles.

Dans le rêve de Dieu, les personnages sont aussi illusoires, même si son rêve dure 90 ans tandis que le nôtre ne dure que 90 minutes. Les réactions qu'engendre la pensée sont réelles. Lorsque vous vous éveillez de votre rêve, vous comprenez que c'était une folie que d'être bouleversé par de telles illusions, et vous continuez à vivre votre vie à un autre niveau de conscience. Lorsque vous vous réveillez dans le rêve de Dieu et que vous revoyez les événements passés, vous vous rendez aussi compte que c'était une folie de s'accrocher à des illusions et vous passez au niveau de conscience supérieur. Vous percevez alors les choses dans une perspective plus vaste qui englobe tout.

Il n'y a qu'un rêve et qu'un rêveur. Votre façon de jouer le rôle de votre personnage de rêve dépend entièrement de vous, en tant que personnage du rêve et en tant que rêveur. C'est un paradoxe monumental, mais une fois qu'on l'a accepté, tout nous apparaît sous un nouveau jour. Néanmoins, ce n'est pas plus paradoxal que le fait que nous contenons des milliards de cellules et qu'en même temps nous sommes contenus dans une seule de ces cellules. Je vous assure que lorsque vous saurez réellement qu'il n'y a qu'un rêve et que vous êtes relié à tout le monde dans ce rêve, vous commencerez à penser et à agir en conséquence, plutôt que de rester attaché à votre individualité. Cette nouvelle façon de percevoir les choses peut être la clé du bonheur et de la réussite. Après cette prise de conscience, vous ne vous sentirez plus jamais menacé par quiconque, ni par quoi que ce soit.

Posez-vous la question suivante: «Qu'arrive-t-il aux personnages de mon rêve quand je m'éveille?» Essayez maintenant de comprendre que ces personnages ne se trouvent pas à un endroit quand vous rêvez, mais dans une autre dimension. Ils n'attendent pas dans une pièce; ils ont prouvé qu'ils sont multidimensionnels. Vous aussi pouvez pénétrer dans cette dimension qui se trouve au-delà de la forme chaque fois que vous le souhaiterez.

Les raisons possibles pour lesquelles vous résistez au principe de l'unicité

- Il est facile de résister à ce principe toute notre vie. Pourquoi? Parce qu'on nous a enseigné que l'individualité est l'essence de notre dimension humaine. Nous croyons au bien-fondé des frontières, des limites, des étiquettes et des traditions. Nous avons appris à percevoir «les autres» comme étant distincts de nous, et dans bien des cas, à considérer littéralement la moitié de l'humanité comme nos ennemis. On nous a enseigné à accorder une grande valeur au groupe ethnique auquel nous appartenons, et à considérer tous ceux qui sont différents de nous comme «ne faisant pas partie de notre clan». Nos étiquettes sont devenues notre auto-définition. Le résultat de ce conditionnement, c'est que nous nous percevons comme étant Français, de sexe masculin, de sexe féminin, protestant, grand, ayant la peau foncée, conservateur, athlétique, bourgeois, etc. Ce sont-là des étiquettes qui nous séparent et nous catégorisent. Cela nous empêche de nous concevoir comme les notes d'une seule et unique chanson, et c'est un obstacle à l'illumination.
- Je vous concède que l'unicité est un concept abstrait et qu'il est difficile par conséquent de bien le saisir et de l'appliquer. Pour croire réellement en ce principe et pour le voir se manifester, il faut avoir une perspective du monde physique beaucoup plus globale que nous ne pourrions jamais imaginer. Nous devons apprendre à nous défaire de notre vision étriquée des choses, ce qui n'est pas facile dans un monde qui nous oblige à vivre dans le cadre d'étroites frontières physiques.

Pour avoir une vue d'ensemble, nous devons réussir à nous libérer de notre conditionnement et apprendre à penser d'une nouvelle façon. C'est aussi difficile que de demander à une cellule qui appartient au foie et qui n'a jamais rien connu d'autre que l'environnement du foie, de se départir de la croyance qu'il n'existe rien d'autre que le foie et de se concevoir comme une partie d'un corps humain dont elle ignore même l'existence. Tout ce que connaît cette cellule, c'est le foie. La seule chose qu'elle ait jamais vu, c'est le foie.

Et pourtant, on s'attend à ce qu'elle comprenne qu'elle fonctionne dans le cadre d'un tout à propos duquel il est seulement possible de spéculer. C'est exactement dans cette situation que vous vous trouvez, à l'exception d'une seule chose: vous avez un esprit qui est capable de percevoir comment les parties du tout s'imbriquent les unes dans les autres. Vous faites partie intégrante de l'esprit universel. Mais même ainsi, c'est une tâche monumentale que d'imaginer comment fonctionne ce tout, tandis que vous vous trouvez dans votre forme physique et que vous êtes limité par les frontières et soumis aux lois qui régissent le monde de la forme.

- Il est plus facile de choisir un monde divisé par des frontières, car même si nous comprenons la métaphore du tout, grâce à l'exemple du corps, il est difficile de cesser de voir le monde à travers un microscope et d'embrasser la perspective que nous offre le télescope. Nous avons tendance à choisir des chemins étroits et à défendre nos frontières et nos limites. Il est plus facile, quoique moins gratifiant, de vivre dans un monde où les frontières ont été tracées, souvent d'ailleurs par des gens qui sont morts depuis des milliers d'années. Dès la naissance, on nous inculque une religion et il semble plus facile de suivre cette voie.

Il semble plus simple d'ajouter foi à ceux qui nous disent que nous avons des ennemis que de résister à la vision même qui crée ces ennemis. Il peut sembler plus facile d'hériter de la direction d'une entreprise familiale ou d'une tradition qui a contribué au chaos plutôt que de s'opposer à ceux qui ont tracé cette voie et de subir leur colère. Il est tout bonnement plus facile d'être une cellule qui vit ainsi, en ignorant les conséquences à long terme et la perspective globale.

- Lorsqu'on se perçoit comme un individu, séparé des autres, et fonctionnant indépendamment, il est facile de jeter le blâme sur les autres. Mais lorsqu'on croit au principe de l'unicité et qu'on l'applique, il devient littéralement impossible de blâmer les autres car nous sommes tous reliés les uns aux autres. Cela suppose donc qu'il faut orienter l'énergie vitale de façon à trouver des solutions pour son propre bien *et* pour le bien de l'ensemble. Par contre, lorsque notre objectif est de vivre de façon individuelle, nous avons tendance à considérer que les autres sont responsables de ce qui manque dans notre vie. «Ils» sont des cibles sur lesquelles il est naturel de jeter le blâme.

Vous n'êtes peut-être pas disposé à cesser de «les» blâmer, surtout ceux qui résident dans un chœur entièrement différent du vôtre, dans cette seule et unique chanson, ceux que vous ne verrez probablement jamais en personne, et ceux dont l'apparence physique est entièrement différente de la vôtre. C'est à vous de décider s'il est plus commode d'avoir des ennemis et de pouvoir haïr et jeter le blâme sur les autres ou de sentir au contraire que nous formons un tout. Tant que nous ne nous serons pas débarrassés de cette habitude de blâmer les autres et de les rendre responsables des problèmes que nous avons, nous continuerons à résister à ce concept d'unicité.

- Ceux qui retirent un avantage personnel des discordes qui nous séparent, tourneront en dérision le concept de l'unicité. Ceux qui fabriquent ou commercialisent des armes conçues pour tuer nos frères et nos sœurs, se moqueront de «cette idée insensée» de l'unité et de l'unicité. Tous ceux qui éprouvent le besoin de s'accrocher à des traditions qui nous isolent selon un ordre hiérarchique, résisteront au concept que j'expose dans ce chapitre.

Si vos intérêts professionnels vous poussent à juger les autres ou si le groupe religieux auquel vous appartenez vous permet également de porter un jugement sur autrui, il est fort probable que vous serez très réticent à accepter cette notion d'unité. En vérité, tous ceux qui consacrent leur énergie vitale à cultiver le chaos, même si ce n'est qu'à petite échelle, seront troublés par le concept d'unité.

Un simple coup d'œil sur l'histoire de l'humanité nous permet de trouver des indices. De nombreux leaders qui ont cru que les hommes faisaient un tout et qui ont prêché ce précepte, ont été assassinés. On se moque souvent de ceux qui s'efforcent de supprimer les guerres en les qualifiant d'idéalistes ridicules. Ceux qui écrivent des chansons en nous demandant de *nous imaginer* l'unité mondiale, sont freinés dans leurs efforts. Il est commode d'oublier l'ensemble lorsqu'on est poussé par la cupidité. De nombreux groupes sont désireux de maintenir la discorde, car le concept d'unicité menace leurs intérêts.

Voilà quelques-unes des raisons pour lesquelles nous résistons à ce principe universel. Et pourtant, il faut qu'un nombre suffisant de personnes adopte ce principe d'unité pour permettre à l'espèce humaine de survivre et d'évoluer. Je suis convaincu que cela se produira. Un jour, aussi sûrement que l'univers est une seule et unique chanson, l'humanité entendra enfin le message de l'unité. Nous nous rapprochons chaque jour de ce moment. Voici quelques suggestions pour accélérer le processus de votre propre transformation, axée sur le merveilleux principe de l'unicité.

Quelques suggestions pour appliquer le principe universel de l'unicité dans votre vie

- Aujourd'hui, défaites-vous de toute idée d'individualité pendant une heure. Pendant cette heure, considérez que toutes les personnes que vous voyez sont reliées à vous par des liens invisibles. Une fois que vous aurez commencé à penser en termes d'unité, il vous sera beaucoup plus difficile d'être fâché ou vindicatif envers les autres, parce que cela équivaudrait à être fâché contre vous-même.

Percevez les connexions qui vous relient aux autres, sentez que vous avez des choses en commun avec toutes les personnes dont vous faites la connaissance, et même dont vous entendez simplement parler. Ce que vous partagez avec tous les autres, c'est votre dimension humaine. Si vous cessez de vous séparer des autres, vous n'éprouverez plus le malaise qu'engendre ce sentiment de séparation.

- Analysez les étiquettes que vous vous collez. Chaque étiquette représente une frontière ou une limite. Si vous êtes d'origine anglaise ou africaine et si vous vous collez cette étiquette, vous avez érigé une barrière qui vous empêche de découvrir tout ce qui n'est pas anglais ou tout ce qui n'est pas africain. Considérez-vous comme un être humain. Aucune étiquette n'est nécessaire. Il est impossible de fragmenter les pensées et de les placer dans de petits compartiments étanches.

En pensée, vous n'êtes ni vieux ni jeune, ce n'est qu'une étiquette que vous vous collez lorsque vous vous trouvez dans votre forme. Il en est de même pour l'idéologie politique et les attributs physiques. En pensée, vous pouvez être tout ce que vous désirez. N'oubliez pas que votre forme n'est qu'une partie infime de vous, et que la forme n'est que l'emballage qui contient votre véritable nature. Essayez de penser globalement et d'agir localement. Percevez-vous comme une cellule parmi des milliards d'autres cellules au sein de cette grande cellule qu'on appelle l'humanité. Lorsque vous vous percevrez comme étant interrelié plutôt que séparé, vous commencerez automatiquement à coopérer. Tel est le processus de guérison.

Lorsque j'étais adolescent, une jeune fille me dit qu'elle m'aimait. Je lui demandai ce qu'elle voulait dire par là. Je lui dis: «Supposons que je devienne soudain un vieil homme frêle et ridé de 99 ans, est-ce que tu m'aimerais?» Elle resta perplexe, puis elle me répondit: «Non, parce que ça ne serait pas toi.» Je me souviens lui avoir dit: «Je ne suis pas ce corps, et si c'est ce que tu aimes, alors tu ne m'aimes pas vraiment. Je suis aussi cet homme de 99 ans.» La plupart du temps, quand nous aimons quelque chose ou quelqu'un, nous sommes uniquement attachés à leur forme et nous négligeons le plan intérieur de leur être. Rappelez-vous que les étiquettes font partie de la dimension extérieure de la vie, c'est-à-dire de la forme. Décidez de mener aussi une vie intérieure.

- Prenez conscience du fait que le voyage et la destination sont identiques. Vous ne serez jamais formés. Vous n'atteindrez jamais un but ultime. La vie est une transition perpétuelle et un processus d'évolution. Paradoxalement, dans cette perspective d'unicité, vous pouvez atteindre tous vos objectifs. Chaque étape le long du chemin, chaque jour de votre vie, est à la fois une expérience singulière et une partie du tout qu'on appelle la vie.

Il n'y a pas de moments ordinaires. Ce moment présent où vous êtes vivant est une totalité et n'est pas séparé du reste de votre vie. Souvenez-vous de cette citation: «La vie est ce qui nous arrive pendant que nous faisons d'autres plans.» Cela vous aidera à garder ce concept d'unicité à l'esprit et à vous concentrer sur cette idée au lieu de porter attention aux façons artificielles dont nous avons morcelé cet être unique.

- Vos proches vous rappellent tous les jours, par leur simple présence, la dimension humaine que vous avez en commun. Vous faites tous partie de ce corps magnifique que l'on appelle l'humanité. Lorsque vous vous surprendrez à attaquer verbalement les êtres qui vous sont chers, recanalisez immédiatement votre énergie et visualisez-les en train de partager la même force vitale que vous. Notre colère incontrôlable envers les autres est motivée par un déni ou par la crainte d'être tel que nous jugeons les autres. Nous ne pouvons donner que ce que nous possédons.

Si vous faites preuve de respect envers vous-même, vous saurez vous montrer respectueux envers ceux que vous aimez. Si vous vous méprisez, cela se reflétera dans la façon dont vous traiterez votre entourage. Parfois, quand j'ai du mal à accepter ce que disent ou ce que font mes enfants, j'essaie d'imaginer la force invisible qui les relie à moi, au sein de l'humanité. Je vois alors que leur comportement est le mien, et vice versa. Cela m'aide à me montrer plus compréhensif et aimant envers eux.

- Pensez à ceux que vous considérez comme des ennemis. La même logique et le même raisonnement s'appliquent à eux. Telle est la leçon de la spiritualité. Ce n'est pas parce que d'autres êtres humains ont une apparence différente de la vôtre, vivent dans une autre région du monde, ou pensent d'une autre façon, qu'ils ne font pas partie du tout, c'est-à-dire de l'humanité qui est vous. Ne laissez personne déterminer qui seront vos ennemis, ne vous laissez pas influencer non plus par le facteur sans importance de l'emplacement géographique.

Vous n'êtes pas obligé d'accepter les raisonnements qui vous poussent à considérer les autres comme des ennemis. Cela ne vous empêche pas d'être un bon patriote. Vous pouvez aimer assez votre pays pour vouloir sa survie afin que vos enfants puissent y vivre en paix. Cela veut dire que vous ferez tout ce qui est en votre pouvoir pour que nous prenions tous conscience de cette unicité. Sachez qu'il est impossible de choisir un côté sur une planète ronde. C'est une question de perspective, et vous disposez des outils nécessaires pour avoir une perspective de l'infini, une vision de l'unicité.

- Si vous êtes un leader au sein d'une organisation, donnez la possibilité aux personnes qui travaillent auprès de vous d'avoir un point de référence par rapport au tout et un sentiment d'appartenance à l'ensemble. Célébrez la contribution de chaque personne au bien-être de toute l'organisation par des mesures incitatives telles que le partage des profits, ou le versement de primes. Reconnaissez leurs talents de leaders.

Ne cloisonnez pas votre organisation et ne spécialisez pas les tâches au point que les membres de l'entreprise se sentent exclus de la vision globale. Soyez attentif à la façon dont chaque personne peut contribuer à l'évolution de l'ensemble. Formez vos employés de façon à ce qu'ils comprennent l'impact global des comportements individuels. Simultanément, sachez encourager l'individualisme et les choix de chacun. Chaque cellule au sein d'une unité doit avoir un certain degré d'autonomie et se sentir importante sur le plan individuel. Le mauvais fonctionnement d'une cellule finit par causer l'écroulement de l'ensemble.

Par contre, une cellule qui fonctionne harmonieusement contribue à la santé de l'ensemble. L'individualité et le sentiment d'appartenir à un tout sont apparemment mutuellement exclusifs. Mais cette apparence est trompeuse. Pour parvenir à l'illumination, il est essentiel de saisir ce paradoxe et de comprendre également que deux éléments apparemment opposés fonctionnent toujours au sein d'un tout harmonieux.

- Efforcez-vous, autant que possible, de répondre à la haine par l'amour. Tel était le message du Christ. Si vous portez l'amour en votre cœur, c'est ce que vous aurez à offrir. Toutes les haines, même la haine apparemment justifiée que vous éprouvez envers un agresseur, font partie du cancer qui détruit l'humanité. Plus nous envoyons de l'harmonie et de l'amour aux autres, quel que soit leur comportement, plus nous vivons dans l'unicité. Il est certain que nous avons besoin de prisons et d'autres mesures de protection lorsque certains individus transgressent les lois. Ce dont nous n'avons pas besoin, c'est de haine à l'égard de leur comportement antisocial.
- Essayez de percevoir chaque personne comme un professeur. Voyez chaque individu comme une partie de vous-même qui est prête à évoluer. Ce n'est pas par hasard que les relations interpersonnelles durables sont des combinaisons de personnalités opposées. Nous aimons souvent ceux qui représentent une partie non développée de nous-même. Au lieu de juger les autres en fonction de comportements qu'ils devraient ou ne devraient pas avoir, considérez-les comme un reflet de vous-même et demandez-vous ce que vous pouvez apprendre d'eux. Sachez apprécier les éléments apparemment opposés de votre entourage, et chérissez leur façon d'être comme s'il s'agissait d'un cadeau que l'on vous offre.

N'oubliez pas que ceux qui semblent vous causer le plus d'angoisse sont ceux qui évoquent la chose qui vous manque le plus. Si vous ne réagissiez pas du tout, cela signifierait que vous êtes tout à fait indifférent. Le fait que vous réagissiez, même si vous préféreriez rester indifférent, signifie que leur comportement provocateur évoque des émotions en vous. Sachez tirer une leçon de ces situations sans les accuser d'être la cause du problème. Toute la planète est une collection de différences. Vous êtes une unité intégrale composée de différences, qui vit à la fois dans sa forme et au-delà de sa forme. Cessez de souhaiter que les autres se comportent comme vous et appréciez leurs qualités uniques, car c'est ce qui fait la variété de cette unique chanson glorieuse.

Personne ne peut vous dire «comment» vous sentir plus étroitement lié aux autres et plus détaché à la fois. C'est vous qui maîtrisez vos pensées. Je peux simplement vous aider à éveiller votre faculté de penser selon le principe de l'unicité. Je peux peut-être vous aider à ouvrir quelques portes qui sont fermées en raison du conditionnement auquel vous avez été soumis, mais vous êtes le seul à pouvoir prendre la décision finale. Néanmoins, une fois que vous aurez décidé de jouer votre rôle dans cette partition appelée seule et unique chanson, personne ne saura vous arrêter. C'est votre chemin que vous tracez et vous pouvez le parcourir de la façon qui vous plaît.

Quand vous aurez adopté ce principe d'unicité, vous éprouverez un sentiment d'harmonie personnelle qui vous permettra d'éliminer la plupart des conflits de votre vie. C'est une glorieuse récompense. Vous cesserez de vous poser des questions à propos de votre rôle et il émanera de vous une énergie qui vous reliera à tous les autres êtres. C'est l'énergie de l'amour que vous ressentirez tout d'abord sur le plan intérieur, ensuite dans votre vie extérieure au sein de votre famille et dans vos relations interpersonnelles, puis dans le cadre de votre vie professionnelle et communautaire, et enfin à l'égard de toute l'humanité. Vous commencerez à apprécier toutes les formes de vie. Vous ne vous identifierez plus à la différence, car vous saurez que la différence se situe uniquement au niveau de la forme. Quand le célèbre yogi Paramahansa Yogananda étudiait auprès de son maître spirituel, celui-ci lui dit:

«C'est l'esprit de Dieu qui soutient activement chaque forme et chaque force dans l'univers; et pourtant, il est transcendental et détaché dans le vide non créé et divin qui se situe au-delà des mondes des phénomènes vibratoires... De même, ceux qui parviennent à la réalisation de soi sur Terre vivent une existence située sur deux plans. Tout en exécutant consciencieusement leur travail dans le monde, ils sont immergés dans une béatitude intérieure.

«Je vous souhaite de faire cette expérience quand vous découvrirez les liens qui vous rattachent à l'ensemble et quand vous découvrirez le rôle qu'il vous appartient de jouer: il s'agit de l'exécution dans la forme et de la grâce intérieure. En vérité, vous êtes seul, et simultanément vous faites partie d'un tout.»

Chapitre 4

L'abondance

Il est simple de calculer le nombre de graines
qu'il y a dans une pomme.
Mais qui d'entre nous saura jamais dire
combien de pommes contient une graine ?

La raison pour laquelle personne ne peut dire combien de pommes se trouvent dans une graine, c'est qu'il y en a un nombre infini. Infini ! C'est en cela que consiste le principe de l'abondance: l'infinitude.

Cela peut paraître paradoxal, car nos formes humaines semblent commencer et finir à un moment précis; de ce fait, l'infini ne fait pas partie de ce que nous connaissons quand nous nous trouvons dans notre forme. Mais il est difficile d'imaginer que l'univers puisse avoir des frontières, ou qu'il finisse simplement à un endroit particulier. Si tel est le cas, où se trouve la fin de l'univers et qu'y a-t-il de l'autre côté de cette fin? Je suggère donc que l'univers n'a pas de fin et qu'il n'y a pas de limite à ce que vous pouvez découvrir lorsque votre vie est basée sur ce principe.

Nous avons déjà vu qu'une grande partie de qui nous sommes en tant qu'être humain se situe au-delà de la forme, et que cette partie, c'est-à-dire la pensée, ne connaît pas de frontière. J'en conclus donc que nous aussi sommes infinis.

Par conséquent, l'abondance, qui ne connaît pas de limite ni de frontière, est le mot clé de l'univers. Cela s'applique aussi bien à nous qu'à tous les autres éléments de la seule et unique chanson. C'est le message que nous envoie l'univers en réponse à notre croyance en la pénurie. Nous devrions être conscients de l'abondance et de la prospérité qui nous entourent et ne pas faire de la pénurie la pierre angulaire de notre vie.

Avoir une mentalité axée sur la pénurie signifie que nous croyons en la pénurie, et que nous évaluons notre vie en fonction de ces manques. En nous concentrant sur la pénurie, nous consacrons de l'énergie à ce que nous n'avons pas et cela colore notre perception de la vie. Le refrain de bien des gens est: «Je n'ai pas assez de...», ou «Comment puis-je croire en l'abondance lorsque mes enfants n'ont pas tous les vêtements dont ils ont besoin?», ou «Je serais beaucoup plus heureux si j'avais...». Nombreux sont ceux qui sont convaincus qu'ils vivent dans la pénurie parce qu'ils n'ont pas eu de chance, au lieu de reconnaître que leur système de croyances est axé sur la pénurie. Tant qu'ils conserveront cette mentalité, ils attireront la disette, le manque.

Ce qu'il faut pour éliminer ce problème existe déjà dans le monde où nous vivons et où nous respirons chaque jour de l'année. À quel autre endroit cela pourrait-il se trouver? La vérité est qu'*il y a* assez d'abondance pour répondre aux besoins de tout le monde, car l'univers est infini et nous en faisons partie. Une fois que nous serons convaincus de la véracité de ce principe, nous le verrons se manifester de milliers de façons. Toutes les personnes que je connais qui sont passées de la pénurie à l'abondance avaient découvert comment croire et vivre en fonction de ce principe. Je dis bien *chacune de ces personnes*, ce qui m'inclut. Mais comment se défaire d'une mentalité axée sur la pénurie?

Comment transcender le niveau de conscience où règne la pénurie

La première étape pour se débarrasser d'une mentalité fondée sur la pénurie est de remercier pour tout ce que vous êtes et pour tout ce que vous possédez. C'est exact – j'ai bien dit remercier, mais pas en marmonnant des phrases dépourvues de sens. Appréciez sincèrement le miracle que vous êtes, le fait que vous êtes vivant, que vous avez des yeux, des oreilles, des pieds et que vous vous trouvez ici, à ce moment précis, dans ce merveilleux rêve. Faites l'effort de vous concentrer sur ce que vous avez, plutôt que sur ce qui vous manque.

Rien ne manque. Comment est-il possible que quelque chose manque dans un univers parfait? Quand vous vous concentrez sur la reconnaissance que vous devriez éprouver pour l'eau que vous buvez, le soleil qui vous réchauffe, l'air que vous respirez, et tous les autres cadeaux que Dieu vous a envoyés, vous canalisez vos pensées (c'est-à-dire la quintessence de votre être) vers l'abondance et vers votre dimension humaine.

N'oubliez pas que vous êtes une cellule dans le corps de l'humanité et que cette cellule doit vivre dans l'harmonie intérieure pour coopérer avec les cellules adjacentes. En cultivant cette pensée, votre énergie sera dirigée vers le miracle de votre existence. Tandis que vous vous concentrez sur ce miracle que vous êtes et sur tout ce qui vous entoure, vous ne pouvez pas vous concentrer sur ce que vous n'êtes pas ni sur ce qui semble manquer dans votre monde.

Au fur et à mesure que vous vous exercez à être reconnaissant, rallongez la liste de choses dont vous rendez grâce à Dieu. Vos amis et votre famille. Les vêtements et la nourriture. L'argent que vous avez. Toutes vos possessions, chaque objet qui est entré dans votre vie pour que vous puissiez vous en servir pendant que vous êtes sur Terre. Je dis bien chaque objet. Le crayon, la fourchette, la chaise, tout. Commencez à vous concentrer sur la reconnaissance que vous éprouvez de posséder ces choses en ce moment-ci, alors que vous en avez besoin. Pensez qu'elles vous appartiennent de façon temporaire et que vous vous en servirez pendant un certain temps, puis que vous les remettrez en circulation.

Une fois que vous vous serez exercé à déclencher le processus de la reconnaissance, que vous saurez vous montrer reconnaissant pour chaque chose et chaque personne qui se trouve dans votre vie, et que vous saurez apprécier votre dimension humaine, vous serez sur la bonne voie pour vous défaire d'une mentalité axée sur la pénurie.

Quand vous concentrez vos pensées sur une chose, cette chose prend de l'ampleur

Relisez cette phrase. En fait, elle est tout à fait logique. Lorsque vous pensez à quelque chose et que vous vous concentrez, vous créez davantage de cette chose. Par exemple, si vous avez des dettes et du capital, et que vous vous concentrez entièrement sur ce que vous avez, votre capital augmentera. Si votre capital n'est que de 500$, alors que vos dettes s'élèvent à 5 000$, et si vous vous concentrez sur l'argent que vous avez, vous commencerez à en faire quelque chose de productif. Par conséquent, la somme commencera à augmenter.

Par contre, si vous concentrez toutes vos pensées sur vos dettes et que vous ruminez constamment à quel point vous êtes pauvre, et que cela devient le centre de votre vie affective, votre pauvreté ne fera qu'augmenter. C'est évident quand il s'agit de problèmes de santé mineurs. Si vous vous concentrez sur votre grippe et que vous passez votre temps à en parler et à vous lamenter en racontant à tout le monde que vous vous sentez très mal, ces sensations prendront de l'ampleur. C'est-à-dire que votre énergie sera canalisée en direction de la grippe dont vous êtes si fier. Mais si vous concentrez votre attention sur toute la partie de vous-même qui n'est pas malade, et si vous dites aux autres que vous vous sentez en forme, votre sensation de bien-être s'intensifiera.

Nous agissons en fonction de nos pensées. Ces pensées se transforment littéralement en notre vécu quotidien. Par conséquent, si vous consacrez une grande partie de votre énergie vitale à vous concentrer sur la pénurie, c'est de cela que votre vie sera faite. Je peux vous donner un exemple réel pour illustrer comment fonctionne ce principe.

J'ai une amie très chère qui s'appelle Bobbe Branch. Elle habite à Wenatchee, dans l'État de Washington. C'est une personne extrêmement vivante, qui est parvenue à atteindre un niveau de conscience supérieur et c'est un véritable plaisir d'être en sa compagnie. Elle a maîtrisé le principe de l'abondance sur presque tous les plans. Néanmoins, sur le plan professionnel, elle se concentrait continuellement sur ce qui lui manquait. Bobbe est une chanteuse qui a beaucoup de talent et elle écrit ses propres chansons. Elle voulait produire un album, mais elle était convaincue qu'elle n'en avait pas les moyens: en ce qui avait trait à l'argent, sa mentalité était axée sur la pénurie. Et cela l'écrasait lorsqu'elle devait se produire devant un auditoire: elle était sûre de ne pas y arriver.

Un soir, nous parlâmes pendant plusieurs heures du fait qu'elle était convaincue qu'elle ne réussirait jamais à produire un album à moins qu'un ange ne se matérialise soudain pour lui fournir l'argent nécessaire. J'essayai de l'aider à voir que c'était précisément cette croyance qui l'empêchait de réaliser son rêve et d'enregistrer ses chansons.

J'invitai Bobbe à chanter ses merveilleuses chansons dans le cadre de l'une des conférences que l'on m'avait prié de donner. Malgré ses craintes, sa performance fut des plus réussies et la salle croulait sous les applaudissements. Bobbe commença alors à se concentrer sur ce qu'elle réussissait à faire plutôt que sur ce qui lui paraissait impossible ou difficile. Plus elle pensait à chanter devant un auditoire, plus cette possibilité se matérialisait dans sa vie.

Au bout d'un an, elle commença à signer des contrats et à se produire sur scène. C'est alors qu'elle dut relever un grand défi: il fallait qu'elle se perçoive dans un contexte de prospérité. Au cours d'une conversation téléphonique, elle me dit qu'elle avait finalement pris son courage à deux mains et qu'elle s'était renseignée au sujet des coûts de production d'un album auprès de l'un des meilleurs directeurs musicaux du Nord-Ouest. La somme dépassait de loin ce qu'elle avait jamais possédé de toute sa vie. Je lui dis de commencer à centrer ses pensées sur la prospérité et à ne jamais permettre qu'une pensée axée «sur la pénurie» ne pénètre son champ de conscience.

Elle commença à comprendre mon message. Un soir, je reçus un appel interurbain de Wenatchee et Bobbe m'annonça: «Je n'ai pensé qu'à la possibilité d'avoir cet argent à ma disposition. Je n'ai jamais eu de pensées portant sur la pénurie.» Elle me raconta alors qu'elle avait discuté de diverses stratégies avec une de ses amies au travail. Bobbe avait dit à son amie: «Que penserais-tu de mon idée de demander à une quinzaine de personnes de ma connaissance d'investir 1 000$ chacune dans ma musique? Je parle de gens qui croient sincèrement en mon talent de chanteuse.» Elle fut stupéfaite et ravie lorsque son amie lui répondit: «C'est une excellente idée! Je serais enchantée d'investir cette somme en toi.» Bobbe se rendit compte alors qu'elle avait déjà parcouru un quinzième du chemin.

En l'espace de trois jours, elle prépara des portefeuilles de placement et obtint le nombre nécessaire d'investisseurs. Chacun d'entre eux investit 1 000$. Selon les termes du contrat la somme devait être remboursée au bout d'un an. Elle était enchantée d'avoir finalement surmonté sa croyance axée sur la pénurie. Car c'est précisément lorsqu'elle se concentra sur l'abondance que la prospérité se matérialisa enfin. En deux mois, elle produisit son album, *Happiness Is the Way*, dont trois chansons portent sur Eykis, la dame à propos de laquelle j'ai écrit un livre.

Actuellement, Bobbe est occupée à faire la promotion de son album et elle se prépare à ce qu'il remporte un grand succès. En se concentrant sur l'abondance plutôt que sur la pénurie, elle a réussi à obtenir d'excellents résultats. Elle a remboursé la plupart de ses investisseurs et elle est sur le point de produire une deuxième version de son album. Voici la dédicace qui se trouve sur la pochette: «À mon ami, Wayne Dyer, j'apprécie tout ce que tu as fait pour m'encourager à oser prendre des risques.» Tout ce que j'ai vraiment fait, ça a été de l'aider à se concentrer sur la dimension qu'elle voulait amplifier.

Le même principe s'applique à chacun d'entre nous. Pour connaître autre chose que la pénurie dans votre vie, vous devez délibérément y résister en vous concentrant sur l'abondance!

Quand vous vivez et vous respirez la prospérité, et quand vous êtes convaincu que tout existe en quantités considérables, que nous avons tous le droit de posséder tout ce dont nous avons besoin, vous commencez à poser des gestes concrets envers vous-même et envers les autres qui traduisent cette croyance. Ce principe s'applique à l'acquisition de la richesse, du bonheur, de la santé, des réalisations d'ordre intellectuel, etc. D'ailleurs, c'est ce qui était promis dans la Bible: «À celui qui possède, davantage sera accordé.» Cela fonctionne vraiment. Cet univers est une immense entreprise, dont le rayonnement est incompréhensible dans la perspective de nos corps limités. L'abondance règne partout. Les seules limites que nous ayons sont celles que nous créons par le biais de nos croyances.

Vous êtes déjà tout

Vous êtes déjà entier, déjà complet. Vous n'allez pas *tout* obtenir, vous *êtes* déjà tout! Réfléchissez sérieusement à cela. Si vous ne jouissez pas de votre vie en ce moment, avec ce que vous avez accumulé, dans l'état de santé où vous êtes actuellement, dans votre emploi et dans vos relations interpersonnelles, vous n'apprécierez pas de nouvelles conditions de vie. Notre capacité de jouir de la vie dépend de la façon dont nous choisissons de l'interpréter, plutôt que de facteurs extérieurs.

Rien à l'extérieur de nous-même n'a le pouvoir de nous apporter le bonheur ni l'épanouissement. Ce qui détermine notre qualité de vie, c'est notre choix d'être épanoui ou de ne pas l'être, selon notre façon de penser. Ce sont nos pensées qui colorent la façon dont nous nous percevons et comment nous concevons notre rôle dans l'univers. Par conséquent, si vous avez besoin de plus de choses pour vous sentir complet, cela signifie que vous continuerez à vous sentir incomplet lorsque vous les aurez acquises, car vous aurez alors besoin de nouvelles choses.

Penser en fonction du principe de l'abondance veut dire croire en un dialogue intérieur: «J'aime qui je suis et les choses que j'ai attirées vers moi jusqu'à présent. Je n'ai besoin de rien de plus, je n'ai même pas besoin du plus minuscule changement pour me sentir entier. Je sais au tréfonds de moi-même que je ne vais pas tout obtenir, mais que je suis déjà tout. L'univers est infini, je suis l'univers, donc je suis sans frontières.»

Le fait de créer ces affirmations et d'y croire prouve votre volonté de vous mettre au diapason de l'abondance. Voici l'histoire d'un homme qui alla consulter un gourou; il lui demanda quelles étaient les choses essentielles dont il avait besoin pour trouver le bonheur parfait pendant le reste de ses jours. Le gourou ne lui laissa rien, ce qui voulait dire que l'homme possédait déjà tout ce dont il avait besoin. Le bonheur et la réussite sont des processus internes que nous appliquons aux projets que nous entreprenons, et non pas quelque chose qui nous parvient de «là-bas».

Lorsque nous fonctionnons selon le principe de la pénurie, nous nous disons habituellement: «Si seulement j'avais quelque chose d'autre, c'est *alors* que je serais réellement heureux et que j'aurais réellement réussi.» Une analyse approfondie de ce genre de logique démontre qu'en fait, ce que nous sommes réellement en train de dire, c'est: «Je ne suis pas complet en ce moment. Par certains côtés, je manque de ce dont j'ai besoin. Lorsque je l'aurai obtenu, c'est là que je me sentirai complet.»

Si telle est notre croyance, cela veut donc dire que nous nous appuyons sur une personne incomplète et déficiente. Ce type de pensée axée sur la pénurie présuppose que nous ne sommes pas encore des êtres humains entiers, heureux, aimants. Nous fonctionnons alors selon un processus de pensée axée sur le manque et nous sommes piégés par la croyance que: «Je dois avoir plus de choses avant de pouvoir être heureux.» C'est exactement ce qui nous empêche de nous mettre au diapason de l'abondance qui existe partout.

Vous êtes déjà tout. Vous possédez déjà exactement ce dont vous avez besoin pour être heureux, pour réussir, pour être épanoui, et pour atteindre tous les buts ambitieux auxquels tant de nous aspirent. Si nos besoins essentiels sont satisfaits, si nous avons de la nourriture, de l'eau et de l'air, cela veut dire que nous avons déjà en nous la capacité de connaître un bonheur sublime.

Mohandas Gāndhi a dit: «Dieu va vers ceux qui ont faim sous forme de nourriture.»

Nous pouvons apprécier et célébrer le merveilleux miracle que nous sommes. Nous pouvons interpréter tout ce qui se produit sans porter de jugement. Notre monde est prospère et infini, mais la façon dont nous le concevons dépend de nous. Même dans une prison, il est possible de préserver un coin de liberté: nos pensées. Personne ne peut nous les enlever. Jamais! Lorsqu'on sait cela, on comprend que l'abondance est le mot clé de toute notre existence.

Oui, en effet, vous êtes tout. Vous possédez déjà tous les éléments nécessaires pour que votre vie soit prospère. Il s'agit maintenant de régler votre antenne pour que les choses fonctionnent comme vous le souhaitez.

Vous ne pouvez rien posséder!

L'abondance n'est pas quelque chose qui s'acquiert. C'est quelque chose qu'il faut percevoir. N'oubliez pas qu'il y a un réservoir infini d'énergie dans l'univers et que tout – ce qui inclut votre forme et toutes vos possessions – est fondamentalement composé d'énergie. Tout vibre. Nous appelons cette vibration l'énergie et notre univers en contient une quantité infinie. C'est cette énergie qui constitue la vie.

L'énergie que chacun de nous dégage découle de nos pensées et de la façon dont nous choisissons d'interpréter notre monde. Si votre interprétation est telle que vous voyez la pénurie partout où se pose votre regard, cette pénurie ne fera que s'accroître. Par contre, si vos yeux voient une grande abondance, c'est cette abondance qui augmentera. Si nous avons besoin de posséder des choses, nous filtrons alors notre univers avec des yeux qui ne voient que la pénurie. Notre besoin de posséder des choses reflète la croyance que nous n'en avons pas assez. Notre besoin d'accumuler et de s'approprier nous empêche littéralement de nous mettre au diapason de l'abondance qui règne là, devant «nos yeux emplis de manque».

Toutes les choses que nous croyons devoir absolument posséder pour être plus heureux indiquent que nous sommes contrôlés par des éléments extérieurs plutôt que par une force intérieure. Cette hypothèse nous porte à croire que nous sommes incomplets, qu'il nous manque quelque chose, et que nous pouvons remplir ce vide en possédant encore plus de choses. C'est un piège sans fin! C'est un piège auquel nous ne pourrons jamais échapper tant que nous serons convaincus que les possessions matérielles peuvent combler ce vide.

Comment est-il possible de posséder quoi que ce soit? Pensez quelques instants à tout ce qui vous appartient dans votre rêve: les voitures, les bateaux, l'argent, les colifichets et toutes les autres choses que vous possédez tandis que vous vous trouvez dans votre corps rêvant. Quand vous vous réveillez, vous réalisez immédiatement que toutes ces possessions n'étaient que des illusions et que vous n'en aviez besoin que temporairement pendant la durée du rêve. Essayez maintenant de mettre tout cela en perspective par rapport au rêve que vous vivez en ce moment et qui dure 80 ou 90 ans.

Imaginez que vous vous réveillez et que vous jetez un regard sur tout ce qui vous a appartenu. Comment auriez-vous jamais pu posséder quoi que ce soit? Dans le meilleur, et je dis bien le meilleur des cas, tout ce que nous pouvons faire, c'est de posséder temporairement nos choses pendant un bref instant. Ensuite, que cela nous plaise ou non, nous nous réveillons et nous réalisons qu'elles sont inutiles. La majeure partie de notre vie se déroule dans la dimension astrale de la pensée, et les choses sont inutiles dans cet état qui se situe au-delà de la forme.

Si nous ressentons un vide, cela est attribuable au fait que nos pensées ne sont axées sur rien et que ce genre de pensées magnifient cette sensation de vide. Nous pouvons intensifier nos sensations de façon plus bénéfique en concentrant nos pensées sur une sensation de plénitude et en nous rendant compte que nous ne pourrons jamais rien posséder. Cela ne nous empêche nullement de jouir des choses que nous avons accumulées ou dont nous sommes, temporairement, propriétaires.

Mais rappelez-vous ceci: rien dans l'univers n'est jamais formé et nous ne le sommes pas davantage. Tout est toujours dans un état de transformation, ce qui inclut le titre de propriété que nous détenons, toutes nos choses, notre famille, notre argent. Tout. Tout est en transition. Tout circule et arrive dans notre vie pour que nous en profitions un certain temps et pour que nous le remettions ensuite en circulation. Une fois que nous aurons assimilé le concept qu'il est impossible de posséder quoi que ce soit, nous serons paradoxalement libres d'avoir tout ce que nous désirons, sans pour cela y être attachés ni sentir que nous le possédons. Nous découvrirons alors la joie de partager nos possessions avec les autres.

Bien entendu, il est paradoxal de déclarer que c'est précisément lorsque nous cessons de nous mettre en quête de possessions que nous trouvons tout ce que nous avons jamais désiré. La crainte de ne pas avoir assez de choses empêche bien des gens de réaliser que ce qu'ils sont est déjà suffisant. Nous ne pouvons rien posséder, et passer sa vie à croire en la pénurie est une infraction au principe universel de l'abondance.

Une vie passée dans l'abondance ne signifie pas une vie passée à accumuler. Cela veut dire que nous éprouvons un sentiment spirituel de stupéfaction face à «spect illimité» de toute chose. Prenez l'exemple de votre propre corps. C'est une preuve d'abondance illimitée, car il est capable d'accomplir des choses extraordinaires et il n'est restreint que par les pensées qui se concentrent sur ses limites. Votre cerveau est doté de trillions de cellules et peut ordonner à votre corps de dormir, de danser, de méditer, de créer, de bâtir des avions et des sous-marins. Vous – oui, vous et le corps que vous habitez – êtes un exemple d'exquise abondance et de perfection. Vos possibilités sont illimitées. L'existence de l'être humain en tant qu'entité autonome est un tel miracle que nous sommes stupéfaits quand nous tentons de retracer la genèse de la race humaine et de comprendre comment elle survit, pense, rêve, et comment elle réalise un nombre infini de miracles.

Vous-même êtes l'abondance en mouvement. Mais le corps auquel vous vous identifiez ne peut rien posséder et ne pourra rien emporter lorsque vous le quitterez. Ce corps est mû par des forces et par une énergie qui transcendent les possessions matérielles. Tous les objets qui se trouvent dans votre vie sont arrivés pour vous servir et non pas pour que vous soyez leur esclave.

N'oubliez pas ce principe au fil de votre lecture. Tout ce qui a jamais été «possédé» par quiconque il y a à peine quelques années sert maintenant à quelqu'un d'autre. La terre que quelqu'un a cru posséder, sert maintenant à d'autres. Les bijoux ornent à présent le corps d'autres personnes. Et il en est ainsi pour toute chose dans la vie. Rien n'est jamais possédé. Ce n'est que lorsque nous prendrons conscience de cela et que nous cesserons d'essayer de posséder les choses et les personnes, que nous pourrons enfin nous mettre au diapason de ce merveilleux principe de l'abondance.

Le secret, c'est de cesser de nous concentrer sur ce que nous n'avons pas, et de prendre conscience de tout ce que nous sommes et de tout ce que nous avons. Lorsque ce changement se produit consciemment, il devient naturel de servir les autres, car cela fait partie d'une vie vécue dans l'abondance. Mohandas Gāndhi a fort bien su exprimer cette vérité:

> «Consciemment ou inconsciemment, chacun d'entre nous rend service d'une façon ou d'une autre. Si nous cultivons l'habitude de rendre ce service délibérément, notre désir de servir les autres s'en trouvera renforcé et cela contribuera non seulement à notre bonheur, mais au bonheur du monde entier.»

Voici ce qu'a écrit Albert Schweitzer sur le même thème:

> «J'ignore quelle sera votre destinée, mais je sais une seule chose: ceux d'entre vous qui seront réellement heureux seront ceux qui auront cherché comment servir les autres et qui auront trouvé la façon de le faire.»

À bien des égards, ces deux hommes étaient des saints qui ont vécu parmi nous. Peu d'entre nous sauront imiter leur profond dévouement pour l'humanité. Mais on peut tirer d'importantes leçons de l'étude de leur vie et même de la lecture de ces deux brèves citations. Le message qu'ils nous envoient est qu'il faut savoir s'épanouir au-delà de la réussite et des possessions matérielles.

Comment se mettre au diapason de l'abondance

L'abondance n'est pas quelque chose qui se fabrique, mais quelque chose que l'on accepte et auquel on devient réceptif. Si notre esprit croit en la pénurie et que nous nous attendons à recevoir seulement une petite partie de l'abondance de la vie, c'est exactement ce qui se passera. Nous recevons ce que nous sommes prêts à laisser entrer; la raison pour laquelle nous ne recevons pas certaines choses n'est pas attribuable au fait qu'elles ne sont pas disponibles, mais au fait que nos croyances sont axées sur la pénurie.

Lorsque nous conceptualisons l'abondance et la prospérité comme des bienfaits que nous méritons, nous remarquons qu'un changement important se produit. Tout d'abord, nos pensées à propos de ce que nous méritons changent, puis peu à peu notre comportement se modifie également. Nous finissons enfin par croire que tout ce que nous souhaitons est déjà là et c'est précisément en raison de cette croyance que ces choses se manifestent. Je le répète à nouveau: ce sont les choses sur lesquelles nous concentrons nos pensées qui prennent de l'ampleur.

Mais comment pouvez-*vous* vous mettre au diapason de cette abondance qui règne dans tout l'univers? En changeant votre perception de ce qui est disponible et de la façon dont vous décidez de remettre en circulation les choses qui affluent dans votre vie. Commencez par analyser les trois questions suivantes.

1. *Quelle valeur avez-vous d'après vous?* Vous êtes une création divine dans cet univers infiniment parfait. Vous êtes tout. Walt Whitman a déclaré: «Toute la théorie de l'univers s'adresse infailliblement à un seul individu – c'est-à-dire VOUS.» Ce n'est pas une proclamation égoïste. C'est parfaitement logique selon la perspective que monsieur Whitman a du monde. Vous êtes à la fois toute l'humanité *et* en même temps un être humain individuel. Vous, comme toute autre personne, avez une valeur absolue et parfaite. En tant qu'être parfait, votre valeur est tellement élevée qu'il est impossible de la quantifier. Qu'y a-t-il de plus parfait qu'un être humain? Qu'y a-t-il d'autre qui puisse avoir une plus grande valeur?

2. *Que croyez-vous mériter?* Si vous croyez ne mériter qu'une partie minime de bonheur, c'est ce qui se manifestera dans votre vie. Mais si vous savez que vous méritez tout et que votre intention est que l'abondance reste en circulation perpétuelle, et si votre désir est de servir les autres, vous attirerez alors un très grand bonheur dans votre vie. Si vous pensez que vous méritez très peu, c'est ce que vous attirerez vers vous. Par contre, si vous vous croyez plus important que les autres et si vous prenez ce que vous croyez mériter au détriment des autres, le résultat sera le même que si vous pensiez ne mériter que très peu. Dans les deux cas, vous vous nuisez dans ce processus. Croire que vous ne méritez rien, ou que vous méritez tout au détriment des autres, est une attitude autodestructrice qui non seulement éloigne l'abondance de vous mais vous rapproche de la pénurie. Sachez que vous méritez tout et qu'il en est de même pour tous les êtres humains, et qu'au cours du processus qui consiste à aider les autres à tout obtenir, vous servez les autres et vous vous servez simultanément.

3. *Que pensez-vous pouvoir obtenir?* Il est important que vous répondiez très sincèrement à cette question, car votre réponse déterminera ce que vous pourrez obtenir. Si vous vous concentrez sur ce que vous n'avez pas ou simplement sur ce que vous ne pourrez jamais obtenir, c'est précisément cette dimension qui prendra de l'ampleur dans votre vie. Un soir, à la fin de l'une de mes conférences, une dame me demanda: «Docteur Dyer, d'après

vous, quelles sont les limites du bonheur et de la réussite que je pourrais atteindre?» Je lui répondis instantanément: «C'est votre croyance qu'il doit y avoir des limites.» Ce n'est pas ce qui est disponible ou ce qui n'est pas disponible qui détermine votre niveau de réussite ou de bonheur, ce sont les croyances que vous adoptez.

Une étude portant sur des participants qui ont employé des techniques de visualisation pour trouver un emploi démontre l'importance des attentes personnelles. Les trois participants ont reçu la directive suivante: de visualiser que l'emploi désiré était vacant, qu'ils avaient droit à ce poste, et enfin qu'ils l'obtenaient. Le salaire antérieur des participants s'élevait respectivement à 10 000$, 25 000$ et 250 000$. En l'espace de quelques semaines, chacun d'entre eux décrocha un emploi au même échelon salarial. Chacun était limité par ce qu'il croyait mériter et n'arrivait pas à se visualiser dans un poste mieux payé. L'abondance qui est entrée dans leur vie correspondait parfaitement à ce qu'ils imaginaient, sans plus. Cela est vrai dans à peu près tous les cas. La croyance axée sur la pénurie engendre la pénurie et domine notre vie. Le même principe s'applique à l'abondance.

La liberté et l'abondance

Le concept selon lequel l'univers est une seule et unique chanson qui se trouve dans un processus d'expansion continue, sans aucune restriction, sauf celles que nous choisissons de nous imposer par nos pensées, sous-tend la notion de liberté. Les frontières et les lignes restreignent la liberté, mais c'est l'homme qui crée ces frontières. L'univers afflue tout simplement. L'eau va jusqu'à la berge et la terre surgit à cet endroit. L'air et l'eau ne sont pas séparés par des frontières, ils coexistent et coulent l'un dans l'autre et l'un avec l'autre, dans une harmonie parfaite. L'espace s'étend continuellement et n'est cloisonné par aucune frontière. Il y a une liberté dans la création qui transcende tous les murs et les restrictions que l'homme a inventés.

L'abondance est donc basée sur la liberté. La liberté est l'absence de restrictions. Dans la nature, c'est l'oiseau qui décide de construire son nid là où il le désire, en harmonie avec tout l'environnement. Ce sont les baleines qui nagent là où leur cœur et leur instinct les poussent. L'abondance chez les êtres humains ne pourra se matérialiser que lorsque l'esprit de l'homme ne sera plus encombré par des limites imaginaires. L'une des façons de créer un monde prospère, c'est d'apprendre à nous débarrasser de nos croyances qui sont une entrave à notre liberté.

Comment j'ai pris les principales décisions de ma vie

Même lorsque j'étais un très jeune garçon, je me servais de mon esprit pour me concentrer sur ce que je désirais, plutôt que sur ce que possédaient les autres, ou sur ce qui manquait dans ma vie. Ça a toujours marché pour moi, et ça marche encore aujourd'hui.

Quand je me penche sur mon passé, il semble que toutes les décisions que j'ai prises répondaient à un désir d'avoir une plus grande liberté et de maîtriser mon destin. Il me déplaisait d'être obligé de me trouver à un endroit précis chaque matin et que l'on me dise comment m'habiller, quoi faire, comment agir et quoi dire. Je n'étais pas prêt non plus à ce que quelqu'un d'autre décide du montant d'argent que je recevrais pour mon travail. Je voulais adopter une direction qui me donnerait une plus grande liberté, puisque je chérissais tant cette liberté. C'est sur cela que repose le principe de l'abondance: se mettre au diapason de l'immensité qui est là pour nous, au-delà de toutes les frontières et les contraintes que les autres nous imposent.

Mon premier vrai travail, à part tondre le gazon et pelleter la neige, consistait à livrer le journal tous les matins. De l'âge de 10 ans jusqu'à l'âge de 14 ans, je livrai le *Detroit Times*, le *Detroit News*, et le *Detroit Free Press*. J'aimais beaucoup aller au bureau, ramasser mes journaux, les plier, et les poser sur le guidon de ma bicyclette ou les mettre dans des sacs à l'arrière. J'étais libre, je prenais toutes les décisions, et personne ne me disait comment organiser mes livraisons.

Mais je devais également me faire payer par mes clients et là, je n'avais aucune liberté. Chaque week-end, je devais frapper aux portes et recueillir l'argent de la semaine. Il me fallait beaucoup de temps et c'était à refaire chaque semaine, sans quoi je n'aurais pas été payé. Très souvent, les gens n'étaient pas chez eux et je devais revenir plusieurs fois. Je me sentais coincé dans ce rituel hebdomadaire qui consistait à recueillir l'argent qui m'était dû, à mettre de côté le montant que je devais au journal, puis à essayer de me faire payer le reste pour pouvoir réaliser un profit.

J'ai pris la décision de changer de travail uniquement parce que je souhaitais plus de liberté quant à la façon de recevoir ma paie chaque semaine. J'obtins un emploi au Stahl's Market, une petite épicerie de quartier, située dans l'est de Détroit. Je voulus tout d'abord savoir comment je serais payé. On me dit que chaque vendredi soir, on me paierait les heures que j'aurais travaillées pendant la semaine. Cela représentait un nouveau degré de liberté pour moi et j'y accordais une grande importance. Je sentis que j'avais une plus grande maîtrise de ma vie.

Bien sûr, je devais me soumettre à de nouvelles restrictions: je devais arriver au travail à l'heure que m'indiquait M. Stahl. Je devais porter un tablier. Je devais travailler le nombre d'heures qu'il considérait nécessaires. Mais au moins, je n'avais pas besoin de marcher péniblement dans la neige et la boue, dans l'espoir que mes clients seraient à la maison pour me verser ce qu'ils me devaient.

Je travaillai chez Stahl pendant toutes mes études secondaires. Au bout de quelques années, je fus nommé sous-gérant. J'étais chargé de fermer le magasin et j'étais responsable de compter l'argent et du coffre-fort. Si c'était nécessaire, je faisais également office de boucher. En fait, j'étais responsable de tout le magasin. Ma liberté grandissait avec chaque promotion: garçon livreur, caissier, gérant des fruits et légumes, boucher, sous-gérant. Le week-end, je travaillais toujours 6 heures le vendredi soir, 12 heures le samedi, et 6 heures le dimanche, où j'étais alors le seul responsable du magasin. Je gagnais un bon salaire et le travail me plaisait, mais je savais que ce n'était pas une carrière pour moi.

Après avoir obtenu mon diplôme d'études secondaires, je m'engageai dans la marine. J'étais conscient d'avoir une obligation militaire envers mon pays, mais je n'étais pas prêt à faire partie d'un régiment ni à porter un fusil pour apprendre à devenir un meurtrier en puissance. Je n'en aurais pas été capable à cette époque, et j'en serais toujours incapable aujourd'hui. J'obtins de bonnes notes à l'examen et l'on m'envoya dans une école de communications, puis à l'île de Guam dans le sud du Pacifique. Pendant les quatre années où je servis dans la marine, chaque poste que j'occupai s'est traduit par une augmentation graduelle de ma liberté.

Mais la première fois que je dus me soumettre à une inspection personnelle, j'éprouvai une révulsion qu'il est impossible de décrire. L'idée qu'un jeune officier me fixerait du regard, inspecterait mon visage pour voir si j'étais bien rasé, examinerait d'un œil critique mon uniforme, et me dirait que mes chaussures n'étaient pas assez bien cirées, me donnait la nausée. Je me sentais incapable d'accepter cette situation pendant les quatre années à venir. Je trouvai donc un système pour éviter toute inspection.

Pendant quatre ans, je n'eus plus une seule inspection à passer. Jamais! Personne n'était au courant de cette décision personnelle que j'avais prise, même pas mes meilleurs amis. Je commençai à jouir d'une plus grande liberté en me faisant nommer à des postes qui n'exigeaient pas d'inspection. Je devins cryptographe, puis superviseur d'un centre de messages. Même dans un système très régimenté, j'étais en mesure de mener une vie assez libre.

Au bout de quatre ans de service comme officier marinier, je pris conscience que l'heure était venue d'apporter des changements draconiens à ma vie. Il était hors question que je me réengage. J'avais observé que chaque jour de paie, mes camarades se soûlaient, dépensaient tout leur argent le jour même où ils le recevaient, et passaient le reste du temps à lire des bandes dessinées et à vivre dans la dèche. Leurs affaires n'étaient pas brillantes sur le plan financier et leur relations personnelles n'allaient guère mieux.

Dix-huit mois avant de quitter l'île de Guam, je pris la décision d'aller à l'université. Je savais que je ne disposais pas des fonds nécessaires, aussi, pendant ces 18 mois, je réussis à vivre sur 10% de mon salaire et à économiser les autres 90%. C'est exact. J'économisai 90% de mon salaire pendant un an et demi et je déposai tout cet argent en banque pour pouvoir payer mes études universitaires pendant quatre ans. Aucun membre de ma famille n'était jamais allé à l'université. Mais je concentrai mon esprit sur l'idée d'aller à l'université de Wayne State, à Détroit. Aucun membre de ma famille n'avait jamais réuni l'argent nécessaire pour faire des études universitaires. Mais je concentrai toutes mes pensées sur ce que j'avais, c'est-à-dire un compte en banque qui grossissait régulièrement chaque deux semaines. La chose sur laquelle je me concentrais, prenait de l'ampleur et je pensais à ce que j'avais, plutôt qu'à ce que je n'avais pas ou aux antécédents de ma famille.

Je pris la décision de devenir professeur parce que j'aimais beaucoup me trouver devant un auditoire. J'appréciais la compagnie des jeunes, et surtout j'aimais que la journée de travail finisse à 15 h, en plein après-midi. J'étais très content d'être libre pendant tout l'été. La liberté que supposait l'enseignement était une considération majeure. Je savais que je serais libre d'enseigner comme je le désirais une fois que la porte de la classe serait fermée. Je savais que j'aurais beaucoup de temps libre pour suivre des cours du soir. J'étais très attiré par l'idée de faire des études universitaires, même si j'avais déjà 22 ans et que j'entamais à peine ma première année, alors que la plupart des gens de mon âge avaient déjà terminé leurs études et entrepris une carrière.

Après mes études, j'obtins un poste de professeur et le travail me plut beaucoup. Mais je me rendis compte rapidement qu'une grande partie de ma liberté m'avait été enlevée. Je devais me trouver dans la même classe chaque jour, durant un nombre d'heures fixes, pendant toute une année scolaire. Les administrateurs m'imposaient de nombreuses règles pédagogiques, me disaient à quel comité je devais appartenir et quand je devais aller aux réunions du corps professoral. Ma vie était réglée comme du papier à musique. L'idée que je devrais être dans la salle 223 chaque mercredi, pendant les 40 prochaines semaines, à 14 heures de l'après-midi, me déplaisait grandement. Je me rendis compte que je n'exerçais pratiquement plus aucun contrôle sur la façon dont je passais mes journées. Au nom d'un emploi, j'abandonnais une grande partie de la liberté et de l'abondance qui m'étaient si chères.

Je remarquai à cette époque que les conseillers pédagogiques jouissaient d'une beaucoup plus grande liberté que les professeurs. Ils avaient leur propre bureau, et ils étaient libres d'organiser les rendez-vous comme bon leur plaisait. Ils pouvaient quitter l'école à l'heure du déjeuner, car ils n'étaient pas tenus de respecter un horaire fixe. Ils travaillaient aussi sur une base individuelle avec les étudiants et jouissaient d'une grande liberté de mouvement. Ils avaient de grandes responsabilités, mais ils pouvaient s'en acquitter selon un horaire qu'ils organisaient eux-mêmes.

J'entrepris donc des études de maîtrise pour devenir conseiller pédagogique. J'aimais beaucoup la psychopédagogie. Les études me passionnaient. J'adorais me trouver dans une école, entouré de jeunes. J'appréciais la liberté que me procurait ce nouvel emploi, contrairement au poste de professeur. Mes journées se déroulaient comme je le souhaitais, et je n'étais pas tenu de vivre ni de respirer en fonction de l'horaire de l'école.

Néanmoins, je remarquai que les professeurs d'université qui m'enseignaient la psychopédagogie ne devaient se présenter à l'université que deux ou trois fois par semaine, et qu'ils avaient un horaire beaucoup moins chargé que le mien. Ils avaient beaucoup de temps libre pour écrire et pour faire des recherches. Quant à moi, je devais encore me trouver dans ce bureau d'école, 5 jours par semaine, 40 semaines par an, et mes journées étaient remplies d'obligations professionnelles. Je voulais avoir encore plus de liberté et je m'inscrivis immédiatement au doctorat pour me préparer à devenir professeur à l'université.

Enseigner à l'université est une expérience fascinante et cela me plut beaucoup pendant six ans. Je pouvais m'arranger pour donner mes cours et recevoir des étudiants trois jours par semaine. C'était fantastique! Trois jours consacrés à l'université et quatre journées entières où j'avais la liberté d'écrire, de conseiller les étudiants, et de mener ma vie comme bon me semblait. Je jouissais d'une liberté beaucoup plus grande à l'université que quand je travaillais dans une école secondaire. C'était le jour et la nuit. Mais je dépendais encore de l'université pour ce qui était de mon chèque de paie. C'était l'université qui décidait des journées où je devais donner des cours et du sujet que je devais enseigner. On commença à me confier de plus en plus de travaux qu'il fallait exécuter en comité. Je fus nommé directeur de thèses doctorales et responsable de travaux de recherche.

Je savais au fond de moi-même que je devais être entièrement maître de mes journées si je voulais connaître l'abondance à propos de laquelle j'écris aujourd'hui. Mais il va sans dire que j'avais les mêmes préoccupations que tout le monde à propos de l'argent, des factures et des obligations familiales. Lorsque le jour arriva où je fus prêt à quitter mon poste à l'université, ce n'était pas parce que j'étais insatisfait.

En fait, j'étais enchanté et je m'enorgueillissais de pouvoir m'appeler professeur Dyer. J'étais très fier de ma trajectoire: de mes humbles origines à Détroit jusqu'au monde académique de New York. J'aimais beaucoup ce que je faisais, mais je voulais travailler en toute liberté. Je ne voulais plus jamais qu'on me dise comment m'habiller. Je ne voulais pas non plus qu'on me dise dans quel édifice je devais me trouver ni à quel comité je devais siéger. Je voulais la liberté, une entière liberté. Je pris la décision de quitter un poste formidable, dans une merveilleuse université, pour pouvoir être maître de ma vie.

Je désire à nouveau souligner que l'idée ne m'est jamais venue de ne pas m'acquitter de mes responsabilités et de mes obligations. Comme je l'ai dit, j'accorde une grande importance quant à notre responsabilité face aux choix que nous faisons. Ma famille vient avant tout, et j'ai toujours rempli mes obligations de père et d'époux. J'ai eu la grande chance d'avoir une famille qui m'a toujours soutenu et qui m'a encouragé à réaliser mes rêves, même s'ils semblaient complètement «fous» à l'époque. Les membres de ma famille ont toujours su que Wayne était le genre de personne qui ne pourrait pas survivre s'il était forcé de mener sa vie en fonction des règles des autres.

D'autre part, je respecte le désir qu'ont ma femme et tous mes enfants de prendre certains risques et leur confiance en l'univers qui leur fournira ce dont ils auront besoin du moment qu'ils agissent par amour envers eux-mêmes et envers l'humanité. Ce genre de respect mutuel à l'égard des droits qu'ont tous les êtres humains de réaliser leurs rêves est d'une importance cruciale si l'on veut créer l'abondance. Si les êtres qui vous sont chers vous font obstacle, tout le monde s'en trouve affaibli. Mais lorsqu'on vous encourage, le pouvoir de chacun s'en trouve accru.

Je continue de prendre des décisions qui me donnent de plus en plus de contrôle sur mon destin. Être écrivain demande une discipline mentale et physique considérable. Mais c'est moi qui décide à quelle heure j'écris et comment j'écris, et si je désire écrire nu au beau milieu de la journée un mercredi (ce qui est le cas en ce moment), eh bien c'est exactement ce que je fais. Je consacre probablement un plus grand nombre d'heures à donner des conférences, à écrire, à produire des cassettes audio, à travailler en tant qu'expert-conseil, à faire des recherches et à lire qu'auparavant. Mais je suis libre de le faire quand bon me semble.

En toute honnêteté, j'ignore la différence entre un dimanche et un mardi. Je fais ce que j'aime tous les jours et je me concentre continuellement sur ce que j'ai plutôt que sur ce qui me manque. J'ai toujours cherché la liberté parce que c'est la direction dans laquelle m'entraînaient mes pensées. Je n'ai pas évité de créer des liens – j'ai vécu dans la joie pendant les années où mon horaire était régi par d'autres personnes et par des événements sur lesquels je n'exerçais pas de contrôle – mais je me suis toujours concentré sur ce que je désirais: la liberté. Les petites fractions de liberté que j'avais, me procuraient un tel bonheur que je me concentrais constamment sur cette idée au lieu de m'apitoyer sur ce qui me manquait. Et pendant toutes ces années, à chaque étape, je n'ai jamais eu de problèmes d'argent. Je n'ai jamais cherché à obtenir un emploi mieux payé. Jamais! Et comble de l'ironie et du paradoxe, chaque poste successif était mieux payé.

L'abondance se matérialisera quand vous ferez ce que vous aimez

Je tiens à m'exprimer sans la moindre équivoque possible. Pour que l'abondance se matérialise dans votre vie, vous devez vous transformer et faire ce que vous aimez, et aimer ce que vous faites. Dès maintenant! Oui, aujourd'hui même. C'est d'une importance cruciale. Faire ce que l'on aime est la pierre angulaire de l'abondance. Robert Louis Stevenson a exprimé cette vérité en 1882: «Celui qui aime son travail en dehors de toute considération de réussite ou de célébrité, est un élu des dieux.» Je voudrais essayer de vous aider afin que ces dieux jettent leur dévolu sur vous.

N'oubliez pas que nos journées sont la précieuse monnaie qui constitue notre vie. De fait, la façon dont nous passons nos journées reflète la qualité de notre vie. Lorsque nous passons notre temps à accomplir des tâches peu satisfaisantes, et que nous faisons du surplace simplement pour payer des factures, nous travaillons pour répondre à une nécessité extérieure: nos obligations financières. Si vous choisissez de payer vos dettes en faisant un travail qui vous déplaît, vous avez constamment des pensées moroses et vous vous concentrez sur ce qui vous rebute. Cela veut dire qu'un tiers de votre vie est consacré à des pensées négatives. Étant donné que toute dimension sur laquelle on se concentre prend de l'ampleur, ce sentiment négatif ira en s'intensifiant. Votre vie est littéralement centrée sur ce qui vous contrarie. Faire quotidiennement un travail que nous n'aimons pas signifie que nous nous trouvons dans un état de conscience axé sur la pénurie.

Pourquoi les gens passent-ils leur vie à faire des choses qu'ils n'aiment pas? Parce qu'ils croient en la pénurie et non en l'abondance. Ils font des commentaires de ce genre: «Je n'ai pas les moyens de faire ce que je désire et je suis donc obligé de faire ce travail», ou: «Je n'ai pas le choix – je dois payer mes factures», ou: «Je ne sais rien faire d'autre». Analysez attentivement ces raisons. Elles supposent toutes un manque ou une pénurie de ce qui est nécessaire pour survivre. La personne se sent forcée, en raison de cette pénurie, de continuer à faire le même genre de travail pour répondre à ses besoins extérieurs. Néanmoins, lorsque vous aurez compris que toute dimension sur laquelle vous vous concentrez prend de l'ampleur, vous réaliserez que c'est une véritable folie d'essayer de se débrouiller en faisant quelque chose que l'on déteste. Cet aspect exécrable continuera à prendre de l'ampleur, car c'est là que toute l'énergie est concentrée.

Consacrez encore quelques moments à réfléchir à cette question. Vous ne pouvez pas vous sentir épanoui si vous n'êtes pas sincère envers vous-même. Cette sincérité consiste à reconnaître que vous avez à la fois des besoins extérieurs et des besoins intérieurs. Si vous détestez votre travail ou que vous y êtes indifférent, les moments que vous y consacrez sont «faux» dans le sens métaphysique. C'est-à-dire que votre forme se comporte d'une façon qui ne correspond pas à la personne que vous êtes réellement dans vos pensées. En vérité, 99% de votre être est déçu, tandis que le 1% qui reste continue à porter un masque! Si vous vivez ainsi pendant une longue période de temps, vous apprendrez à axer vos pensées sur la pénurie. Pourquoi? Parce que vous aurez une sensation de vide et que cette sensation que l'on appelle la pénurie ne fera que s'accroître. Cela devient un cercle vicieux dont il est impossible de s'échapper à moins d'être prêt à commencer à faire ce qu'on aime et à aimer ce qu'on fait.

Vous trouvez probablement ce conseil fort peu pratique dans la réalité quotidienne, car il faut payer des factures et s'acquitter de ses obligations. Je comprends parfaitement votre scepticisme, mais j'estime qu'il correspond à un état de conscience axé sur la pénurie qu'il est possible de surmonter. Un incident récent dans ma vie illustre ceci.

L'une de mes amies les plus chères s'appelle Joanna. Je la connais depuis 12 ans et c'est la marraine de deux de nos enfants. C'est l'une des personnes les plus brillantes, les plus sensibles, et les plus cultivées que j'aie jamais connues. Quand Joanna et moi fîmes connaissance en 1976, elle travaillait depuis 16 ans pour une importante compagnie d'aviation. Elle avait un appartement dans le même immeuble que moi, à Fort Lauderdale, et nous avions fréquemment l'occasion de bavarder. Elle me disait souvent que son travail d'hôtesse ne la satisfaisait pas du tout. Je réagissais toujours de la même façon: «Qu'est-ce que tu aimes vraiment faire?» Elle me répondait constamment qu'elle était fascinée par les livres et les idées et qu'elle se sentait attirée par le domaine de l'édition.

Cependant, elle ne se sentait pas prête à travailler dans ce secteur parce que les salaires étaient bas en général et parce qu'elle aurait dû déménager à New York. Elle continuait donc à travailler pour cette compagnie aérienne car les avantages sociaux étaient excellents, l'horaire était très appréciable et elle ne pouvait pas se résigner à perdre toutes ses années d'ancienneté alors qu'il ne lui manquait plus que 20 ans pour arriver à la retraite.

Je l'encourageai à quitter son emploi et à assumer les risques que comporte toujours la décision de faire ce que l'on aime. Je lui affirmai que l'abondance affluerait dans sa vie. L'idée lui plaisait mais elle n'était pas prête à prendre ce genre de décision. En attendant, elle se débrouillait d'un chèque de paie à l'autre. Elle n'avait pas de dettes majeures, mais elle était toujours à court d'argent même lorsqu'elle faisait des heures supplémentaires. Plus elle travaillait, plus elle payait d'impôts, ce qui lui donnait le sentiment de plus en plus tangible qu'elle ne travaillait pas pour améliorer son sort mais simplement pour survivre. Pendant ce temps, sa vie s'écoulait.

Quand je me rendis compte de ses compétences extraordinaires, je l'engageai pour effectuer certains travaux. Elle commença par taper les articles que je rédigeais pour des magazines et par faire des corrections. Elle finit par devenir ma rédactrice personnelle et collabora à la rédaction de mes trois livres précédents. Elle faisait des corrections, réécrivait certains passages, faisait de la révision ligne par ligne, de la dactylographie, et des recherches. Elle me devint indispensable. Le message de remerciements qui se trouve au début de ce livre témoigne du rôle important qu'elle a joué dans le processus de rédaction.

Joanna continua à travailler comme hôtesse de l'air, mais au fil des ans, son sentiment d'insatisfaction devint plus intense. Des choses bizarres commencèrent à lui «arriver». Elle se blessa assez sérieusement à trois reprises, ce qui l'obligea à s'absenter de son travail. La maladie faisait désormais partie de sa vie. Elle essaya de trouver un poste à l'étranger, mais elle continua à avoir des difficultés personnelles et physiques. Elle avait perdu l'enthousiasme de vivre qui la caractérisait. La pénurie augmentait constamment. Ses factures s'amoncelaient et même si elle réussissait à payer ses créanciers, il n'y avait pas trace d'abondance dans sa vie.

Cependant, sa vie a pris un tournant décisif tout récemment. Au cours d'une conversation téléphonique à propos de certains détails de ce livre, Joanna me dit: «Tu te souviens dans les années 70, Wayne, lorsque tu nous disais à mes amis et à moi que si nous faisions ce que nous aimions, l'argent rentrerait littéralement par nos fenêtres?» Joanna poursuivit en riant: «À l'époque, nous trouvions ça comique et nous te disions que c'était facile pour toi de faire ce genre de commentaires. L'argent rentrait par *tes* fenêtres parce que tu avais écrit des best-sellers; quant à nous, nous étions convaincus que *nous* devions continuer à travailler pour une compagnie d'aviation pour que l'argent rentre dans nos poches!»

«À l'époque, je ne me suis pas rendu compte que tu parlais d'expérience, ni à quel point tu étais sincère», dit-elle sur un ton plus sérieux. «Tu nous disais ça parce que tu avais découvert par toi-même combien il est gratifiant de faire ce qu'on aime profondément. Au cours des quelques mois qui viennent de passer, j'ai collaboré avec toi à la rédaction de ce livre et je n'ai pas travaillé du tout comme hôtesse de l'air», continua-t-elle en marquant quelques hésitations. «Peu à peu, je me suis rendu compte que le sentiment d'euphorie que j'éprouvais correspondait à ce que tu décrivais lorsque tu disais qu'il fallait «faire ce qu'on aime».» Je sentis la détermination dans sa voix lorsqu'elle ajouta: «Je viens de réaliser qu'il y a une grande différence entre travailler comme hôtesse de l'air, tout en jouissant d'avantages sociaux garantis, et m'immerger dans le plaisir que me procure un travail que j'aime, et je sais maintenant que ce travail d'hôtesse de l'air ne me paraît plus acceptable.»

Je me demandais ce qui avait déclenché cette prise de conscience. Elle continua d'un ton excité: «Ce matin, j'étais perdue dans des pensées heureuses, je réfléchissais à des livres, à ce que tu écris et à tes idées. J'étais en train de travailler sur le manuscrit tout en buvant une tasse de thé. Alors que je contemplais les minuscules bourgeons qui viennent d'apparaître sur le buisson de lilas dans mon jardin, j'ai vu le facteur arriver. Il m'a apporté le troisième gros chèque que tu m'as envoyé!», dit-elle d'un ton triomphant. «*Cet argent représentait le fruit d'un travail que j'adore!* Lorsque je suis retournée à ma machine à écrire, c'est là que j'ai vraiment pris conscience de tout ça. Juste au moment où j'étais en train de penser qu'il est possible d'aimer son travail, l'argent apparaît à ma fenêtre! Je n'ai même pas eu besoin d'aller chercher mon chèque!»

Je ris sous cape, tandis qu'elle continuait à m'expliquer: «Ça semblait correspondre exactement à ce que tu décrivais il y a de nombreuses années, et voilà que c'est à moi que ça arrivait.» Elle dit avec fermeté: «J'ai compris qu'il était hors question que je reprenne mon travail d'hôtesse de l'air. En fait, l'argent ne fait que confirmer que je dois faire ce que j'aime.»

La phrase «Il faut le croire pour le voir» flotta dans mes pensées tandis que Joanna concluait: «J'éprouve une telle joie à cultiver cet aspect de moi-même plutôt que d'écouter uniquement la voix qui m'explique logiquement que mon poste dans cette compagnie aérienne comporte des avantages. «Il faut le croire pour le voir»; ce ne sont que de simples paroles comparé à l'intensité du sentiment que j'éprouve!»

La mise en pratique

Le genre de métier que vous exercez n'a pas d'importance; de fait, il n'est même pas important que vous ayez un métier. Cette mise en pratique ne concerne pas exclusivement le travail que vous faites. Qui que vous soyez, où que vous habitiez, et quelles que soient les circonstances dans lesquelles vous vous trouvez, il est certain que vous occupez vos journées d'une façon ou d'une autre. Ces journées peuvent être axées sur l'abondance ou sur la pénurie. Les idées ci-dessous énoncées vous aideront peut-être à commencer à faire ce que vous aimez vraiment. Il va sans dire que la mise en pratique dépend entièrement de vous.

1. *Analysez à nouveau pourquoi vous résistez à l'idée de faire ce que vous aimez.* J'allais appeler cette démarche: «courir le risque!» – mais je ne suis pas réellement convaincu que ce soit nécessairement audacieux de commencer à faire ce qu'on aime. Si vous trouvez cela risqué, ça signifie que vous devez prendre votre courage à deux mains pour effectuer certains changements. Mais dès que vous parviendrez à un état de conscience plus élevé, vous réaliserez que les risques ne sont rien d'autre que des pensées – des pensées qu'il vous semble impossible de surmonter. Au lieu de penser en termes de «risque», ce qui sous-entend qu'il y a pénurie, pensez plutôt: «Ce sera absolument merveilleux de faire ce que j'aime, et je sais que tout ce dont j'ai besoin se matérialisera dans ma vie. Je le sais!» Cessez de vous concentrer sur tout ce qui va vous manquer, car vous permettriez alors à la pénurie de prendre de l'ampleur dans votre vie.

Le fait que vous résistiez à l'idée de faire ce que vous aimez prouve que vos pensées ne sont pas axées sur un monde d'abondance et d'occasions illimitées, mais bien sur la croyance que le travail et le jeu sont des entités séparées chez l'être humain. Cela reflète la conviction que le travail est pénible et cause de la souffrance, tandis que le jeu est agréable. Mais il n'est pas nécessaire que les choses se déroulent ainsi. Imaginez-vous en train de faire exactement ce que vous aimez. Qu'il s'agisse de composer, de dessiner, d'être ingénieur, fleuriste, esthéticienne, ou de passer vos journées auprès de vos enfants et d'être maîtresse de maison – la liste est infinie.

Visualisez ce qui vous apporte le plus de plaisir et vous donne une raison d'être. Quelle est l'activité qui vous apporte un sentiment de plénitude et qui vous absorbe à tel point que le temps cesse d'exister? Cultivez cette image et laissez-vous entraîner par ce sentiment de béatitude.

Sachez que vous n'êtes pas coincé dans une situation donnée à moins que vous ne décidiez de l'être. Si vous employez votre énergie mentale à visualiser que vous passez vos journées à faire ce que vous aimez vraiment, et si vous vous concentrez constamment sur cette pensée, cette dimension de votre vie prendra de l'ampleur. Il ne peut en être autrement.

Il est fort probable que vous ayez fait un choix de carrière dans votre jeunesse et que le travail que vous faites aujourd'hui corresponde à la formation que vous avez reçue à cette époque. Mais est-il réellement logique de continuer à faire ce que quelqu'un âgé de 18 ou 20 ans a choisi il y a de nombreuses années? Aujourd'hui, vous adresseriez-vous nécessairement à un adolescent de 18 ans pour qu'il vous conseille au sujet de vos projets de vacances? Si vous continuez à faire ce qui vous déplaît, cela ne fera qu'accroître la pénurie dans votre vie. Vous resterez pris dans ce piège jusqu'au jour où vous serez prêt à changer la direction de vos pensées et à vous concentrer sur ce que vous aimez faire. Cultivez cette pensée et faites en sorte qu'elle tienne une place prépondérante dans votre esprit, même si vous refusez d'effectuer ces changements aujourd'hui même. Plus vous vous concentrerez sur cette pensée, plus elle prendra de l'ampleur.

Tous ceux qui ont effectué les changements nécessaires dans leur vie pour jouir de l'abondance dont je parle ici, ont pris les mesures qui s'imposaient pour que cette abondance se matérialise. Ils ont tous démissionné de postes qui ne leur permettaient pas de s'épanouir et ils ont décidé de réaliser leurs rêves. *Les occasions de gagner votre vie en faisant ce que vous aimez ne manquent pas; ce qui manque, c'est votre détermination de faire en sorte que cela se produise.* Tout ce que vous aimez faire contient l'occasion de gagner votre vie même si vous n'en êtes pas convaincu. Vos craintes de faire ce que vous aimez réellement sont basées sur la croyance que vous vous trouverez dans la misère et que vous ne pourrez plus payer vos factures ni assumer vos responsabilités familiales. Ce n'est pas du tout le cas!

Ceux qui vous aiment vous apporteront leur soutien si vous choisissez de réaliser vos rêves. Si vous avez toujours réglé vos factures, pourquoi en serait-il autrement aujourd'hui? Si vous avez toujours été une personne responsable, pourquoi vous laisser convaincre par des scénarios dictés par la crainte? En outre, vous vous rendrez peut-être compte qu'un grand nombre de vos dépenses principales sont occasionnées par votre style de vie actuel, alors que vous faites précisément ce que vous détestez.

Simplifiez votre vie et vous verrez que vous pourrez diminuer vos dépenses et réduire considérablement le nombre de vos obligations. Si vous souhaitez sincèrement vivre en pleine nature, ou découvrir un pays, ou bien ouvrir une petite entreprise dans une autre partie du monde, il est très probable que vous pouvez faire en sorte que cela se produise. J'ai parlé à de nombreux cadres qui avaient pris la décision de modifier leur style de vie, car ils étaient très stressés, et qui ont fait le choix de ralentir et de prendre le temps de «sentir le parfum des roses» tout en faisant ce qu'ils aimaient vraiment. Il est intéressant de constater que, dans de nombreux cas, ce changement ne s'est produit qu'après que la personne ait littéralement frôlé la mort. Votre crainte de faire ce que vous aimez est certes attribuable au fait que vous avez reçu un conditionnement qui correspond à un état de conscience inférieur. Sachez que toutes ces appréhensions ne sont que des «pensées emplies de crainte» et qu'il vous est possible de les modifier.

2. *Si vous refusez de changer de métier, exercez-vous chaque jour à aimer le métier que vous faites.* Ce petit proverbe tiré de la philosophie zen résume mon message:

«Avant l'illumination,
il faut couper du bois
et porter de l'eau.
Après l'illumination,
il faut couper du bois
et porter de l'eau.»

L'illumination n'a rien à voir avec vos activités quotidiennes et dépend beaucoup de votre perception de ces activités. Quand vous aurez atteint l'illumination, vous continuerez tout de même à couper du bois et à porter de l'eau en quelque sorte; la différence, c'est que la personne qui est parvenue à un état de conscience supérieur ne maudira plus le bois ni l'eau, et cessera également de maudire son lot dans la vie. Quel que soit le métier que vous exercez, vous pouvez aimer ce que vous faites si vous en décidez ainsi.

Vous n'êtes pas obligé de détester votre travail ni de détester les autres choses que vous faites. La haine est un choix découlant de pensées haineuses. La haine n'est pas causée par votre obligation de changer des couches sales 20 fois par jour, ni de nettoyer des toilettes, ni de vivre dans une cellule de prison, ni d'être éboueur, ni de trier des formulaires de comptabilité, ni de participer à des réunions de comité à longueur de journée sans que celles-ci n'aboutissent à grand-chose. Les circonstances n'ont pas d'importance. La haine existe en vous et non pas dans le monde extérieur.

Si vous décidez de continuer à exercer le métier que vous faites actuellement, changez la perception que vous en avez et permettez à l'abondance d'affluer dans votre vie. Vous pouvez accomplir les mêmes tâches que l'on exige de vous avec une perspective entièrement différente. Joanna, qui remplit auprès de moi la fonction de rédactrice et de spécialiste littéraire, a réussi à changer d'attitude lorsqu'elle travaillait comme hôtesse de l'air. Elle est parvenue à exercer dans la joie un métier qu'un grand nombre de ses collègues trouvaient routinier et désagréable. Elle s'est exercée à aimer les passagers et à les servir du mieux possible. C'est parce qu'elle n'arrivait pas à s'épanouir sur le plan personnel qu'elle a fini par quitter son poste. Mais pendant toutes les années où elle a travaillé comme hôtesse de l'air, elle a choisi d'aimer son métier au lieu de le détester. Cela lui a permis de «couper du bois et de porter de l'eau» de façon radieuse pendant qu'elle travaillait.

Le choix est vraiment très simple et il n'est pas nécessaire d'être un génie pour le comprendre. Vous pouvez soit changer et courir tous les «risques» que pourrait entraîner ce changement, soit modifier votre attitude à propos de votre travail. Cette nouvelle attitude peut transformer une situation professionnelle qui vous accable en une situation où vous éprouvez de la joie. Cela dépend entièrement de vous. Vous pouvez travailler dans la joie en servant mieux les autres, ce qui se traduit presque invariablement par une satisfaction personnelle.

C'est votre attitude qui colore les choses et vous pouvez décider que couper du bois et porter de l'eau est soit une activité exécrable, soit une activité agréable. C'est vraiment de vous que cela dépend. Même si vous êtes profondément convaincu que votre travail actuel est ennuyeux, routinier ou détestable, il n'en reste pas moins que telles sont les pensées que vous cultivez. Il est fort possible qu'une autre personne qui fait exactement le même métier que vous, le fasse dans la joie et se sente épanouie.

Je réalise chaque semaine à quel point tout cela est vrai lorsqu'une charmante femme, originaire de la Chine, vient nous aider à nettoyer la maison. Elle rit et sourit tout en faisant des travaux ménagers que d'autres personnes considéreraient peut-être fastidieux. Elle s'arrête de temps en temps pour jouer avec les enfants, elle leur rapporte de petits cadeaux en provenance de son pays d'origine, et elle travaille dans la joie. C'est un grand privilège de l'avoir parmi nous. Chaque fois que je la vois, son attitude me rappelle que nettoyer la maison peut être agréable ou détestable. Le travail en soi n'est pas démoralisant, c'est l'attitude des personnes qui l'exécutent qui le colore.

3. Pour que l'abondance se matérialise dans votre vie, vous pouvez reformuler ou percevoir différemment les choses contre lesquelles vous êtes. Toutes les choses contre lesquelles vous vous opposez constituent un obstacle à l'abondance! Décidez de vivre dans une atmosphère positive plutôt que de façon négative. Si vous êtes contre le terrorisme et la guerre, vous ne faites qu'aggraver le problème. Vous devenez alors un soldat de plus qui se bat pour une cause en laquelle il croit. Et la lutte vous affaiblira toujours et se traduira par une plus grande pénurie dans votre vie.

Au lieu de vous ériger contre le terrorisme et la guerre, essayez plutôt de prendre position *pour* la paix. Une fois que vous serez en faveur de la paix, vous commencerez à canaliser vos pensées, et par conséquent vos actes, dans cette direction. En refusant d'être contre toute chose, vous deviendrez un faiseur de paix. Cela a peut-être l'air d'une acrobatie sémantique, mais c'est beaucoup plus profond que ça. Une fois que vous aurez décidé d'être en faveur de quelque chose, concentrez-vous là-dessus et cette chose prendra de l'ampleur. Lorsque vous êtes contre quelque chose, vous adoptez une attitude combative et cela engendre une discorde intérieure.

Le même principe s'applique au travail que vous faites. Si vous êtes *contre* votre patron au lieu d'être *pour* des améliorations, vous canaliserez votre énergie en direction des choses qui vous déplaisent chez votre patron, et ces choses prendront de l'ampleur. Je vous demande d'adopter une philosophie d'une grande puissance. Toutes les choses contre lesquelles vous êtes, agissent contre vous. Vous pouvez reformuler vos opinions à propos de ces choses de façon à être en faveur de quelque chose d'autre. Et, ce faisant, vous vous concentrez sur la possibilité qu'un changement positif se produise. Une fois que vous aurez adopté cette attitude, vous vous rendrez compte que les choses sur lesquelles vous vous concentrez prennent de l'ampleur.

Au lieu de détester l'analphabétisme, soyez en faveur de l'alphabétisation et cela vous permettra d'aider les gens à apprendre à lire. Au lieu de prendre position contre la drogue et de vous joindre à une nouvelle croisade, soyez plutôt en faveur d'aider les enfants à découvrir des façons naturelles de rehausser la qualité de leur vie. Si un nombre suffisant de personnes s'efforcent d'aider les enfants à faire des choix positifs, il y aura de moins en moins de jeunes intéressés à éprouver les sensations artificielles que procure la drogue. Au lieu de vous élever contre les politiques de l'entreprise pour laquelle vous travaillez, soyez plutôt en faveur d'améliorer ces politiques.

Au lieu d'être contre les épisodes d'alcoolisme de votre conjoint, soyez en faveur de sa sobriété et de son bien-être. Toutes les choses contre lesquelles vous vous érigez ou en faveur desquelles vous êtes prendront de l'ampleur. Par conséquent, il est simple de décider quelle position adopter. Pour faire ce que vous aimez, vous devez reformuler vos choix et analyser vos positions tous les jours. Sur le plan personnel, êtes-vous en faveur de l'ordre ou du désordre? À l'échelle mondiale, êtes-vous en faveur de l'ordre ou du désordre?

Dites-moi en faveur de quoi vous êtes et je vous démontrerai que cette chose prendra de l'ampleur de manière positive. Par contre, je peux aussi vous démontrer que les choses contre lesquelles vous êtes prendront également de l'ampleur, de façon destructrice.

Lorsque vous aimerez ce que vous faites, vous remarquerez que votre travail ne vous coûtera aucun effort. Lorsque l'amour sera le principe directeur de vos activités quotidiennes, vous vous rendrez compte que l'abondance règne partout et qu'il s'agit simplement de vous mettre à son diapason.

Les raisons possibles pour lesquelles vous résistez au principe de l'abondance

Nous avons été élevés dans une culture qui met plutôt l'accent sur la pénurie que sur l'abondance, et il est difficile de se défaire de ce conditionnement. Nous entendons depuis notre enfance des phrases telles que: «Il faut battre le fer quand il est chaud», ou «Il faut saisir l'occasion au vol», ou «Chacun veut sa part du gâteau.» Nous avons appris à croire qu'il y a des limites et que la pénurie existe. Les nantis et les pauvres semblent être une réalité dans notre culture. Il y a effectivement une majorité de personnes démunies et beaucoup moins de personnes nanties. On ne nous a pas enseigné que chacun peut jouir de l'abondance et qu'il y a suffisamment de ressources pour tout le monde.

De fait, nous sommes convaincus du contraire en raison de notre conditionnement. Tant que nous nous concentrerons sur ce qui manque et que nous canaliserons notre énergie vitale dans cette direction, nous ne pourrons pas activer le principe de l'abondance. Bien des gens sont convaincus «qu'ils n'en ont jamais assez». Ils passent leur vie à faire leur possible, et craignent de ne jamais arriver au but. Concentrez-vous plutôt sur ce que vous avez, aussi insignifiant cela puisse-t-il vous sembler.

- Personne ne veut assumer la responsabilité de la pénurie qui règne dans sa vie. Il est beaucoup plus simple de jeter le blâme sur les circonstances, sur les autres, sur les événements, ou même sur Dieu, lorsqu'on n'a pas réussi à acquérir certains biens ou à atteindre ses objectifs. Ceux qui pensent ainsi se justifient en disant que tel est leur lot et refusent d'assumer la responsabilité de ces circonstances limitées, car ils sont convaincus que le sort a voulu qu'ils mènent une vie axée sur la pénurie. Ils ne se rendent pas compte qu'ils vivent dans la pénurie précisément en raison de leur façon de penser. Lorsqu'on réussit à se débarrasser d'un système de croyances axé sur la pénurie et les restrictions, on atteint alors un niveau de conscience plus élevé et on se rend compte que l'abondance règne partout.
- Pour certaines personnes, la résistance au principe de l'abondance exige peut-être moins d'efforts que l'acceptation de ce principe. À un certain niveau, il est plus facile de fonctionner sur un mode axé sur la pénurie que de vivre dans l'abondance. Cela en raison du fait que ceux qui vivent réellement la vie abondante que je décris, savent qu'ils possèdent déjà suffisamment et qu'ils sont déjà tout. L'acquisition de la richesse ne leur semble plus une condition sine qua non pour se percevoir de façon positive et envisager la mission qu'ils se sont fixés dans la vie avec optimisme. Cependant, bien des

gens se sentent désorientés lorsqu'ils cessent de s'efforcer d'acquérir des biens matériels et d'atteindre des objectifs.

- Certaines personnes préfèrent susciter la compassion et l'empathie chez les autres. Il est fréquent de les entendre expliquer dans les moindres détails comment elles ont été trompées, ou bien de les entendre dire qu'elles ont travaillé très dur sans jamais s'en sortir. Étant donné que cette attitude est très fréquente et qu'on entend bien des gens raconter la même histoire, il est facile de continuer à se complaire dans ce mélodrame. Tant que ceux qui se croient victimes des circonstances et qui sentent que la vie les a déçus chercheront à susciter l'empathie, ils n'auront pas la moindre chance de transcender leur mentalité axée sur la pénurie. Ce comportement fait obstacle à l'abondance.
- Bien des gens sont coincés dans un mode de vie axé sur la pénurie car ils sont convaincus qu'ils ne méritent pas mieux. C'est généralement le signe d'un manque d'estime de soi. Un système de croyances axé sur le «pauvre de moi» permet de justifier que l'on canalise son énergie vitale vers ce qui manque. Ces personnes sont convaincues qu'elles ne méritent pas l'abondance qui règne dans l'univers.
- Certaines personnes sont tellement familières avec la pénurie et la crainte qu'elles seraient désarçonnées si l'abondance survenait dans leur vie. Ceux qui se sentent à l'aise dans une cellule de prison, réelle ou métaphorique, ont beaucoup de difficulté à s'échapper de leurs quatre murs. Ils se contentent du strict minimum pour répondre à leurs besoins essentiels. Ils s'imaginent que l'abondance s'accompagne de complications et préfèrent les éviter. Plus on reste ancré dans un état de conscience axé sur la pénurie, plus on trouve de raisons pour éviter de changer.

Quelques idées pour que l'abondance se matérialise dans votre vie

N'oubliez pas que ma définition de l'abondance n'a rien à voir avec l'accumulation de biens matériels. Je considère que c'est plutôt une question de perspective de la vie. L'abondance signifie savoir que nous avons déjà tout ce dont nous avons besoin pour être parfaitement heureux; cela veut dire célébrer chaque moment de l'existence.

Cela signifie que nous n'avons besoin de rien d'autre et que tout ce dont nous avons besoin se matérialisera lorsque nous concentrerons nos pensées dans cette direction. L'abondance veut dire se concentrer sur ce que l'on possède plutôt que sur ce qui manque. En effet, la pénurie n'est qu'un ensemble de croyances et d'actes. Voici quelques idées pour vous aider à vous défaire d'une mentalité axée sur la pénurie. Ces outils m'ont été utiles ainsi qu'à de nombreuses personnes qui ont réussi et qui ont découvert le bonheur.

- Ne soyez *contre* rien! Efforcez-vous de formuler vos opinions en termes positifs plutôt qu'en termes négatifs. Par exemple, au lieu d'essayer de *perdre* du poids, essayez d'être *en faveur* de l'image mentale que vous avez de vous-même lorsque vous vous visualisez mince et en bonne santé. Au lieu d'essayer de *cesser* de fumer, essayez d'être *en faveur* de vous-même lorsque vous vous imaginez comme une personne saine dont le sang ne contient plus de nicotine. J'ai vu une pancarte sur le mur d'une boutique de cadeaux à Maui qui illustre parfaitement ce que j'essaie de vous communiquer: «Veuillez prendre plaisir à boire des boissons gazeuses et à fumer à l'extérieur du magasin.» Mettez l'accent sur ce que vous voulez, plutôt que sur ce qui vous déplaît ou sur ce qui manque.
- Chaque jour, efforcez-vous d'être reconnaissant de tout ce que vous avez reçu et de qui vous êtes, même lorsque vous désirez plus de choses ou lorsque vous êtes insatisfait de la personne que vous êtes. La reconnaissance est plus puissante que la cupidité et oriente vos pensées vers l'abondance. L'univers semble combler nos désirs lorsque nous cultivons la reconnaissance. Plus nous sommes détachés des biens matériels, plus nous semblons en recevoir!
- Consacrez un moment tous les jours à analyser la façon dont vous employez votre esprit. Évaluez combien d'énergie mentale vous concentrez sur ce qui vous manque. Combien de temps passez-vous à souhaiter posséder plus de choses, ou à vous lamenter sur votre sort? Soyez très honnête envers vous-même. Vous découvrirez peut-être que vous consacrez une bonne partie de la journée à ce genre de pensées. Si tel est le cas, faites un effort conscient pour modifier votre schème de pensée pendant un laps de temps précis, tous les jours. Concentrez plutôt vos pensées sur les choses que vous dési-

rez voir prendre de l'ampleur. Cela finira par devenir une habitude que vous conserverez toute votre vie. Pour modifier votre état de conscience, vous devez tout d'abord réaliser combien de temps vous consacrez à alimenter des choses que vous préféreriez voir s'estomper.

- Faites le même exercice dans le cadre de vos relations personnelles. Souvent, les problèmes surgissent dans une relation parce que chaque personne se concentre sur ce qui manque chez l'autre. Si vous êtes fâché contre quelqu'un que vous aimez, concentrez votre attention sur une qualité que vous appréciez réellement chez cette personne. Laissez ensuite cette personne être ce que vous aimez *et* sachez parfois accepter les choses qui vous déplaisent, même si cela est difficile. Lorsque vous vous concentrez sur les aspects que vous aimez chez quelqu'un, ces aspects positifs s'intensifient. C'est aussi une façon merveilleuse d'agir envers les enfants. Apprenez à voir ce qu'ils font de bien!
- Prenez l'engagement de faire ce que vous aimez et d'aimer ce que vous faites. Dès aujourd'hui! Je tiens à souligner que c'est une stratégie essentielle lorsqu'on veut découvrir l'abondance. Si au fond de vous-même vous aimeriez changer de métier, ou de pays, ou changer un autre aspect de votre vie, cela finira par se produire un jour ou l'autre. C'est la seule façon d'être sincère envers vous-même. Il est quasiment impossible que la pénurie fasse place à l'abondance lorsque vous ne vous sentez pas épanoui.

Quand vous commencerez à faire ce que vous aimez et à aimer ce que vous faites, vous découvrirez des mondes dont vous n'avez jamais même rêvé. Et si vous n'êtes pas prêt à changer de travail, de vocation, de lieu de résidence, ou à modifier d'autres aspects de votre vie, changez votre façon de percevoir ces activités quotidiennes qui vous déplaisent. Sachez trouver un côté positif dans vos activités qui vous procurera de la joie et rendez grâce au Ciel qui vous a donné un cerveau, un corps, et un esprit qui vous permettent d'être productif. Lorsque nous aimons ce que nous faisons, l'abondance afflue dans notre vie.

- Chaque fois que vous prenez plaisir à recevoir quelque chose, n'oubliez pas de vous répéter: «Je mérite ceci.» C'est tout à fait légitime de sentir que l'on mérite de recevoir. Il vous suffit pour cela d'être convaincu que vous êtes important et que vous en valez la peine. L'abondance a trait à la perception que vous avez de vous-même. Si vous sentez que vous êtes assez important pour demander, et assez divin pour recevoir, vous serez récompensé. Si par ailleurs, vous avez la sensation de ne pas mériter grand-chose, il sera presque impossible que l'abondance règne dans votre vie.

Pensez à la façon dont un arbre grandit et à son magnifique potentiel: ses branches s'étirent toujours vers le soleil, elles poussent et fleurissent. Pourrait-on jamais dire à un arbre: «Tu devrais avoir honte de toi car ton écorce est couverte d'une mousse dégoûtante et parce que tes membres sont devenus crochus»? Certainement pas. Un arbre laisse la force vitale couler en lui. Grâce à la puissance de vos pensées, vous pouvez être aussi naturel qu'un arbre. Je me remémore souvent cette vérité en repensant à ce qu'a dit Lao Tseu il y a des milliers d'années: «L'oie des neiges n'a pas besoin de se baigner pour devenir blanche.» Il en est de même pour vous: soyez naturel.

- Répétez-vous avez douceur et bonté: «Je ne peux rien posséder.» C'est une pensée importante que vous devez garder à l'esprit tandis que vous vous efforcez d'améliorer votre situation financière, que vous vous préoccupez de vos investissements et que vous planifiez la façon d'acquérir d'autres biens matériels. C'est un principe universel dont vous faites partie. Lorsque l'éveil de la conscience se produit, il faut lâcher prise. Gaspillez-vous votre vie et vous sentez-vous frustré et inquiet parce que vous estimez que vous ne possédez pas assez de biens? Si tel est le cas, détendez-vous et rappelez-vous qu'on ne possède les choses que pendant une brève période de temps. Lorsque vous serez passé à un niveau de conscience supérieur, vous vous rendrez compte à quel point il est absurde d'être attaché à quoi que ce soit.
- Répétez régulièrement vos affirmations. Utilisez toutes les techniques possibles pour attirer l'abondance. Accrochez des feuilles de papier où vous aurez inscrit des affirmations sur les murs, sur les miroirs, sur le réfrigérateur, ou sur votre voiture; tous les endroits sont bons. Les affirmations positives vous aideront à modeler vos pensées conformément à vos désirs. Une affirmation positive vous aide à vous aligner réellement sur vos pensées. Il est important d'affirmer régulièrement vos croyances pour que celles-ci se matérialisent dans le monde de la forme.

- Chaque fois que vous serez tenté de donner moins, essayez plutôt de donner un peu plus. Lorsque vous vous surprendrez à être avare, il est important de mettre immédiatement fin à ce comportement «dans votre esprit»; comportez-vous ensuite de façon tout à fait différente. Vous serez stupéfait de voir le flot de bonnes choses qui circuleront dans VOTRE vie; en outre, tendre la main aux autres est très gratifiant. C'est réellement plaisant de donner un peu plus.

L'abondance est un principe universel que bien des gens ne découvrent jamais parce qu'ils ne savent pas l'interpréter correctement. On croit que l'abondance veut dire posséder des choses et s'efforcer d'en obtenir d'autres. Mais en réalité, l'abondance signifie comprendre que notre éternité et notre univers sont infinis. C'est une façon différente de voir les choses. J'aime beaucoup l'anecdote du petit poisson qui illustre fort bien le thème de ce chapitre.

Un jeune poisson qui vivait dans l'océan dit à un poisson plus âgé: «Excusez-moi, vous êtes plus âgé que moi et vous avez plus d'expérience, vous pourriez peut-être m'aider. Dites-moi: où puis-je trouver cette chose qu'on appelle l'océan? Je le cherche partout sans succès.

– L'océan», répondit le poisson plus âgé, «c'est là où tu es en train de nager en ce moment.

– Oh, c'est ça? Mais ce n'est que de l'eau. Ce que je cherche, c'est *l'océan*», répondit le jeune poisson d'un ton très déçu.

Nous aussi nageons dans l'abondance absolue. Il n'est pas nécessaire de continuer à la chercher. Même si le jeune poisson nage de très longues distances, il ne quittera jamais l'océan. Pour lui, l'océan est aussi abondant universellement que l'univers l'est pour nous.

Décidez de quelle façon *vous* allez vivre chacune de vos journées. Il ne dépend que de vous de demander à recevoir l'abondance. Ce n'est pas le privilège de quelques personnes chanceuses. L'abondance fait partie intégrante de votre dimension humaine. Il vous appartient de vous mettre à son diapason dès maintenant. Les choses sur lesquelles vous concentrez vos pensées prennent de l'ampleur. Ces pensées se traduiront ultimement par des actes.

Chapitre 5

Le détachement

Le détachement est le seul véhicule qui vous permettra de cesser de vous efforcer et d'arriver enfin.

On serait tenté de croire que dans un pays où tout existe en abondance, les habitants seraient heureux et épanouis. Il semble logique que les Occidentaux qui vivent dans des sociétés prospères, devraient être effectivement les gens les plus heureux de la planète. Nous consommons un grand pourcentage des ressources naturelles du monde. Nous avons la meilleure qualité de vie de toute l'histoire de l'humanité. Nous avons de grandes quantités de réfrigérateurs, de télévisions et d'automobiles. Ces objets qui nous semblent désormais nécessaires, sont en fait des objets de luxe pour 90% de la population mondiale. Comparativement à la plupart des habitants de la planète, nous sommes plus riches qu'ils n'oseraient jamais rêver de l'être. Et pourtant, nous ne vivons pas dans la joie et le bonheur nous échappe. Pour quelle raison?

Il me semble que plus nous devenons matérialistes, moins nous nous faisons confiance les uns aux autres. Plus nous possédons de biens matériels, moins nous sommes prêts à nous concentrer sur la communication de valeurs humaines fondamentales. Nous concentrons plutôt notre attention sur nos portefeuilles, ainsi que sur nos possessions et sur celles des autres.

Quand nous n'avons que très peu de possessions, nous sommes obligés de communiquer et de nous regarder droit dans les yeux car aucun bien matériel ne vient distraire notre regard. Mais quand nous accumulons des biens matériels, notre regard se dirige vers nos possessions et s'éloigne de notre dimension humaine. Par conséquent, dans les sociétés les plus matérialistes de toute l'histoire de l'humanité, on constate qu'il y a une grande solitude et un profond désespoir. En minimisant les interactions entre les êtres humains, nous avons produit l'une des cultures les plus violentes de l'histoire. La solitude et la violence semblent être les enfants naturels des sociétés excessivement matérialistes.

Les questions les plus importantes que vous puissiez vous poser quant à votre place au sein de cette culture, sont les suivantes: Comment puis-je être heureux, épanoui et aimant tout en fonctionnant sur le plan matériel qui semble définir toute notre structure sociale? Est-il possible que je puisse vivre dans la joie et l'harmonie intérieures dans un contexte de cupidité et de matérialisme? Comment puis-je mener une vie quotidienne où règnent l'amour, l'harmonie et la réussite alors que je semble être entouré de gens qui engendrent la violence et la solitude dans leur éternelle recherche de nouveaux biens matériels?

Je crois que la réponse se trouve dans le détachement.

Le détachement est un principe tacite de l'univers qui agit constamment. La question est de savoir si vous êtes prêt à vous mettre au diapason du détachement pour que ce principe se manifeste dans votre vie quotidienne. Dans notre société extrêmement matérialiste, le détachement est un principe fréquemment rejeté par ceux qui sont constamment à la recherche de plus de biens matériels et d'une réussite toujours croissante. Nombreux sont ceux qui tournent en dérision le principe du détachement parce que cela les oblige à remettre en question des traditions et des croyances en lesquelles ils ont foi depuis toujours.

Comprenez s'il vous plaît que je ne veux pas dire par là que l'accumulation de richesses matérielles et de possessions soit nocive. J'ai moi-même réussi à devenir riche après avoir vécu dans la pauvreté lorsque j'étais jeune et je profite pleinement de cet argent. C'est très agréable et j'éprouve un sentiment de satisfaction. Je suis fier de mes réalisations et je n'éprouve pas de culpabilité du fait que je peux me permettre d'acheter tout ce que je veux grâce au fruit de mon labeur. Le détachement ne signifie pas qu'il faut se refuser la joie de parvenir à l'abondance. Paradoxalement, le détachement se traduira par une plus grande abondance et ne vous obligera nullement à vous défaire de tous vos biens matériels. Néanmoins, si vous le décidez, il vous sera probablement assez facile de vous départir de vos possessions.

Comprendre ce que signifie le détachement

Au cours de cet ouvrage, j'ai fait référence à la dualité que nous sommes: notre forme et notre absence de forme. Une partie essentielle de notre être est exempte de forme: c'est la partie qui a trait à la pensée, à la spiritualité, et à un état de conscience supérieur. La pensée est une dimension fondamentale dans laquelle nous menons toute notre vie, et c'est là que résident la spiritualité et l'état de conscience suprême. Toutes les choses auxquelles nous sommes attachés, se trouvent dans la dimension de la forme. J'emploie le terme «attachement» pour décrire le fait de s'accrocher à quelque chose ou de définir notre raison d'être en fonction de choses ou de personnes extérieures à nous-mêmes.

C'est pourquoi l'attachement existe dans le monde de la forme auquel nous avons accordé une si grande signification que nous y sommes attachés du point de vue affectif. Nous sentons que nous devons posséder cette chose sans quoi nous perdrions une partie essentielle de notre dimension humaine. Mais n'oubliez pas que notre quintessence se trouve dans la pensée, et que dans le domaine de la pensée, il est littéralement impossible d'être attaché à quoi que ce soit. Dans le corps rêvant, il est possible d'être attaché par la pensée, mais dès qu'on se réveille, on se rend compte que les choses et les personnes auxquelles nous étions attachés sont des illusions qui ont été créées pour rêver.

Lorsque vous aurez atteint un niveau de conscience supérieur et que vous serez *réellement* éveillé, vous comprendrez l'insignifiance des biens matériels et à quel point il est illusoire de s'y attacher. Visualisez-vous une fois que vous aurez quitté le plan physique (après la mort), et imaginez-vous en train de regarder toutes les choses auxquelles vous étiez attaché. Vous voyez alors le peu d'importance qu'elles ont. Pensez au principe du détachement de la même façon. Détachez-vous du *besoin* de vous accrocher aux choses et aux êtres. Essentiellement, vous ne pouvez rien posséder ni personne. Chaque attachement est un obstacle qui vous empêche de vivre à un niveau de conscience plus élevé. Par ailleurs, les attachements contribuent à diminuer nos chances de bonheur et de succès. Plus vous réussirez à lâcher prise et à laisser aller les êtres et les choses, moins vous trouverez d'obstacles sur le chemin de la vie.

La capacité d'être détaché des êtres et des choses tout en continuant à vous percevoir comme faisant partie intégrante de l'humanité est l'un des principaux paradoxes du voyage spirituel.

À cette étape-ci de ma vie, je sais que je suis vraiment relié à tous les autres êtres humains dans l'unicité, et qu'en même temps je n'ai plus besoin d'être attaché à personne (c'est-à-dire que je n'ai plus besoin de m'accrocher à qui que ce soit pour éprouver un sentiment de plénitude). De même, je n'ai plus besoin d'accumuler quoi que ce soit. J'apprécie et je célèbre ce que j'ai.

Ce détachement qui me permet de n'avoir besoin de personne ni de rien pour éprouver un sentiment de plénitude me permet de couler et d'être, tout simplement, au lieu de combattre la vie ou d'avoir des exigences envers les autres. Le détachement, c'est l'absence du besoin de s'accrocher aux choses et aux êtres. Cela ne signifie pas que nous ne possédons pas d'objets. C'est une façon de penser et d'être qui nous donne la liberté de suivre le courant de la vie et il en est de même pour tous les dons que nous avons reçus du Seigneur.

On parvient au détachement dans la dimension de la pensée, c'est-à-dire de l'absence de forme. C'est un processus de purification qui nous libère du besoin intense que nous avons de vivre dans le monde de la forme. Cela veut dire arriver plutôt que s'efforcer toute sa vie. C'est la découverte de ce que nous éprouvons quand nous ramons doucement en suivant le courant. Cela veut dire couler sans obstacle. Allez sur la rivière dans le même sens que le courant.

Comment laisser affluer en nous pour parvenir au détachement

Plus nous sommes attachés aux personnes, aux choses, aux idées et aux émotions, moins nous pouvons vivre ces phénomènes de façon authentique. Essayez de resserrer votre main sur de l'eau et voyez à quelle vitesse celle-ci disparaît. Par contre, détendez-vous et laissez votre main flotter dans cette même eau: vous pourrez alors vivre cette expérience de l'eau aussi longtemps que vous le désirerez. Tel est le principe du détachement et de l'acte de couler, de laisser affluer. L'univers est conçu de façon à ce que les choses affluent naturellement.

Tout dans l'univers – je dis bien tout – est composé d'énergie, et cela vous inclut. L'énergie doit couler librement pour être le plus efficace possible. Pour être en harmonie avec l'univers, il faut permettre aux choses d'affluer naturellement. L'air afflue sans interruption autour de la planète. L'eau coule dans tout le plan physique en suivant le chemin qui lui oppose le moins de résistance.

La Terre coule parfaitement sur son axe, sans interruption, et il en est de même pour tous les corps célestes de l'univers.

On peut dire que l'univers entier est un immense système énergétique qui contourne tous les obstacles freinant le mouvement de cette énergie. Il fonctionne en harmonie avec toutes ses composantes, sans aucune exigence, et sans attachement, ni conception rigide de la façon dont les choses devraient se dérouler.

N'oubliez pas que les êtres humains sont aussi un système énergétique. Nous appartenons également à la force vitale qu'est cette seule et unique chanson. Et compte tenu du fait que toute l'énergie veut affluer sans obstacle, il semble naturel de conclure que pour fonctionner parfaitement au sein de l'univers, nous devons également couler sans être interrompus par des attachements. Moins ce courant énergétique rencontre d'obstacles, plus nous pouvons fonctionner harmonieusement dans ce vaste système énergétique qu'on appelle l'univers. Les attachements qui nous poussent à croire que nous devons posséder plus de biens matériels et que nous devons exercer un plus grand contrôle sur les autres sont des obstacles qui nous empêchent de parvenir à un niveau de conscience plus élevé et de vivre une vie transformée. Le détachement est l'une des principales leçons pour ceux qui tentent de parvenir à l'illumination.

Comment votre forme fonctionne dans l'univers

Vous êtes un système énergétique d'une exquise perfection, Oui, vous! Vous n'avez pas besoin de travailler consciemment pour que votre corps fasse le nécessaire pour vous maintenir en vie. Vous n'êtes pas attaché aux gestes que pose votre corps à chacun des moments où vous vous trouvez dans votre forme. Vous n'essayez pas de faire fonctionner tout votre système. Il fonctionne parfaitement sans recevoir de directives de votre part. En fait, si vous essayiez de diriger vos fonctions physiologiques, vous deviendriez un obstacle à l'énergie qui afflue parfaitement en lui et au fonctionnement de son système. Par exemple, imaginez que vous êtes en train de manger une salade et que vous avalez la laitue après l'avoir mâchée.

Analysez toutes les tâches que ce morceau de laitue et vous devez effectuer pour qu'il puisse faire son travail, c'est-à-dire vous nourrir. La salive pénètre automatiquement dans votre bouche pour faciliter la mastication. Vous n'êtes pas occupé à saliver, c'est un processus qui se déclenche naturellement. Puis, lorsque vous commencez à avaler la laitue mâchée, vous ne faites pas travailler activement les muscles péristaltiques de votre gorge pour que la laitue descende au lieu de remonter. Cela se produit sans aide et sans interférence de votre part. Vous n'avez pas besoin de donner des instructions au bol alimentaire formé par la laitue pour qu'il pénètre dans votre sang.

Le processus de la digestion est tel que la laitue fait précisément ce qu'elle doit faire, et se dirige exactement où elle est censée se diriger. Grâce au processus de digestion, la laitue est transformée en élément nutritif qui se dirige à l'endroit précis où le corps en a besoin. Les éléments nutritifs provenant de la laitue dont votre pancréas a besoin, ne vont jamais par erreur dans votre gros orteil. Vous n'avez jamais eu besoin d'intervenir pour que le système qui est *vous* fonctionne parfaitement. Vous n'avez absolument aucun attachement vis-à-vis de la laitue une fois que vous l'avez mâchée. Le voyage de la laitue n'exige aucune attention de votre part. Vous ne donnez jamais d'ordres et vous n'aidez jamais votre système digestif, respiratoire ou d'élimination. Ils fonctionnent naturellement sans interférence de votre part.

Sur le même thème, votre cœur bat des milliers de fois chaque jour de votre vie. Quand avez-vous jamais consacré du temps à essayer de faire battre votre cœur? Il fonctionne automatiquement et parfaitement, et moins vous vous opposerez à son fonctionnement, moins vous aurez de problèmes cardiaques. Voyez-vous, de nombreuses fonctions sont activées à chaque moment de votre vie sans que vous n'ayez à vous en occuper. Elles fonctionnent toutes parfaitement car elles sont en harmonie avec les principes universels supérieurs. Il n'est pas nécessaire que vous interveniez. En fait, toute interférence de votre part inhiberait le flux naturel de ces fonctions.

C'est donc ainsi que vous, qui représentez un système composé d'autres systèmes, fonctionnez au sein du plus grand système de tous, c'est-à-dire notre univers. Une fois que la nourriture est entrée dans votre bouche, votre perfection prend le contrôle et tout se déroule naturellement. Toute interférence de votre part constituerait un obstacle à ce flux naturel et causerait par conséquent des dommages à l'être parfait que vous êtes.

Je voudrais maintenant que vous changiez de perspective et que vous passiez du microscope dans lequel vous avez été examiné au télescope qui vous permettra d'avoir une vue d'ensemble. L'univers est un système composé de systèmes et il est semblable aux systèmes parfaits qui fonctionnent chez un être humain. L'univers fonctionne aussi conformément à de nombreux principes qui échappent à notre contrôle, et qui agissent indépendamment de l'opinion que nous en avons; ces principes agissent même si nous ne les comprenons pas. Ce qu'il est particulièrement important de retenir, c'est qu'ils fonctionnent de façon optimale lorsque nous n'intervenons pas et que nous permettons simplement à l'énergie d'affluer sans lui opposer de résistance.

J'aime comparer ce processus au processus par lequel la laitue (qui n'est rien d'autre que de l'énergie) suit sa route dans votre système, et dépose précisément la quantité d'éléments nutritifs nécessaires à l'endroit où elle est censée le faire. Tout comme la laitue, vous vous acquittez parfaitement de vos fonctions grâce à l'intelligence universelle qui se trouve au-delà de la forme. C'est la force, ou Dieu, ou l'esprit – ou tout autre nom que vous choisirez – qui habite toute forme. Cette intelligence fonctionne harmonieusement, sans interférence et sans attachement.

Et maintenant, il s'agit de faire un grand bond! Il y a quelques instants, vous étiez le système qui utilisait la laitue. Imaginez-vous maintenant comme un morceau de laitue géant. Devenez la laitue métaphorique qui fait partie intégrante de l'ensemble. Vous êtes également une masse d'énergie qui coule parfaitement au sein d'un plus grand système, lequel se trouve au sein d'un système encore plus grand et ainsi de suite, jusqu'à l'infini. Vous aussi pouvez faire exactement ce pour quoi vous avez été conçu, tant que vous n'interviendrez pas en essayant de changer votre rôle au sein de ce système parfait. Vous n'avez pas besoin de faire ce qui vous semble correspondre à votre rôle. Vous devez être comme la laitue et laisser tout se dérouler parfaitement.

En effet, vous devez comprendre que chacun de vos attachements qui vous porte à croire que les choses sont *censées* se dérouler d'une certaine façon, est un obstacle qui vous empêche de fonctionner parfaitement dans le cadre du système universel. Vous devez comprendre que votre attachement à toutes les possessions matérielles affecte ce système énergétique parfait. C'est comme si la laitue s'était chargée de bagages pour faire son voyage. Vous savez pertinemment ce qui vous arriverait si cette laitue décidait qu'elle avait besoin de plus de choses pour bien fonctionner. Cela affecterait non seulement la laitue, mais également votre estomac, votre respiration et, finalement, votre existence entière.

Il va sans dire que je réalise que nous sommes des êtres beaucoup plus complexes qu'un simple morceau de laitue. Mais cette analogie nous permet de prendre conscience que les principes universels fonctionnent parfaitement, sans aucune interférence, ni aucune aide. Lorsque vous appliquerez le principe du détachement dans votre vie quotidienne, vous fonctionnerez librement et vous coulerez au sein du système énergétique qu'est l'univers. Ce qui est encore plus important, c'est que vous découvrirez que vous permettez ainsi à l'énergie de tout l'univers d'affluer en vous, sans obstacle.

Plus vous réussirez à couler sans aucun attachement, plus vous serez heureux et épanoui. En outre, les choses que vous tentiez constamment d'obtenir par le passé, sans être jamais réellement satisfait, arriveront maintenant dans votre vie pour vous permettre de subvenir à vos besoins et à ceux des êtres qui vous sont chers. En combinant ce principe à la pratique du principe de l'abondance, vous verrez que le flux de votre vie s'en trouvera enrichi sans que vous n'ayez d'efforts à faire. Vous finirez par aider cette énergie à affluer en faisant circuler vos biens matériels et en donnant tout ce dont vous n'avez pas besoin. C'est alors que, ô miracle, vous vous apercevrez que plus vous donnez, plus vous recevez.

C'est un système d'une merveilleuse perfection quand on le laisse fonctionner sans intervenir. Nos interventions sont le résultat d'un attachement qui nous semble indispensable pour vivre à l'aise.

Comment j'ai appris à appliquer ce principe

Vers la fin de l'école primaire, je tombai secrètement amoureux d'Earlene Rentz. J'en fus amoureux pendant quatre ans. Je restais assis sur mon siège tandis que mon cœur battait la chamade pour Earlene, l'amour de ma vie. Je la trouvais très belle et pourtant je n'avais jamais le courage de le lui dire. Nous habitions dans le même quartier et, comme son frère aîné et moi étions amis, je la voyais souvent. Elle a toujours occupé une place spéciale dans mon cœur.

J'ai récemment reçu une lettre de sa part. Elle me disait qu'elle avait lu certains de mes livres et qu'elle avait vu un article qui portait sur moi dans le magazine des diplômés de Wayne State University. Saisi d'une impulsion, je décidai de lui téléphoner.

Earlene et moi bavardâmes pendant 40 minutes. Je lui confessai que j'étais amoureux d'elle lorsque j'étais très jeune et elle me répondit: «Je le savais.» Je fus stupéfait d'apprendre qu'elle l'avait su pendant toutes ces années. Au cours de notre conversation, elle me dit: «Wayne, quand je pense à toi, la caractéristique principale qui me vient à l'esprit, c'est que tu ne t'es jamais beaucoup préoccupé de possessions matérielles et que tu étais l'élève le plus généreux de toute la classe.» Je fus surpris d'apprendre que c'était le souvenir qui prédominait dans sa mémoire.

Néanmoins, lorsque je repense à ces années, je suis convaincu que son évaluation est juste. Je savais que l'attachement aux biens matériels engendrerait un désir insatiable d'en posséder de plus en plus. Beaucoup d'enfants de mon âge discutaient des choses qu'ils voulaient, mais moi j'étais généralement satisfait de ce que j'avais déjà. De fait, j'aidais mes amis à trouver des façons d'obtenir les choses qu'ils désiraient si ardemment. Lorsque je parvins à l'adolescence, puis à l'âge adulte, mes amis parlaient sans cesse des belles voitures qu'ils souhaitaient acquérir. Ils avaient retapé de vieilles voitures de course, mais moi j'étais amoureux de ma Plymouth 1950, malgré ses nombreuses taches de rouille et ses défauts. Ça ne m'importait guère. Quand j'y repense, je réalise que, même à l'époque, j'étais déjà habitué au détachement.

Je possède très peu d'objets qui semblent agrémenter la vie des gens riches. Je n'ai pas de vêtements élégants et il ne me vient jamais à l'esprit d'accumuler de luxueuses possessions. Et pourtant, paradoxalement, je semble avoir acquis la capacité de posséder toutes les choses que l'on pourrait bien désirer. Il semble que moins je me préoccupe d'acquérir des biens, plus ces biens arrivent dans ma vie pour que je m'en serve et que je les remette ensuite en circulation. Il y a quelque chose de très profond dans le paradoxe apparent: «Plus, c'est moins». À mon avis, posséder plus de biens veut dire que l'on est obligé de les assurer, de les protéger, de les polir, de s'en inquiéter, d'essayer de doubler son avoir, de s'en vanter, d'y attacher un prix, peut-être de les vendre pour réaliser un bénéfice, et ainsi de suite.

Il va sans dire que l'on peut apprécier la beauté des objets et que ces objets peuvent nous procurer du plaisir, mais cela ne signifie pas que l'on y soit attaché. Cela veut simplement dire qu'on permet à l'énergie de notre appréciation et de notre amour d'affluer en cet objet, puis de revenir vers nous. Si vous vous demandez quelle est la différence entre l'attachement et le plaisir, posez-vous la question suivante: comment réagiriez-vous si un objet auquel vous tenez, venait soudainement à disparaître, s'il était volé, cassé, perdu, etc. Seriez-vous bouleversé par la colère et l'inquiétude? Seriez-vous immobilisé par ces émotions et incapable de fonctionner efficacement, aussi bien seul qu'avec les êtres qui vous sont chers? C'est ça l'attachement. Le besoin qui est rattaché à l'objet lui confère un certain pouvoir ou contrôle sur vos émotions. Je suis intimement convaincu, et c'est aussi le cas de ma femme, que si un objet que nous possédons disparaissait, je ferais un commentaire de ce genre: «Cet objet se trouve maintenant là où il est censé être. J'espère que la personne qui s'en sert, ou qui l'observe, en retire de la joie et du bonheur. Ce n'est qu'une chose et je n'y suis pas attaché.»

Cela ne signifie pas que je sois indifférent au comportement des voleurs et des gens peu soigneux. Je vous suggère simplement de ne pas permettre aux choses de vous posséder. Apprenez à vous détacher, et détachez votre dimension humaine et votre raison d'être des objets qui n'ont en fait que la valeur que nous leur conférons. Si nous pouvons conférer une valeur à un objet simplement en y pensant, il est évident que nous pouvons également nous en détacher tout aussi efficacement par le biais d'un processus différent.

Tandis que je rédigeais ce livre, un événement s'est produit qui illustre parfaitement ce que je mentionne ici.

Après une émission-débat de trois heures à la radio, dans un studio de Miami, je décidai par impulsion d'accepter une invitation que j'avais reçue depuis longtemps. Marie Provenzano m'avait écrit de nombreuses lettres où elle m'expliquait en quoi mes cassettes audio et mes livres lui avaient été bénéfiques. Marie est propriétaire d'un institut de beauté dont la clientèle est triée sur le volet. Depuis bien des années, elle m'avait invité à son institut où elle se proposait de me faire gratuitement des soins du visage pour m'exprimer sa reconnaissance. Sans savoir exactement pourquoi, je décidai de passer à l'institut pour mon premier traitement facial.

Tandis que je m'installais confortablement pour faire cette nouvelle expérience, Marie me raconta qu'elle avait eu une légère crise cardiaque il y avait quelques années. Elle considérait qu'elle avait réussi à guérir en écoutant fréquemment mes cassettes audio. C'était très gratifiant de m'entendre dire que j'avais joué un rôle dans sa guérison et que j'avais aidé quelqu'un à surmonter une telle maladie. Elle n'avait aucune séquelle de cette crise cardiaque. Marie m'expliqua qu'avant la crise, elle avait toujours tenté d'être «une personne parfaite».

Puis, elle me raconta qu'elle aimait beaucoup recevoir, mais que c'était tout de même très stressant pour elle parce que tout devait être absolument «parfait». Elle organisait des soirées qui étaient un véritable défilé de robes magnifiques, de superbes bijoux, et des mets les plus fins. Le décor démontrait l'originalité et le bon goût auxquels elle souhaitait que son nom soit associé. Elle adorait recevoir des compliments lors de ces soirées parfaites. Elle me dit qu'en faisant un retour sur le passé, elle réalisait qu'une grande partie de sa vie était liée aux choses auxquelles elle était attachée et que c'étaient ces choses qui donnaient un sens à son existence.

L'un des tournants de sa vie se produisit au cours de l'une de ces soirées «parfaites». Au lieu de lui faire des compliments, l'une de ses invités lui dit: «Marie, tu n'es pas fatiguée de toute cette parade et de devoir tout faire parfaitement?» Marie me raconta qu'elle fondit en larmes. La dame l'emmena vers un sofa, lui entoura les épaules de son bras et la réconforta pendant deux heures. Elles parlèrent de la vraie Marie, de la personne qui existait audelà des colifichets et des somptueux dîners. Elles tombèrent d'accord sur le fait qu'il est très facile de se déguiser derrière des apparences et qu'on se sent très seul quand on caresse ses bijoux au lieu de regarder droit dans les yeux et dans le cœur d'un autre être humain. Elles discutèrent de la façon de recanaliser l'énergie pour servir les autres et pour reprendre contact avec la vraie personne qui se trouvait enfermée dans la cage des possessions. Ce fut le début d'une profonde amitié.

Peu de temps après, Marie eut une crise cardiaque et sa nouvelle amie l'aida à la transcender. Elles étudièrent ensemble des ouvrages à propos de l'amour et de l'harmonie et Marie commença à donner des cours portant sur ce que j'avais écrit. Elle enseignait dans un collège non loin de chez elle. Aujourd'hui, 45 étudiants se sont inscrits au cours que donne Marie sur la façon de rehausser la qualité de la vie. Le nombre d'étudiants augmente tellement vite que Marie en est stupéfaite. Elle commence son cours en décrivant aux étudiants comment l'attachement qu'elle éprouvait vis-à-vis des objets et des possessions avait bloqué sa capacité de percevoir la beauté et la joie qu'apportent les relations interpersonnelles. Elle leur raconte aussi comment une soirée qui débuta comme une autre réception «parfaitement attachée» changea sa vie et lui permit de découvrir comment mieux vivre et même comment se guérir des séquelles d'une crise cardiaque.

Marie est l'une des personnes les plus heureuses et les plus charmantes que je connaisse. Elle était très enthousiaste lorsqu'elle me raconta cette anecdote qui avait transformé sa vie et elle s'exclama: «Je n'arrive pas à croire que tu es vraiment là dans mon studio! Toi, mon gourou. L'homme que j'ai écouté pendant des centaines d'heures se trouve vraiment ici, avec moi.» Je lui dis qu'elle pouvait m'en apprendre tout autant. Je lui dis: «Le gourou, c'est toi, ce n'est pas moi.» Au bout d'une heure d'étranges massages et d'applications de merveilleux gels, de crèmes et de diverses vapeurs, mon visage brillait, et mon cœur irradiait tout autant.

Vous vous demandez peut-être pourquoi je vous raconte l'histoire de Marie et dans quel but je vous explique comment elle découvrit la signification du détachement. C'est en partie parce que je suis convaincu que l'histoire de Marie pourrait servir de catalyseur et aider les autres à reconnaître la superficialité des attachements. Mais c'est aussi parce que je crois qu'une énergie coulait en moi et que c'est cette énergie qui m'a mené à son institut, ce jour-là, pour écouter son histoire et pour que je puisse vous la raconter.

Les attachements ne prennent pas toujours la forme de possessions. L'attachement aux choses est une caractéristique courante que l'on retrouve partout dans notre culture matérialiste. Les gens se retrouvent pieds et poings liés car toute leur énergie est concentrée sur leurs possessions et sur leur désir de posséder. Néanmoins, il y a une autre catégorie d'attachement, tel que l'attachement à l'opinion des autres et à la façon dont ceux-ci nous perçoivent.

J'ai le sentiment que j'écris avec la plus grande facilité parce que je ne suis pas attaché à ce que les autres disent ou pensent à propos de mes ouvrages. Je laisse les choses affluer naturellement car j'ai foi et je sais que tout se déroulera exactement comme il se doit. Je suis réceptif à des suggestions visant à m'améliorer, mais je ne peux pas y penser quand j'écris. Si je m'attarde à ce genre de pensées, mon attention s'écarte de ce que je devrais faire. L'écriture, c'est de l'énergie, comme toutes les autres activités humaines.

Ralph Waldo Emerson a fort bien exprimé cette vérité: «Le bon écrivain semble écrire à propos de lui-même, mais son œil est fixé sur ce fil dans l'univers qui le relie à toute chose.» C'est précisément ce que je fais, en ce moment. J'écris à propos de moi-même, mais je sais que je fais également partie de vous, même si nous n'avons pas fait connaissance sur le plan physique. Ces mots affluent en moi et vont ensuite vers vous. Je ne les possède pas, vous non plus, et moins je suis attaché à tout ce processus, plus il est simple et agréable. Lorsque vous travaillez ou lorsque vous posez des gestes, faites-le sans vous attacher du point de vue affectif au fruit de votre labeur. Voici ce que dit Carlos Castañeda à ce propos:

> «Le sage transpire et halète et lorsqu'on le regarde, il ressemble à un homme ordinaire, excepté qu'il maîtrise la folie de la vie (...) Sa folie contrôlée lui fait dire que ce qu'il fait est important et le fait agir comme si tel était le cas, et pourtant il sait que ce n'est pas vrai; aussi, après qu'il ait posé des gestes, il se retire dans la paix; par la suite, il ne s'inquiète nullement de savoir si ses actes étaient bons ou mauvais, et si ce qu'il a fait a fonctionné ou n'a pas fonctionné.»

C'est une dure réalité à accepter pour un grand nombre de personnes car on nous a inculqué que ce que nous faisons est réellement important. La plupart d'entre nous ne maîtrisons nullement la folie de notre vie. Nous sommes préoccupés par la façon dont les autres nous perçoivent. Nous nous concentrons sur des opinions extérieures et cela nous empêche d'être, tout simplement. Carlos Castañeda et d'autres auteurs nous encouragent à cultiver une attitude de détachement et à permettre à l'énergie d'affluer en nous sans porter de jugement à son propos, tout en participant à cette énergie comme si elle était réellement importante; il faut ensuite savoir s'en détacher et s'éloigner en paix lorsque notre tâche est finie. Si cela semble paradoxal et incohérent, c'est que c'est réellement le cas. Néanmoins, le détachement vous aidera à apprécier et à mieux profiter de ce que vous avez au lieu de vous efforcer de conserver vos possessions et de vous efforcer d'acquérir de nouveaux biens.

J'éprouve le même sentiment à propos des conférences que je donne. Cela fait des années que je ne lis plus mes notes lorsque je fais un discours devant un auditoire. Lorsque j'ai cessé de lire mes notes et que j'ai parlé avec une sincérité qui me venait du fond du cœur, mes discours se sont beaucoup améliorés. Je ne suis pas attaché à l'obligation de plaire à mon public, ni de dire les choses d'une certaine façon, en fait je ne suis attaché à rien. Je médite habituellement pendant une trentaine de minutes avant de faire mon discours et pendant cette méditation je visualise que tout se passe très bien et que mon auditoire et moi-même éprouvons un vif plaisir au cours de cette expérience. L'absence d'attachement me permet de couler sur scène pendant des heures, souvent devant des milliers de personnes.

Quand je suis dans cet état d'esprit sur scène, je me trouve dans une sphère de la vie qui est entièrement nouvelle, c'est une dimension différente. Le temps cesse d'exister. Mon rappel de mémoire est phénoménal, bien meilleur qu'il ne l'a jamais été. Les paroles coulent, sans la moindre anicroche, sans faire de pause, et tous les éléments s'imbriquent parfaitement les uns dans les autres.

Quand j'ai renoncé à mon attachement quant à la perfection de mes discours, c'est à ce moment-là que, paradoxalement, un genre de perfection a semblé se manifester lors de mes apparitions sur scène. L'excitation et la nervosité intérieures que j'éprouve avant de parler correspondent à mon désir intense de me trouver là-bas, dans cet espace magique où je fais ce que j'aime et où je me permets d'être, tout simplement, et de ressentir l'énergie qui coule en moi sans être freinée par un attachement au résultat. Cette énergie qui coule librement est l'endroit le plus privilégié que je connaisse sur le plan physique.

Dans ces deux sphères de ma vie où je fais ce que j'aime, c'est-à-dire écrire et donner des conférences, j'ai fini par comprendre que le détachement vis-à-vis du résultat et le détachement à propos des opinions d'autrui sont les éléments clés qui me permettent de couler librement et parfaitement. Pas d'effort, pas d'inquiétude, pas d'anxiété – je me permets simplement d'être, sans aucune interférence provenant de mon esprit. Je sais au tréfonds de moi-même que je fais avancer les choses et que j'aide les gens à rehausser la qualité de leur vie, mais que ce n'est pas nécessaire que je le fasse. Je sais qu'accorder une importance à cela est en soi un genre de jugement car lorsqu'on adopte une perspective globale, cela n'a pas d'importance, mais je me conduis comme si cela en avait.

Néanmoins, lorsque j'ai fini de rédiger un livre ou de faire un discours, je n'y repense jamais. Je sais que c'est terminé et que peu importe l'opinion des autres à ce propos, cela ne changera rien. Je relève ensuite le défi suivant, sans être encombré par un attachement à ce que j'ai déjà terminé. Je tire une leçon de mes expériences antérieures, et je passe au projet suivant. Ce nouveau projet n'a pas réellement d'importance, mais je me conduis comme s'il en avait. Comme a dit Carlos Castañeda, le processus consiste à maîtriser la folie de nos vies. La façon de procéder est simplement d'être, au lieu d'être tel que les autres pensent que nous devrions être. Soyez détaché et profitez de chaque moment d'énergie qui coule en vous.

Ma femme et mes enfants sont les êtres qui me sont les plus chers au monde. J'ai réellement transformé ma façon de les percevoir et j'ai modifié de nombreux attachements que j'avais auparavant. C'est une transformation majeure pour moi et cela m'a apporté un nouveau sentiment de sérénité et d'amour.

J'aime profondément ma femme et pourtant je sais que je ne la possède nullement. Je suis très conscient qu'elle suit son propre chemin et que notre mariage fait partie du voyage qu'elle a entrepris. Je suis très reconnaissant du fait que nous partagions de nombreuses choses. J'ai dû vivre de nombreuses autres relations au cours desquelles j'ai connu d'amères déceptions pour apprendre à aimer quelqu'un sans éprouver le besoin de contrôler cette personne. Je peux permettre à la femme que j'aime d'être, tout simplement, même si sa façon d'être est diamétralement opposée à la mienne, ou même si je préférerais qu'elle soit autrement.

Pour moi, telle est l'essence d'une relation maritale basée sur l'amour. La capacité de ne pas porter de jugement à propos de la façon dont nous estimons que l'être aimé devrait mener sa vie et la capacité d'aimer cette personne telle qu'elle est, est un exercice important pour parvenir au détachement. Ne pas porter de jugement veut dire respecter son besoin et son droit de suivre son chemin conformément à ses propres directives intérieures, sans m'en mêler. Ne pas porter de jugement signifie aussi respecter mon besoin et mon droit de ressentir ce que je ressens, que ce sentiment soit bon ou mauvais. C'est un amour inconditionnel envers moi-même et envers l'être que je chéris. L'amour inconditionnel n'exige pas que l'un d'entre nous «ait raison» et que l'autre «ait tort». Lorsque vous êtes fortement attaché au besoin de juger les autres, vous ne définissez *pas* cette personne, vous êtes en train de vous définir.

Ma femme et moi sommes très différents l'un de l'autre. À bien des égards, je dirais même que nous avons des personnalités diamétralement opposées. L'amour fonctionne souvent ainsi, et nous permet de trouver chez la personne que nous aimons certaines des qualités que nous n'avons pas. Il semble que nous ne tombons pas amoureux de ceux qui ont des qualités identiques aux nôtres. C'est peut-être attribuable au fait que nous vivons déjà conformément à ces caractéristiques quand nous sommes réveillés et que de choisir ces mêmes qualités chez quelqu'un d'autre rendrait la relation superflue.

Mais j'ai cessé de juger et de combattre les différences; je suis reconnaissant au contraire du nouveau parfum si délicieux qu'elle apporte chaque jour à ma vie. Nous reconnaissons affectueusement et avec humour que nous ne sommes pas tenus de nous faire plaisir en tout temps et que nous ne sommes même pas obligés de nous comprendre. D'être détaché de tout sentiment de propriété, cela se manifeste ainsi dans une relation. Cela nous permet d'apprécier sincèrement les «étranges» qualités contraires aux nôtres que nous trouvons chez l'autre.

Quand j'éprouve le besoin de la changer, je me répète que je suis tombé amoureux de cette femme à cause de ses qualités. Et lorsque j'étais en train d'en tomber amoureux, je ne me disais pas: «Si seulement elle avait un autre point de vue, je pourrais l'aimer encore davantage.» C'est parce que notre amour était inconditionnel qu'il a pu s'épanouir. Lorsque je suis agité par le besoin de la changer d'une façon ou d'une autre, je m'analyse pour comprendre ce que ce besoin révèle à propos de moi-même. À d'autres reprises, j'admets que ses opinions et ses actes me laissent perplexe; cependant, je peux instantanément l'aimer en raison même de ses opinions et de ses actes au lieu de me livrer à un dialogue intérieur où j'essaierais de prouver qu'elle a tort.

J'ai réalisé qu'en me comportant ainsi dans mon mariage, je réagis automatiquement de la même façon envers les autres, de plus en plus fréquemment. Je sais d'après mon expérience personnelle qu'être attaché au besoin d'avoir raison me définit automatiquement et ne révèle absolument rien à propos des autres. J'ai finalement compris que les autres vont être exactement tels qu'ils sont, quelle que soit l'opinion que j'en ai. Cela me permet d'être, tout simplement, dans mes relations avec les autres. Pas de jugement, pas de colère, pas d'hostilité – je suis, simplement.

Comme je me suis progressivement détaché du besoin de prouver que les autres ont tort et, par conséquent, que j'ai raison, il m'est beaucoup plus facile de me trouver en compagnie de gens qui ont une perception différente de la vie. Lorsque je retombe dans l'habitude de porter des jugements, je réalise que je suis beaucoup plus indulgent et doux envers moi-même. Je me permets d'avoir des moments de colère intérieure pendant un bref instant puis, paradoxalement, quand je permets à ce sentiment de colère d'être, il disparaît généralement. S'il persiste, j'analyse la problématique sans porter de jugement.

Il est ironique de constater que, depuis que je suis plus détaché, j'ai beaucoup plus d'influence sur les gens qui s'infligent mutuellement de mauvais traitements ou qui se font du tort. Le détachement que j'éprouve face au besoin d'avoir raison les prend presque au dépourvu et ils se rendent tout de suite compte que je ne vais pas être bouleversé s'ils décident d'agir ou de penser d'une certaine façon. La personne paisible, détachée du besoin de changer les autres ou de prouver qu'ils ont tort, a un pouvoir beaucoup plus grand qui lui permet de susciter des comportements aimants et constructifs que la personne qui exige que les autres changent en se mettant en colère et en portant des jugements sur eux.

Récemment, au club où je joue au tennis, plusieurs personnes, visiblement en colère, étaient engagées dans une discussion. Elles avaient des points de vue divergents à propos d'une question de race. Certaines critiquaient un groupe ethnique, tandis que les autres critiquaient ces dernières et les accusaient de manquer de compassion et d'amour. Quelqu'un fit une pause et dit ensuite: «Wayne, qu'en penses-tu? J'ai remarqué que tu n'es jamais bouleversé par ces choses. Tu dois pourtant avoir une opinion.»

J'ai répondu: «Je suis assis ici et je vous envoie à tous de l'amour. Si vous pouviez en faire autant dès maintenant, il ne serait même plus nécessaire d'avoir une discussion à propos de qui devrait aimer qui.» Ils s'interrompirent et me regardèrent comme si j'étais un peu bizarre; mais en même temps, ils cessèrent de se juger pendant ces quelques moments.

Cette approche qui consiste à aimer tout le monde, même ceux qui semblent être tellement différents de nous, a pris naissance dans mon mariage, puis s'est étendue vers tout le monde. Lorsqu'on a découvert la paix intérieure, il devient de plus en plus facile de se montrer détaché. Cette paix intérieure contribue davantage à l'équilibre du monde que si l'on se transforme en un combattant de plus dans les interminables batailles qui éclatent en raison du manque de respect dont nous faisons preuve quant aux différences qui existent chez les autres.

Il me semble beaucoup plus facile d'être un bon parent depuis que j'ai réellement compris et adopté les principes exprimés par Kahlil Gibran dans *Le Prophète.*

> «Vos enfants ne sont pas vos enfants.
> Ce sont les fils et les filles du désir qu'a la vie d'elle-même.

Ils arrivent par votre intermédiaire, mais ne proviennent pas de vous,
Et bien qu'ils soient à vos côtés, ils ne vous appartiennent pas.»

C'est un message de détachement d'une grande importance pour nous tous. Rien n'éloigne davantage nos enfants que de nous conduire comme s'ils nous appartenaient tout simplement car nous sommes adultes et nous avons une grande taille tandis qu'ils sont petits. C'est une leçon essentielle que de savoir leur enseigner à être responsables sans être pour autant personnellement attachés au résultat. J'aime mes enfants autant qu'il est possible d'aimer. Je donnerais instantanément ma vie pour eux. J'en suis certain. Et pourtant, je ne suis pas attaché à leurs réussites, ni à leurs échecs.

Chacun d'entre eux sait que je ne ferai pas de dépression nerveuse et que je ne ruinerai aucun moment de ma vie s'ils ne font pas leurs devoirs, ou s'ils arrivent à la maison en retard, ou s'ils font l'une des mille choses que les jeunes font ou ne font pas. Je leur enseigne à se montrer responsables autant par mes actes que par mes paroles. Je leur enseigne à se respecter en leur donnant l'exemple d'un père respectueux et en les encourageant dans la mesure du possible. Mais je ne suis pas attaché affectivement ni spirituellement aux décisions qu'ils prennent sur le chemin de la vie. Ils doivent vivre leur vie. Je ne peux pas le faire à leur place. Ils doivent apprendre à assumer des responsabilités. Très souvent, les parents usurpent ce sentiment de responsabilité à cause de l'attachement dont ils font preuve.

Lorsque nous permettons à notre énergie de couler en nos enfants et lorsque nous ne les freinons pas en leur imposant notre volonté, ils deviennent plus responsables. Et pourquoi pas? Ils n'ont besoin de lutter contre personne. Ils n'ont pas besoin d'être têtus pour vous prouver que vous ne pouvez pas les contrôler.

Mon détachement ne signifie pas que je ne les aime pas. Je les aime énormément. En fait, je les aime tellement que je leur permets de suivre leur propre chemin, tout en les guidant ici et là, en les aidant à faire des choix responsables motivés par l'amour, en les félicitant lorsqu'ils agissent correctement chaque fois que je le peux, et en me répétant toujours que je ne les possède pas, et qu'ils se possèdent. Mon évolution personnelle sur le chemin du détachement m'a mené à un endroit où la souffrance a été éliminée de ma vie.

Dans le cadre de mes relations avec les autres et avec moimême, et par rapport aux biens matériels que j'ai, j'ai appris que moins je suis attaché au résultat, plus je permets à l'énergie d'affluer simplement en moi et vers l'extérieur. Le détachement est un facteur essentiel qui permet d'éliminer la souffrance et d'alimenter un sentiment de paix intérieure. Il est merveilleux de posséder des choses, mais lorsqu'on en a besoin, cela signifie qu'on y est attaché. Il est fantastique d'avoir des gens que l'on aime et qui nous aiment et il est important d'accorder une grande valeur à cet amour et de le célébrer, mais le désir de les posséder ou de les contrôler est une preuve d'attachement. Si vous souffrez en ce moment même, je peux vous garantir que cette souffrance est reliée à un attachement à la façon dont les choses devraient se dérouler. Le détachement est la seule voie qui nous permette d'éliminer la souffrance comme l'explique un passage tiré de la Bhagavad-gîtā:

> «Celui qui n'est pas troublé par le flux incessant des désirs – celui qui pénètre comme les rivières dans l'océan, lequel est toujours en train de se remplir tout en restant immobile – seul celui-là peut découvrir la paix; celui qui s'efforce constamment de satisfaire ses désirs n'y parviendra pas.»

L'océan est toujours en train de se remplir, et pourtant il est toujours immobile, à l'exception de légères variations à la surface. Nous aussi pouvons rester continuellement ouverts à la possibilité d'évoluer tout en restant immobiles, sauf si nous choisissons d'être troublés par toutes les choses qui pénètrent constamment dans le champ de notre conscience. Ces perturbations sont causées par le fait que nous sommes attachés à une idée selon laquelle les choses devraient être différentes de ce qu'elles sont. Notre souffrance, quelle que soit la forme qu'elle prend, est causée par l'esprit – par un esprit qui insiste sur ses préférences et qui refuse de permettre aux autres d'être tels qu'ils sont.

Les attachements les plus courants

La souffrance peut prendre de nombreuses formes et se manifeste toujours dans la dimension de la forme. Nos attachements quant aux choses extérieures sont innombrables. Voici les sept catégories d'attachement les plus courants, ainsi que les raisons pour lesquelles vous cheminez peut-être sur la voie de la souffrance.

1. L'attachement aux choses. Dans le monde occidental, la plupart d'entre nous nous identifions notre degré relatif de réussite ou d'échec à la qualité et à la quantité de choses que nous accumulons. Lorsque nous établissons ce type de connexions, nous rattachons notre valeur en tant qu'être humain à la possession de choses. Par conséquent, lorsque ces choses ne se manifestent pas en quantité suffisante dans notre vie, nous en souffrons. Nous devenons nos choses.

Ce genre d'attitude vous prépare à vivre une frustration perpétuelle. Ce que vous exprimez en réalité, c'est que vous n'avez aucune valeur, et que vous êtes incomplet. Vous devez continuellement renouveler vos possessions matérielles pour sentir que vous avez de la valeur. La thèse selon laquelle «je n'ai aucune valeur sans possessions matérielles» mène à une recherche insatiable. Il faut réaliser qu'on ne pourra jamais s'épanouir à l'extérieur de soi-même et que cette quête de possessions matérielles ne prendra jamais fin. Cette attitude vous empêche de découvrir que vous êtes déjà un être complet, et que vous n'avez besoin de rien d'autre pour être complet.

En fait, cela vous mène à accumuler et à vous comparer perpétuellement aux autres. Cela écarte votre regard des yeux et du cœur de ceux que vous croisez et ça canalise votre attention vers leur argent et leurs possessions matérielles. Plus vous reliez votre valeur et votre dimension humaine à ces choses extérieures, plus vous leur conférez le pouvoir de vous contrôler. Et lorsque vous êtes contrôlé par des choses extérieures, vous êtes l'esclave de ces choses et cela se traduit immanquablement par de la souffrance. Je vous accorde que vous souffrez peut-être dans le confort, mais l'agonie ne vous quittera pas tant que vous resterez attaché.

2. *L'attachement envers les autres.* C'est l'un des attachements les plus inextricables et cela cause de grandes souffrances, jusqu'au jour où vous apprenez à le surmonter. Je ne veux pas dire qu'il ne faut pas aimer les autres, qu'il ne faut pas accorder d'importance à leur présence dans votre vie, ni qu'il ne faut pas célébrer les liens qui vous unissent. Ce sont là des conséquences très positives qui résultent de relations basées sur un amour inconditionnel. Je fais plutôt référence au désir que vous éprouvez de posséder les autres et au fait que vous vous sentez inutile, immobilisé et blessé si telle personne ne fait pas partie de votre vie comme vous le souhaiteriez. Ces sentiments sont des attachements. Ce sont des relations dans lesquelles vous donnez aux autres un pouvoir et un contrôle sur vous et cela mène toujours à la souffrance.

Toutes les relations humaines peuvent être plus heureuses lorsqu'on est détaché. Cela veut dire aimer suffisamment les gens pour leur permettre de faire leur propre choix sans les blâmer, même si ce choix ne correspond pas à ce que vous pensez qu'ils devraient faire. Cela signifie avoir suffisamment confiance en soi pour ne pas se sentir menacé que les autres ne répondent pas à nos attentes. Dans nos relations avec notre conjoint, cela signifie aimer tellement l'autre qu'on oublie ses propres besoins, qu'on accepte et qu'on aime l'autre tout simplement en raison de ce qu'il ou elle est. Après tout, c'est bien la raison pour laquelle vous êtes tombé amoureux de cette personne au départ.

Dans les relations familiales, cela signifie être suffisamment détaché pour permettre aux membres de votre famille d'être comme ils choisissent d'être et d'avoir suffisamment confiance en soi pour ne pas juger les décisions qu'ils prennent. Cela signifie oublier nos évaluations personnelles, aimer et écouter les autres membres de la famille en raison de qui ils sont, leur offrir des conseils lorsqu'ils nous en font la demande, et leur envoyer en tout temps un amour inconditionnel. Dans vos relations avec vos enfants, cela signifie se répéter constamment qu'ils suivent leur propre chemin et qu'ils ne vont pas vivre leur vie comme vous avez décidé qu'ils devraient le faire. Cela signifie les guider, les aider à devenir autonomes et leur faire savoir que vous les aimez toujours inconditionnellement, même lorsqu'ils se comportent de façon autodestructrice.

Le détachement dans les relations humaines ne signifie *pas* que l'on n'aime pas. Cela signifie au contraire que l'on aime tellement que l'on s'abstient de porter des jugements et que nos rapports avec les autres sont basés sur l'amour et non pas sur le désir de les contrôler ni de les juger. La personne qui sait se montrer détachée évitera toute la souffrance superflue que la plupart des gens vivent dans le cadre de leurs relations. Envoyez de l'amour, refusez de jouer le rôle d'une victime, et prenez soin des êtres qui vous sont chers et de vous-même. Soyez détaché sur le plan métaphysique. Votre détachement vous permettra de faire preuve d'un amour inconditionnel.

L'attachement comporte l'implication subtile que vous devez me faire plaisir pour que je vous aime. Lorsque vous permettrez à ceux qui vous sont chers d'être, et lorsque vous les aimerez pour ce qu'ils choisissent d'être, en dépit de votre opinion, vous aurez appris le détachement. Une fois que vous aurez atteint cet état de détachement, vous n'éprouverez plus le besoin de posséder ni de contrôler un autre être humain, tout particulièrement ceux qui vous sont proches. Paradoxalement, moins vous essayez de posséder ou de contrôler quelqu'un, plus les liens entre vous se resserrent.

Le détachement vous permet de vous rapprocher des autres et de leur donner plus d'amour. Vous diminuez la probabilité de souffrir dans vos relations parce que vous éprouvez un amour inconditionnel pour les autres et cet amour se manifeste même s'ils choisissent de vous quitter. En apprenant à faire preuve d'un plus grand détachement, vous apprenez également une vérité fondamentale à propos des relations d'amour. *L'amour existe pour le donner et non pas pour le prendre!* Telle est la quintessence du détachement dans toutes les relations humaines.

3. L'attachement au passé. Apprendre à se détacher du passé et des traditions qui jouent un rôle important dans la vie de bien des gens est une façon d'éliminer certaines souffrances qui existent dans le monde. Examinez tous les gens qui se font la guerre sur la planète aujourd'hui et vous verrez qu'ils souffrent et meurent au nom de traditions. On leur a appris qu'ils doivent croire à ce que croyaient leurs ancêtres. Poussés par cette logique, ils perpétuent la souffrance dans leur propre vie et dans la vie de ceux qu'on leur a appris à considérer comme des ennemis. Certains groupes ethniques se livrent de nombreuses batailles depuis des milliers d'années. Compte tenu de l'attachement qu'on leur inculque dans leur culture, ces batailles vont durer éternellement. L'esprit des membres de ces cultures ne leur appartient pas. Ils ne vivent que dans la dimension de la forme et meurent au nom d'une tradition qui entretient les hostilités et la haine pour les générations futures.

Nous continuons à être attachés au passé quand nous essayons de décider pour les autres quel devrait être leur choix spirituel, en fonction de ce qu'on nous a appris à croire. Les connaissances que nous cherchons à obtenir, la vocation que nous choisissons, les amis qui seront les nôtres, notre façon de voter, ce que nous portons, la façon dont nous parlons, et même la façon dont nous choisissons de penser sont souvent déterminés par notre attachement à diverses traditions. Ces traditions ont une telle puissance que ceux qui les ignorent sont frappés d'ostracisme par leur famille et leurs voisins. «Tu es un ________________», disent vos parents. «C'est dans cette tradition que tu es né et tu n'as pas le choix.» Ce genre de sentiment est inacceptable pour un esprit éclairé. Comment est-il possible d'évoluer si on se cantonne dans les sentiers battus? Nous savons au tréfonds de nous-mêmes que nous ne sommes pas notre forme et cela est corroboré par les principes universels. Nous avons peut-être une certaine apparence et une histoire précise, mais cela ne représente nullement qui nous sommes. Ce n'est qu'une façade qui cache le véritable moi, lequel est exempt de forme et n'a nul besoin d'étiquettes qui sont le produit d'actes passés.

L'attachement à l'histoire de votre forme en tant que représentation de vos ancêtres et de votre famille vous causera d'immenses souffrances. Il faut faire preuve d'un grand courage pour apprendre à se détacher des traditions, et ceux qui le font, paient parfois un prix très élevé. Néanmoins, le prix de l'attachement est encore plus élevé et cela déséquilibre bien davantage votre vie. À long terme, il est préférable d'encourir la désapprobation de ceux qui s'accrochent à l'histoire de leur forme particulière. Fondamentalement, toutes les choses auxquelles vous êtes attaché vous possèdent. Cela équivaut à resserrer tous les jours les chaînes et les boulets pour que votre esprit ne vous appartienne pas.

Ralph Waldo Emerson a écrit: «Ne soyez pas l'esclave de votre passé. Plongez dans les mers sublimes, plongez profondément et nagez loin, et vous reviendrez ayant découvert le respect de soi, animé d'un nouveau pouvoir, ayant connu des expériences profondes, qui expliqueront et déracineront les anciennes expériences.»

Pensez à cela quand vous envisagez d'éliminer la souffrance qui est le produit de votre attachement au passé. Nous pouvons respecter et même apprécier le passé et les traditions de nos ancêtres. Nous pouvons les aimer car ils ont choisi de suivre leur propre chemin. Mais c'est vous refuser l'illumination que de vivre et de penser comme vos ancêtres, tout simplement parce que vous êtes né dans une forme qui ressemble à la leur.

C'est ainsi que les gens et leurs institutions ont contrôlé les autres pendant des milliers d'années. Le fait d'exiger que les enfants vivent conformément aux règles établies peut les empêcher de penser de façon autonome et les transformer en serviteurs de ceux qui se trouvent en position d'autorité. L'attachement au passé est la raison pour laquelle on donne des pistolets aux petits garçons, on les transforme en meurtriers, on leur dit qui sont leurs ennemis, et on les conditionne à se conformer à des règles qui les privent de la possibilité de penser de façon indépendante. Ils grandissent en croyant que le fait de ne pas être attaché au passé est déshonorant aux yeux de Dieu. Il nous est facile de voir cet exemple poussé à l'extrême dans d'autres pays et nous devrions en tirer une leçon et nous montrer vigilants quant à la façon dont nous cultivons notre attachement au passé.

4. L'attachement à votre forme. Si vous êtes convaincu de n'être rien d'autre que votre corps, et si vous allez là où il va, cela se traduira par une vie entière de souffrances. Les rides, la perte des cheveux, l'affaiblissement de la vue, et tous les changements physiques que suscite le vieillissement créeront une souffrance directement proportionnelle à l'attachement que vous éprouvez à l'égard de la jeunesse de votre corps. Cet attachement à votre corps peut vous pousser à vivre de façon artificielle et peut susciter en vous des craintes qui vous empêcheront de suivre votre voie et de participer pleinement à la création de votre destin.

L'attachement au corps se traduit par une perpétuelle préoccupation concernant l'apparence. C'est un attachement à l'enveloppe charnelle qui vous contient et cela vous empêche de réaliser que votre corps n'est qu'une forme temporaire que vous occupez. Le fait de nous préoccuper exclusivement de notre apparence nous empêche de comprendre que le meilleur de nous-même, le principal, réside dans notre corps mais n'est pas une forme. Plus vous êtes attaché au corps et à son apparence, moins vous avez de chances de pouvoir vous distancer de votre forme et de percevoir votre dimension divine. La dépendance à l'égard de la forme empêche de nombreuses personnes de comprendre que la majeure partie de notre être est exempte de forme. Dans *The Divine Romance,* Paramahansa Yogananda exprime ainsi ce concept:

> «Les saints disent qu'il faut traiter le corps comme une résidence temporaire. N'y soyez pas attaché. Réalisez le pouvoir infini de la lumière, de la conscience immortelle de l'âme qui se trouve au-delà du cadavre de la sensation.»

J'aime cette expression «le cadavre de la sensation». Tel est votre corps, c'est un esclave sujet aux règles de la forme, toujours encombré par de multiples douleurs, par des malaises, par des os qui s'effritent, et des boutons qui naissent. Mais à l'intérieur de vous, vous êtes une pensée astrale exempte de forme, vous êtes pur et vous n'êtes pas freiné par les obstacles qui se manifestent dans la dimension de la forme. Être attaché au corps, c'est comme être attaché à la souffrance et ne pas vouloir lâcher prise.

Se détacher du corps ne signifie pas manquer d'intérêt vis-à-vis de la perfection de votre forme. De fait, paradoxalement, cela se traduit presque toujours par un meilleur entretien du temple qui contient l'âme. Depuis que je suis moins attaché à mon apparence, je réalise que je m'occupe beaucoup mieux de mon corps, que je conserve un poids sain, que je fais de l'exercice, que je me repose suffisamment, que je mange moins d'aliments dépourvus d'éléments nutritifs. Je peux maintenant prendre du recul et observer mon corps vieillir sans sentir que mon être – ma nature suprême – se détériore.

Depuis que je suis moins attaché à ce corps, je ne suis plus alarmé par ses infirmités. Par conséquent, elles semblent se manifester très rarement. Mon détachement est tel que mon corps me pose de moins en moins de problèmes. Je célèbre ma forme et ma perfection, mais je sais que je suis plus qu'un simple corps. Je l'aime et je le respecte sans m'identifier pour autant à ma forme physique. «Il faut se trouver dans le monde, mais sans en faire partie», a dit Jésus. Je suis dans mon corps, mais sans en faire partie, et il est ironique de constater que cela m'aide à y résider avec beaucoup plus de facilité que lorsque j'étais exclusivement mon corps, il y a quelques années à peine.

5. L'attachement aux idées et au désir d'avoir raison. C'est l'un des attachements dont il est le plus difficile de se défaire. On peut dire «qu'avoir raison» est une «maladie occidentale fatale». Tous les jours, j'écoute pendant plusieurs heures des programmes radiodiffusés de villes qui se trouvent dans toute l'Amérique du Nord. J'ai observé que presque tous ceux qui téléphonent à un poste de radio pour discuter d'un sujet d'actualité, sont attachés à leurs idées et au désir de prouver que quelqu'un d'autre a tort. Il semble que personne ne puisse écouter le point de vue de quelqu'un d'autre en gardant l'esprit ouvert. Les personnes qui appellent sont presque toujours polies et gardent le silence pendant quelques moments tandis que leur interlocuteur s'exprime; elles ne tiennent ensuite aucun compte de tout ce qui a été dit et expliquent leur propre position. J'entends rarement les gens dire: «C'est un point de vue intéressant. Je vais repenser à ce que je croyais avant de téléphoner.»

Cet attachement au désir d'avoir raison engendre de la souffrance car cela nuit à la communication. Lorsqu'on ne sait pas bien communiquer, on en souffre dans ses relations. Les gens refusent qu'on leur dise de quelle façon ils devraient penser et ne veulent pas s'entendre dire qu'ils ont tort. Quand cela se produit, ils érigent une barrière et vous excluent automatiquement de leur conscience. Si vous êtes celui qui a été exclu en raison de votre incapacité d'écouter, c'est que vous êtes tellement attaché à vos convictions que vous maintenez que tous ceux qui sont en désaccord avec vous ont tort. Ce genre d'attachement crée continuellement des frontières et empêche l'amour de s'épanouir dans les relations interpersonnelles.

Même si vous êtes persuadé que chacune de vos idées est parfaitement juste, des millions de personnes sont convaincues que vous avez tort. Cette dichotomie entre le tort et la raison engendre un chaos métaphysique. Lorsque vous faites la connaissance de quelqu'un qui a des convictions différentes des vôtres et que vous tentez de lui expliquer qu'il a tort, en fait tout ce que vous faites, c'est de vous définir. Il est fort probable que votre point de vue ne fera que renforcer ses convictions. C'est pourquoi ce genre de discussion n'aboutit à rien et chaque interlocuteur en sort plus certain que jamais d'avoir raison.

Pour être détaché, vous devez savoir que la dichotomie entre le tort et la raison est une invention humaine. La vérité absolue n'existe pas. L'univers est simplement tel qu'il est, régi par les principes que nous avons définis dans cet ouvrage, et il fonctionne indépendamment de l'opinion que nous en avons. Il est tout à fait légitime d'avoir des opinions catégoriques à propos de certaines choses, mais dès le moment où vous vous attachez à ces idées, et par conséquent, où vous vous définissez en fonction de ces opinions, vous éliminez la possibilité d'entendre le point de vue des autres. Cet attachement aux idées et au désir de prouver aux autres qu'ils ont tort est l'histoire de l'être humain, et c'est la cause de nombreuses guerres et d'une misère infinie depuis les temps les plus reculés de l'histoire.

Il est très rare que les gens prennent le temps d'écouter véritablement ce que leur interlocuteur a à leur dire. Nous changeons très rarement d'avis lorsque les autres nous présentent leurs idées, aussi convaincantes soient-elles. Et nous ne sommes presque jamais capables d'adopter simultanément deux opinions et deux croyances opposées. Et pourtant, c'est précisément ce que vous devez faire si vous voulez parvenir à un niveau de conscience plus élevé. Cette prise de conscience vous permettra d'accepter simultanément deux points de vue opposés et vous libérera du besoin de prouver aux autres qu'ils ont tort. Les esprits éclairés ont décrit ce phénomène. L'un des plus grands romanciers d'Amérique du Nord, Francis Scott Fitzgerald, a dit:

«La capacité d'adopter simultanément deux points de vue opposés tout en continuant à fonctionner, c'est la preuve d'une intelligence supérieure. Par exemple, on devrait réaliser que les choses sont sans espoir et s'efforcer malgré tout de les améliorer.»

Tel est le véritable sens du détachement – pouvoir adopter simultanément des points de vue opposés et percevoir l'exquise beauté de cette attitude.

6. *L'attachement à l'argent.* Cet attachement est un véritable fléau dans le monde occidental. Il est important de comprendre que je ne suis pas contre l'argent. Je suis fermement convaincu que c'est un avantage dans la vie d'avoir de l'argent et je ne trouve rien à redire à ce propos. L'argent est utile et la société moderne est conçue de telle façon que tout le monde travaille pour en gagner. Je parle ici d'un attachement à l'argent qui prend de telles proportions qu'il finit par être le facteur prédominant de votre existence et contrôle tout.

Il est difficile de se détacher du désir de gagner de l'argent. Néanmoins, c'est important de le faire si vous voulez avoir le libre arbitre dans votre vie. J'ai réalisé que ceux qui réussissent à faire ce qu'ils aiment trouvent l'argent nécessaire pour vivre. Il semble qu'ils font circuler cet argent et qu'ils l'utilisent pour servir les autres au lieu de permettre que l'accumulation de capital et le coût de la vie deviennent les thèmes prépondérants de leur vie. Ils ne sont pas affligés par la maladie du «plus» qui est tellement répandue dans notre culture.

Être détaché de l'argent veut dire centrer son attention sur ce qu'on aime et sur ce qui nous donne une raison d'être et permettre à l'argent d'arriver dans notre vie sans être consumé par le désir d'en avoir. Le détachement est une prise de conscience que *vous* n'êtes pas votre compte en banque. Si vous considérez que vous *devez* avoir de l'argent pour être heureux et sentir que vous avez réussi, cela signifie que vous y êtes attaché.

En effet, votre besoin de posséder davantage de biens signifie que vous n'avez pas un sentiment de plénitude et que vous sentez que *quelque chose* manque. Vous appelez ce quelque chose *plus d'argent*. Cet élément manquant oblige votre esprit à se concentrer sur ce qui manque, au lieu d'être entièrement présent, ici et maintenant. Cela vous empêche de faire ce que vous aimez. Et, bien entendu, les choses sur lesquelles vous vous concentrez, prennent de l'ampleur.

Étant donné que ce qui se passe actuellement dans votre vie est précisément le résultat de vos croyances, il vous faudra modifier ces croyances si elles vous desservent en ce qui a trait à l'argent. Posez-vous la question suivante: «L'argent m'a-t-il apporté la satisfaction à laquelle je m'attendais?» Si la réponse est négative, et si vous semblez incapable de modifier ces croyances, analysez alors à quoi elles correspondent.

L'une des façons de procéder est de centrer son attention et (ou) de méditer. Demandez à votre nature suprême de vous révéler quelle est la signification profonde de cette croyance. Il ne s'agit peut-être pas du tout d'un attachement à l'argent. D'ailleurs, la preuve, c'est que vous continuez à être insatisfait malgré l'argent que vous possédez. C'est comme croire avoir faim et continuer à ressentir la faim même après avoir mangé. Croire que la nourriture est la solution crée un attachement à la nourriture qui vous empêchera d'apaiser votre faim. L'attachement à la nourriture ou à l'argent intensifie le désir et le rend insatiable. Lorsque nous sommes obsédés par nos attachements, mais que nous préférerions ne pas l'être, parce que nous nous sentons insatisfaits, c'est un signal qu'il faut analyser ce que représente cet attachement.

7. *L'attachement au désir de gagner*. Le désir de gagner est presque une drogue dans notre culture. Tant que nous resterons attachés à ce besoin de gagner, cela engendrera de la souffrance. À nouveau, il est important de souligner ici que je ne suis pas contre la victoire. J'aime gagner comme tout le monde, surtout lorsqu'il s'agit d'une épreuve athlétique. Mais la prise de conscience consiste à apprendre à se détacher du *besoin* de gagner. Quand nous sommes attachés au désir de gagner, cela se transforme en obsession et nous souffrons quand nous sommes perdants. La façon dont nous réagissons lorsque nous perdons révèle notre force de caractère.

Si nous jouons de tout cœur et si notre adversaire marque plus de points ou «gagne», qu'avons-nous vraiment perdu? Absolument rien! Nous avons simplement joué une partie. Si nous comprenons réellement ceci, il nous sera facile de féliciter nos adversaires et d'être aussi contents pour eux que nous l'aurions été si nous avions été victorieux. L'attachement au désir de gagner est la raison pour laquelle de très, très nombreux êtres humains se sentent perdants durant une grande partie de leur vie, car personne ne peut toujours gagner.

La victoire est un jugement. Lorsque nous nous y conformons, nous acceptons de nous soumettre à des règles qui ont été formulées par d'autres et ce sont ces autres personnes qui décident en quoi consistent la victoire et la défaite. Lorsqu'on comprend que la victoire et la défaite ne sont que le résultat de règles établies par d'autres, cela nous permet de jouer le jeu sans être attachés à la victoire. Nous pouvons tout de même savourer nos succès et tirer une leçon de nos défaites, tout en appréciant le processus de la participation. Il faut comprendre que la victoire – ou la défaite – n'est qu'une règle de plus à laquelle nous pouvons accepter de nous conformer. L'attachement à la victoire signifie que nous sommes la performance et que nous sommes le score. Nous éprouvons de la souffrance quand nous nous sentons perdants.

Paradoxalement, plus nous sommes détachés pendant que nous jouons une partie ou un jeu, plus il est probable que nous gagnerons. C'est-à-dire que moins nous nous concentrons sur la victoire, plus nos probabilités de gagner augmentent. Lisez certaines des excellentes recherches qui ont été effectuées sur le jeu intérieur, le zen du tir à l'arc, etc. Ceux qui réussissent de brillantes performances n'essaient pas de gagner. Ils permettent à l'action d'affluer et vivent entièrement le moment présent. Leurs compétitions ressemblent davantage à la méditation qu'à une épreuve. Ils sont en harmonie avec leur corps et leur esprit. Les grands danseurs laissent les choses se dérouler naturellement. Ils se fient à leur instinct et permettent à leur forme de couler au diapason de la musique; lorsqu'ils sont parfaitement ancrés dans cet espace intérieur où règne une exquise harmonie, le désir de gagner ne leur vient même pas à l'esprit.

Dès le moment où les grands gymnastes ou les plongeurs de haut vol commencent à penser à leur score, cela les empêche de fonctionner aussi parfaitement que leurs corps bien entraînés en sont capables. Il leur devient alors presque impossible de gagner. C'est là un autre paradoxe. Quand nous pensons à la victoire et que nous y sommes attachés, nous réduisons notre capacité de fonctionner à un niveau suffisamment élevé pour gagner.

L'attachement à la victoire accompagne presque toujours un besoin de lutter contre nos adversaires. Le langage de la compétition ressemble à celui de la guerre: la lutte entre les équipes, remporter une victoire, écraser, annihiler, battre, pulvériser. Lorsque notre esprit est entièrement concentré sur notre désir de gagner à tout prix, notre performance en souffre. Nous devenons tendus et nerveux, ce qui se traduit finalement par une défaite. Pourquoi?

Car la lutte affaiblit tandis que l'harmonie donne des forces et intensifie la puissance physique. Lorsque nous jouissons d'une harmonie intérieure, c'est là que nos corps réussissent à accomplir des performances de très haut niveau. Quand nous sommes tendus, nos performances baissent beaucoup. Telle est l'essence du détachement dans le jeu de la victoire. Cessez d'y accorder de l'importance. Permettez-vous d'être, tout simplement, et de profiter pleinement de ce que vous faites, en harmonie avec votre corps et votre esprit. Alors, votre détachement vous mènera vers des sommets plus élevés que jamais.

Analysez attentivement chacun des attachements ci-dessus mentionnés et voyez si cela s'applique à vous. N'oubliez pas qu'il est possible d'aimer les choses que je mentionne dans chacune de ces catégories, tout en restant détaché. Exercez-vous à lâcher prise et à tout laisser circuler dans un réseau d'harmonie et de paix intérieures. Lorsque nous transcendons nos attachements, nous apprenons à faire cadeau du pouvoir et nous découvrons le luxe métaphysique d'une vie paisible et productive.

Le marketing par réseaux: un moyen utile pour parvenir au détachement

La plupart d'entre nous connaissons les organigrammes. Un organigramme commence par une case au sommet qui représente la fonction du président-directeur général, ensuite au niveau inférieur il y a une série de cases qui représentent les postes des vice-présidents, puis d'autres cases représentant les postes des directeurs, puis des superviseurs et, finalement, on trouve les cases représentant les postes des employés, des secrétaires, et du personnel de soutien. Les employés qui commencent à travailler au sein d'un organisme structuré selon ce genre d'organigramme ont généralement l'intention de gravir les échelons. À chaque niveau, ils ont un peu plus de pouvoir et de prestige jusqu'au jour où ils atteignent enfin le pinacle. Là, ils jouissent d'une autorité suprême et de tous les apanages du succès.

C'est ainsi que sont organisés le secteur de l'éducation, les groupes religieux, les gouvernements, les organisations de charité, et même de nombreuses familles. La personne puissante se trouve au sommet, s'attribue autant de pouvoir et d'autorité que possible au sein de l'organisation et délègue ensuite cette autorité en fonction de l'organigramme. Tel est le modèle qu'on nous a enseigné à respecter. Ce genre d'organisation s'appelle une bureaucratie. C'est la façon la moins efficace d'accomplir les choses. Le marketing par réseaux est peut-être un système beaucoup moins connu, mais beaucoup plus efficace. Je suis d'accord avec ce système car je considère qu'il contribue à bâtir une société plus éclairée et plus consciente.

Un réseau est diamétralement opposé à une bureaucratie. Dans une bureaucratie, l'objectif est de s'attribuer du pouvoir et de le distribuer ensuite selon un organigramme composé de subalternes. Dans un réseau, le but est de donner du pouvoir aux autres. Voici comment cela fonctionne: pensez à un immense réseau téléphonique sans centrale, où chaque terminal serait relié au terminal suivant, et ainsi de suite, ad infinitum. L'objectif du réseau de communications est que chaque terminal desserve le terminal suivant. Dans un réseau, personne n'est intéressé à accumuler du pouvoir; il s'agit simplement de faire circuler ce pouvoir.

Les êtres humains peuvent également fonctionner ainsi. Au lieu d'être obsédés par l'idée d'accumuler de l'influence et de contrôler le plus grand nombre possible de personnes, fixons-nous plutôt comme objectif de transmettre nos connaissances à la personne qui se trouve à nos côtés; celle-ci devrait en faire autant, et ainsi de suite. Si l'on pouvait dessiner l'organigramme d'un réseau, il serait horizontal plutôt que vertical. Il s'agit d'introduire les connaissances et les données que nous possédons dans un système, de façon à ce qu'elles circulent continuellement au sein du réseau. Cela signifie donner des choses sans rien attendre. À nouveau, le paradoxe se manifeste. Le don et le non-attachement augmentent le flux d'abondance.

À mon avis, le réseautage est la façon la plus efficace de faire connaître les choses que je souhaite partager. J'ai fait parvenir un exemplaire de l'un de mes livres, *Le Message d'Eykis: à la découverte de soi*, à tous ceux qui m'ont envoyé une lettre au fil des ans; c'était simplement un cadeau et je ne m'attendais à rien. En outre, j'ai envoyé cet ouvrage à des milliers de personnes issues de toutes les couches de la société, simplement pour faire circuler des idées qui me semblent fondamentales. Depuis que j'ai commencé à *faire cadeau* de *Le Message d'Eykis: à la découverte de soi*, les *ventes* du livre ont augmenté! Plus je donne, plus les gens achètent, plus mon courrier déborde de lettres qui sont une réaction aux pensées et aux idées exprimées par Eykis. Les lecteurs font circuler le livre dans un réseau de réactions affirmatives, et discutent et élaborent les concepts que j'y expose. En outre, j'ai reçu plus d'un millier de livres et de cassettes provenant de résidents de nombreux pays en remerciement. On va bientôt tourner un film basé sur Eykis, et la popularité du livre ne cesse de croître. Mon principe est: «On récolte ce que l'on sème.»

Les membres de réseaux estiment qu'il est facile de donner beaucoup plus que ce à quoi s'attendent les autres. Ils comprennent que la meilleure façon de sentir qu'on a réussi et qu'on a découvert une vérité importante, c'est de surprendre les autres en leur donnant plus que ce à quoi ils s'attendent. Les membres de réseaux n'essaient jamais d'accumuler du pouvoir; ils font circuler tout ce qu'ils ont et encouragent les autres à en faire autant.

Beaucoup d'entreprises commencent à faire du marketing par réseaux. Cette nouvelle tendance, qui fait fureur dans le monde des affaires et sur laquelle on a déjà beaucoup écrit, est d'adopter une approche où chacun est gagnant; il faut oublier ses propres quotas et se concentrer exclusivement sur la façon de servir les clients le mieux possible. Un nombre croissant d'employés et d'employeurs sont en train de réaliser qu'offrir un service exceptionnel et redécouvrir leur côté spirituel et celui des autres, est une façon plus agréable de faire des affaires et que cela permet en outre de mieux réussir. Lorsque l'organisation commence à fonctionner à ce niveau, le principe du détachement du réseautage crée un environnement dans lequel le client et les membres de l'organisation se trouvent tous dans une situation gagnante.

Voici les étapes: vous laisser couler tout simplement, analyser ensuite vos attachements, et enfin apprendre à faire du marketing par réseaux. Le principe universel du détachement est difficile à accepter pour ceux d'entre nous qui ont été élevés dans une partie du monde où l'on préfère compter les arbres plutôt que contempler la forêt. Il est important, par conséquent, d'analyser franchement toutes les réticences que vous pouvez avoir à l'idée d'adopter une perspective plus paisible et plus détachée.

Certaines des raisons pour lesquelles vous résistez peut-être au détachement

Voici quelques-unes des raisons les plus courantes pour lesquelles bien des Occidentaux trouvent le détachement difficile.

- Le détachement signifie avoir confiance que l'univers suppléera à nos besoins tandis que nous cheminons sur la voie de l'illumination. On ne nous a pas encouragé à adopter ce principe métaphysique. On nous a enseigné à accumuler le plus possible, à nous accrocher à nos possessions avant que quelqu'un d'autre ne nous les enlève, et à nous efforcer d'en acquérir d'autres. Voulez-vous que votre vie intérieure soit basée sur des personnes, des choses et des événements extérieurs? Pensez comme il serait agréable d'être maître de votre vie intérieure.

- Nous travaillons dur sur le plan professionnel, nous gravissons les échelons du succès, nous gaspillons la majeure partie de notre vie, et nous espérons récolter une récompense future. Nous sommes convaincus que nous devons accepter une certaine souffrance. Nous n'avons jamais suivi de cours de métaphysique appliquée à l'école, ni à l'université. Notre système éducatif met l'accent sur la connaissance plutôt que sur les sentiments. Je vous suggère d'analyser avec diligence vos croyances à propos de la réussite. Est-ce réellement une accumulation de richesses, de propriétés et de bénéfices? La réflexion vous mènera peut-être à abandonner certaines de vos croyances qui sont profondément ancrées et à adopter une philosophie pratique de la vie, basée sur le détachement.
- Bien des gens concluent que le détachement signifie ne rien posséder et, par conséquent, devoir sacrifier tout ce pour quoi ils ont travaillé pendant tant d'années. En résumé, ils croient que cela signifie cesser de bien vivre. Mais le détachement veut dire se libérer du *besoin* d'attachements. Ce n'est pas synonyme de sacrifice. Il est impossible de mesurer le processus intérieur de la réussite en fonction des possessions matérielles qu'on a accumulées. Lorsqu'on se sert de bien matériels extérieurs pour mesurer sa valeur intérieure, il devient alors impossible de s'en détacher. Vous pouvez intégrer le principe du détachement dans votre vie et continuer à jouir de toute l'abondance que vous souhaitez.
- Vous êtes peut-être troublé à l'idée de vous détacher des êtres qui vous sont chers. Vous estimez peut-être que cela vous pousserait à adopter une attitude indifférente. Mais le détachement, lorsqu'on l'applique à nos relations proches, signifie exactement le contraire. Cela veut dire aimer les gens profondément et inconditionnellement pour ce qu'ils sont, sans porter de jugements lorsqu'ils choisissent d'être ce qu'ils veulent être.

Avec les enfants, le détachement ne signifie pas qu'on doive leur permettre de suivre leurs instincts et de négliger leurs responsabilités. Les enfants sont plus heureux lorsqu'ils apprennent à être respectueux et à assumer des responsabilités. Mais il faut pour cela qu'ils imitent le comportement des adultes qui les entourent et il faut que ces adultes se comportent respectueusement et s'acquittent de leurs obligations. Le détachement empêchera les enfants de manipuler les parents et d'en faire des esclaves affectifs. C'est l'attachement et non pas le détachement qui vous transformera en victime et contribuera à l'échec de vos relations.

Vous pensez peut-être que le détachement indique un manque de conviction et de raison d'être, et qu'il faut se lancer dans la mêlée pour survivre. C'est une conception erronée, et je pense que ceux qui réussissent brillamment sont ceux qui savent suivre le courant de la vie et non pas ceux qui vont à contre-courant. Ils vivent dans la paix intérieure et non pas dans le chaos. Couler au lieu de lutter est la meilleure façon de ne pas être stressé par la vie et de ne pas lutter constamment contre le courant.

Si vous vous rendez compte que votre résistance au principe du détachement est profonde, si vous trouvez cela difficile à comprendre, je vous conseille d'accepter vos sentiments avec amour et sans porter de jugements. N'essayez pas de vous forcer à ressentir des choses qui ne vous semblent pas fondées. Ne vous sentez pas jugé par les autres ni par vous-même. Cet amour inconditionnel envers vous-même vous mènera toujours dans la direction qui est bonne pour *vous*. Suivez votre chemin. Croyez-y, et vous le verrez! *Il faut le croire pour le voir.*

Comment mettre en pratique le détachement

Le détachement est une forme d'abandon. Cela signifie s'abandonner à la force de l'intelligence qui habite toute forme, dont la vôtre. Une fois que vous aurez entièrement confiance en cette énergie qui permet à toutes les formes de fonctionner parfaitement, vous commencerez à ralentir le rythme et à fonctionner en harmonie avec cette intelligence. Il est bon de garder à l'esprit le mot «abandon».

Cela nous rappelle qu'il est important de cesser la lutte et de de cesser de considérer la vie comme un champ de bataille. Quand on s'abandonne à cette force, on se détend et on se rallie à cette intelligence naturelle et à ce flux vital. On peut alors ignorer les pulsions qui nous poussent à être attachés aux choses et aux gens, car ceux-ci apparaissent et disparaissent constamment de notre vie.

Voici quelques idées pour vous aider à enclencher ce processus d'abandon; ces idées vous rendront plus fort, car la lutte et les attachements vous affaiblissent. Vos forces augmentent lorsque le flux ne rencontre pas d'obstacles.

- Suivez le flux des événements au lieu d'être critique. Apprenez une nouvelle façon d'interpréter les données qui vous parviennent de l'extérieur et de percevoir tous les événements et les êtres qui croisent votre chemin. Par exemple, au lieu de juger la façon dont se comporte le conducteur qui est devant vous, envoyez-lui une bonne pensée et exercez-vous à croire que ce que vous vivez est exactement tel que c'est censé être. Détachez-vous de l'idée qu'un conducteur lent a tort et que vous avez raison d'être bouleversé. Consacrez une heure à couler dans le sens de tout ce qui se passe dans votre vie. Permettez à chacun d'être qui il ou elle est, sans être attaché à l'idée que cette personne devrait être différente. Faites la même chose lorsque vous regardez les nouvelles à la télévision. Ne faites pas semblant d'aimer ce que vous méprisez, mais exercez-vous à laisser le flux de nouvelles affluer dans votre conscience sans éprouver le besoin compulsif de porter des jugements. Le détachement vous procurera un sentiment de paix à propos de ce que vous entendez et de ce que vous voyez. Vous découvrirez la vérité simple, et pourtant difficile à saisir, selon laquelle le monde fonctionne exactement comme il est censé fonctionner. Votre attachement à l'idée qu'il devrait fonctionner d'une certaine façon bien précise vous nuit et fait de vous une victime.
- Essayez de vous défaire de votre instinct de compétition et de vous montrer coopératif. Au lieu de percevoir que vous êtes en compétition avec les autres, essayez plutôt de les voir dans une perspective universelle. Voyez-les en tant que partie intégrante de l'être humain. Voyez-vous comme quelqu'un qui fonctionne beaucoup plus efficacement et qui se sent beaucoup plus heureux lorsqu'il n'est pas obligé de vaincre les autres pour éprouver une satisfaction personnelle. N'oubliez pas que si vous avez besoin de vaincre les autres pour vous sentir complet, cela veut dire que cette autre personne contrôle votre vie.

Montrez-vous compétitif dans le domaine des affaires et des sports si vous le désirez, mais coopérez en même temps et sachez vous détacher du résultat final. Ce processus de détente, c'est le détachement en mouvement. Vivez chaque mouvement que vous faites dans une compétition comme s'il s'agissait d'un moment unique, sachez en profiter et vivez-le pleinement. N'oubliez pas que si vous vous concentrez sur le résultat final, votre attachement à la victoire diminuera paradoxalement vos probabilités de gagner. Le détachement repose sur une vision de vous-même en train de coopérer avec toute l'humanité, ce qui inclut vos adversaires. Le détachement du besoin de gagner vous libère et vous permet de couler à chaque moment de la compétition. L'illumination ne concerne pas la victoire. C'est plutôt une façon de vous percevoir comme un être humain accompli, même lorsque vous ne gagnez pas, et de traiter les autres avec respect, que vous ayez gagné ou perdu.

- Faites constamment circuler les choses dans votre vie. Si vous n'avez pas employé un objet au cours de l'année qui vient de s'écouler, même si vous y êtes très attaché, donnez-le. Cet objet ne vous est plus utile. En le faisant circuler, en le donnant à quelqu'un qui pourra s'en servir, vous permettez à ce processus de continuer. Faites un tri dans votre garage et débarrassez-vous d'autant que «je pourrais peut-être m'en servir plus tard» que possible. N'oubliez pas qu'il est impossible d'être à court de «maintenant», aussi n'est-il pas nécessaire d'entreposer tous ces «peut-être un jour» comme sécurité. Faites en sorte que tout circule. Se défaire des attachements est gratifiant et vous en éprouverez de la satisfaction. C'est aussi une façon pour que les choses circulent à nouveau dans votre propre vie. Ce principe fonctionne – je vous l'assure – mais vous ne le verrez en action que lorsque vous y croirez.
- Entamez un dialogue intérieur et analysez votre attitude vis-à-vis du concept de propriété. Comment est-il possible de posséder une montre, un diamant, une maison, ou quoi que ce soit? De fait, vous n'avez qu'un contrat temporaire qui vous en donne l'usufruit. Il est impossible de posséder quoi que ce soit. Votre plaisir est le produit de votre façon de penser et non pas de vos possessions. Un objet n'est rien d'autre qu'un objet. Le plaisir que vous en retirez provient de la façon dont vous choisissez d'y penser. Fermez les yeux. L'objet a

maintenant disparu de votre champ de conscience. Votre réussite et votre bonheur ont-ils également disparu?

Les choses coulent dans notre vie et s'écoulent hors de notre vie aussi souvent que nous ouvrons et fermons les yeux. Moins vous avez besoin de choses pour vous convaincre de votre bonheur, plus vous vous trouvez à un niveau de conscience élevé et moins il est probable que vous souffrirez. Si vous vous attachez à toutes ces possessions, vous souffrirez beaucoup car les objets s'usent ou disparaissent de notre vie. N'oubliez pas que toutes les choses qui vous sont utiles aujourd'hui – votre maison, votre automobile, vos bijoux – seront un jour utiles à d'autres.

- Efforcez-vous chaque jour de permettre aux êtres qui vous sont chers d'être, tout simplement, sans aucun attachement de votre part. Plus vous vous détachez de ces personnes que vous aimez et moins vous vous conduisez en propriétaire, plus les liens entre vous se resserreront. Exercez-vous à célébrer les différences qui existent entre votre conjoint et vous. Permettez à votre conjoint de commettre des erreurs sans lui faire un long sermon. Réagissez à l'égard de votre conjoint en faisant preuve d'intégrité plutôt qu'en portant des jugements.

Aidez les autres s'ils vous le demandent, guidez-les s'ils ont besoin d'être orientés, mais ne soyez pas bouleversé s'ils décident de faire des choses que vous trouvez déraisonnables ou de mauvais goût. N'oubliez pas que vous avez aussi commis des erreurs. Vivez à votre propre rythme sur le chemin que vous avez choisi, mais ne vous attendez pas à ce que les autres soient là où vous êtes. Telle est l'essence du détachement.

- Analysez les traditions que vous observez dans votre vie quotidienne. Si elles vous sont utiles et si elles vous procurent de la joie, alors célébrez-les. Mais n'oubliez pas que l'attachement aux traditions crée souvent des barrières entre les peuples et exclut ceux qui n'observent pas les mêmes traditions. Maîtrisez votre conduite au lieu de laisser le comportement passé des autres dicter la façon dont vous devez être. Si vous sentez que vous «devez» vous comporter de la façon préconisée par vos ancêtres, cela signifie que vous êtes attaché à ces traditions et que vous ne menez pas une vie éclairée.

Soyez libre à l'intérieur de vous-même, car c'est là où vous vivez réellement. Menez vos affaires sans être attaché à la façon dont d'autres procédaient avant vous. Certes, vous pouvez célébrer les traditions qui vous sont utiles et qui servent à toute l'humanité. Mais si elles ne vous sont pas utiles, et si elles contribuent à ériger des barrières plutôt qu'à jeter des ponts entre les êtres humains, ayez le courage de vous fier à votre voix intérieure. N'oubliez pas que toutes les traditions ont débuté par la volonté de certains êtres humains, à une époque donnée. Vous êtes un être humain aussi précieux que ceux qui ont vécu ici avant vous. Vous avez aussi le droit de créer des traditions basées sur le respect et l'amour d'autrui.

- Exercez-vous à vous regarder dans le miroir et à reconnaître avec amour les signes de vieillissement de votre forme. Dites à voix haute: «Vas-y et fais tout ce que tu dois faire – tu es l'enveloppe charnelle qui me contient. Je ne suis pas uniquement ce corps.». Il est important de comprendre que vous n'êtes pas seulement votre corps. Les pensées ne peuvent pas vieillir. L'esprit ne peut pas vieillir. On ne peut pas tuer la pensée. On ne peut pas tuer l'état de conscience suprême. Cela vous aidera à vous détacher de votre corps et à continuer à accomplir la mission pour laquelle vous êtes sur Terre.

L'attachement à l'apparence physique engendre de la souffrance lorsque vous observez votre forme évoluer et passer par divers stades dont le premier a débuté dès le moment de votre conception. Comment empêcher un cheveu de devenir gris, une ride d'apparaître, un membre de se développer et d'atteindre sa longueur parfaite? La mort de votre forme est déterminée dès le moment de la conception. Mais votre nature suprême, l'aspect de vous-même qui pense, l'endroit où vous vivez réellement, n'est pas affecté par les règles qui régissent le monde de la forme. Lorsque vous aurez compris cela, vous cesserez de vous préoccuper d'avoir un corps éternellement jeune. Vous canaliserez plutôt l'énergie de vos pensées vers votre dimension divine. Vous pouvez arrêter de prendre des poses et aller au-delà de cette forme.

Vous pouvez prendre bien soin de votre forme tout en restant détaché – détaché dans le sens où vous ne vous identifiez pas exclusivement à votre enveloppe charnelle. L'ironie se manifestera à nouveau. Lorsque vous cesserez de vous concentrer autant sur votre corps et que vous accorderez une plus grande importance à vivre de façon éclairée, votre corps sera en meilleur état que jamais.

- Tous les jours, consacrez un moment à vous exercer à ne pas prouver aux autres qu'ils ont tort. Au lieu de les attaquer lorsque vous n'êtes pas d'accord avec leur point de vue, dites plutôt quelque chose de ce genre: «Continue à m'expliquer – c'est un point de vue que je n'ai jamais envisagé auparavant.» Votre détachement du besoin d'avoir raison atténuera la souffrance et l'antagonisme et vous aidera à vous créer une vie intérieure plus paisible. Vous savez déjà que la plupart des gens n'ont pas la même opinion que vous. En vous détachant du besoin d'être en désaccord, vous favorisez la communication, et vous mettez fin à la frustration que vous éprouvez vis-à-vis de ceux qui ne sont pas d'accord avec vous, ce qui contribue à votre équilibre intérieur. Vous pouvez arriver à ce résultat sans grande difficulté. Gardez simplement l'esprit ouvert et faites part de vos commentaires et de vos pensées aux autres au lieu de leur tomber dessus et de leur assener vos opinions. Défaites-vous de votre attachement au désir de leur prouver qu'ils ont tort.

- Lisez ce qui suit sans être attaché au désir de prouver que j'ai tort. Êtes-vous prêt? «L'argent ne vous parviendra en quantité suffisante pour subvenir à vos besoins que le jour où vous cesserez d'en avoir sans cesse besoin. Plus vous donnerez sans rien attendre, plus vous recevrez.» Je sais que c'est une notion radicale, mais ça a marché pour moi. Lorsque je me suis départi de mon attachement à l'argent, lorsque j'ai cessé d'attacher un prix à tout, et lorsque j'ai continué à faire ce que j'aimais, l'argent s'est matérialisé dans ma vie en quantités incroyables.

Cessez graduellement de penser à l'argent. Pensez plutôt à la beauté exquise des choses de la vie qu'aucun montant d'argent ne pourrait acheter. Détachez-vous du besoin d'acquérir des biens et d'accumuler de l'argent. Donnez-le librement dans la mesure du possible. Enlevez l'étiquette de prix de votre vie de tout ce que vous voyez et de tout ce que vous faites. Profitez simplement des choses en raison de leur beauté et cessez de les voir en tant que bonnes affaires.

- N'oubliez pas que la meilleure façon de gagner, c'est de ne pas le désirer. Vous réaliserez vos meilleures performances lorsque vous serez détendu et libre à l'intérieur de vous-même. Cessez d'exercer cette pression sur vous-même et sur les êtres qui vous sont chers. Permettez-leur d'agir et de profiter de la vie, au lieu de les évaluer en fonction des triomphes qu'ils remportent. Vous pouvez vous détacher de ce besoin insidieux et vous n'en serez que plus heureux chaque jour.

Prenez l'habitude de faire du réseautage. Envoyez aux autres les connaissances que vous souhaitez partager avec eux, comme s'il s'agissait de cadeaux. Faites-le sans vous attendre à ce qu'ils vous remercient. Plus vous établirez de liens avec les autres sous forme de réseau, plus ils feront circuler votre message. Plus vous donnerez de choses qui vous semblent importantes, plus vous contribuerez à l'harmonie du monde. Votre raison d'être vous apparaîtra plus clairement et votre satisfaction sera plus intense.

Les gens qui n'ont pas de moyen d'expression, ceux qui ne font pas partie d'une immense bureaucratie, peuvent communiquer par réseau et c'est là un outil puissant. Établir une connexion avec une autre personne qui fera passer votre message est une façon très efficace de faire avancer les choses. Lorsque vous donnez quelque chose, n'importe quoi, le destinataire est chargé de l'énergie que contient l'acte de donner, et cette personne ressent le besoin d'en faire autant. Bien que les canaux de communication semblent invisibles, l'impact est très positif.

Faites-en l'essai la prochaine fois que vous serez enclin à vous laisser emporter par vos anciens procédés bureaucratiques. Au lieu de percevoir les autres comme un obstacle à vos propres aspirations, voyez-les comme des alliés. Donnez-leur ce que vous essayez d'accumuler pour vous-même. Détachez-vous du besoin d'accumuler de l'influence et du pouvoir et voyez cette personne comme quelqu'un qui a son propre centre de pouvoir, qui le transmettra à d'autres, etc., dans un réseau infini d'influences puissantes.

Tel est le détachement – et c'est peut-être là le principe universel le moins bien compris dans notre culture. Essayez de l'analyser d'un point de vue métaphorique.

Imaginez-vous en train d'écouter une symphonie et de penser que vous n'éprouverez du plaisir à écouter les notes de musique que lorsque vous les aurez toutes entendues. Lorsque la symphonie se termine, vous vous rendez compte que cette musique n'est pas un tableau achevé que l'on peut posséder. C'est une note suivie d'une autre qui coulent et pénètrent votre cerveau par vos sens. Chaque note résonne et vous la vivez par rapport aux autres notes et aux instruments, tout au long de la symphonie. Tel est le principe du détachement en mouvement et c'est ainsi qu'il fonctionne dans votre vie quotidienne. Il est impossible d'envelopper le tout dans un bel emballage que l'on peut posséder. Impossible! Vous pouvez seulement laisser couler les choses en vous, profiter du moment, puis du moment suivant. Pas de titre de propriété, pas de contrôle – seul le plaisir sans la conviction que les choses devraient être autrement.

La musique est une énergie qui coule en vous, une note à la fois. Vous ne pouvez pas attendre que toutes les notes soient jouées pour en éprouver du plaisir. L'énergie de la musique s'écoule vers l'extérieur, pénètre en vous, et dès le moment où vous vous y attachez, vous la perdez. Une note à la fois, dans cette «seule et unique chanson» qu'est notre univers. Pas d'attachement, seul le flux infini de tout. Chaque attachement vous empêche de profiter du flux qui est la vie.

C'est exactement comme essayer de saisir de l'eau. Rappelez-vous que plus vous serrerez le poing, moins vous profiterez du contact de l'eau. Mais lorsque vous détendez votre main, et que vous la laissez simplement flotter dans l'eau, vous pouvez profiter de l'eau aussi longtemps que vous le désirez. Défaites-vous de vos attachements, laissez affluer toute chose, de même que la musique s'écoule une note à la fois et passe de l'instrument vers vous. C'est comme l'eau qui coule, toujours là pour votre plaisir, tant que vous restez détaché.

Chapitre 6

La «synchronicité»

L'univers est complet et parfait. Il ne peut y avoir d'erreurs.

Rien ne se produit au hasard. Toute la «seule et unique chanson» est synchronisée d'une manière exquise.

Pour comprendre la «synchronicité» et pour la mettre en pratique, nous devons faire abstraction de certaines de nos anciennes idées, abandonner notre notion de coïncidence, d'erreur, et nous défaire de notre croyance que les gens sont imparfaits. Le principe selon lequel tous les événements et toutes les personnes sont interreliés semble presque inacceptable. La plupart d'entre nous préférons nous accrocher à l'idée du «principe du hasard» et de «l'erreur». Nous envisageons rarement que tout dans notre univers, qui fonctionne parfaitement, fonctionne peut-être aussi parfaitement. Il semble plus simple de croire que d'inexplicables coïncidences se produisent sans aucune raison.

Le terme «synchronicité» a été employé pour la première fois par Carl Jung. Il a passé toute sa vie à essayer d'élucider quels étaient les fils mystérieux qui semblaient être tissés pour former un motif qu'il est impossible pour nous de déchiffrer. Il a décrit la synchronicité comme étant «la manifestation simultanée de deux événements reliés par le sens mais pas par la cause.» Son hypothèse était qu'il existe une collaboration entre les êtres et une synergie entre les événements qui semblent avoir trait au destin et qui fonctionnent toujours dans l'univers.

L'hypothèse fondamentale de la «synchronicité», c'est que chaque vie a une raison d'être et une signification plus profonde que celles dont nous avons généralement conscience. Il y a une intelligence qui sous-tend toute forme; elle est d'une exquise perfection et elle fonctionne de façon synchronisée. Tout se produit pour une raison et les morceaux du casse-tête de la vie s'imbriquent parfaitement les uns dans les autres. Lorsque vous serez convaincu de la véracité de ces pensées, vous aurez des preuves quotidiennes qui renforceront votre croyance en la «synchronicité». Je sais que ce phénomène est omniprésent dans ma vie et qu'il n'y a pas d'accidents.

Carl Jung a dit:

> «Au moment même où nous luttons pour conserver un sentiment d'autonomie, nous sommes également la proie de forces vitales qui sont beaucoup plus puissantes que nous et même lorsque nous semblons être les protagonistes de nos vies, nous sommes les figurants ou les porte-lances dans un drame d'une plus grande magnitude...»

Ce qui signifie également, comme nous l'avons analysé, qu'il n'y a qu'un rêve, le rêve de Dieu, et que nous sommes tous des personnages dans ce rêve, semblables aux personnages que nous créons dans nos rêves individuels.

La «synchronicité» dans nos vies

Au cours de ces dernières années, j'ai demandé à mon auditoire: «Qui d'entre vous avez fait l'expérience de penser à quelqu'un, puis de recevoir une lettre ou un appel téléphonique de cette personne le jour même où elle est apparue dans vos pensées?» Je leur ai aussi demandé: «Avez-vous soudain rencontré quelqu'un à qui vous n'aviez pas pensé depuis des années, juste après que son nom ait été mentionné dans une conversation?» En général, tout le monde lève la main. La «synchronicité», c'est-à-dire la connexion entre des événements et des pensées apparemment aléatoires, semble être une expérience humaine universelle.

Cela nous arrive régulièrement à tous, et cela tend à se répéter dans une série d'événements agréablement inexplicables. Le fait est que plus nous nous laissons couler dans le système énergétique de l'univers, plus nous vivons ce phénomène. Nous cessons un jour d'être surpris par ces circonstances fortuites et nous reconnaissons qu'elles font partie de la mystérieuse perfection de notre existence.

Je suis sûr que vous avez déjà fait cette expérience: le téléphone a sonné et, avant même de décrocher, vous saviez déjà qui vous appelait. Je suis certain que vous avez eu des moments de déjà-vu, où vous étiez certain d'avoir déjà vécu cette même situation. Je suis également prêt à parier que vous avez déjà posé des gestes que vous n'aviez jamais posé avant et que vous avez été incapable d'expliquer pourquoi vous agissiez ainsi jusqu'à ce qu'un certain temps s'écoule et que, en faisant un retour sur le passé, vous ayez pu analyser la situation et voir clairement quelle était la raison de votre comportement. Permettez-moi de vous donner un exemple de ce genre de situation qui s'est produite dans ma vie.

Il y a quelques années, mon éditeur m'a offert une avance importante pour un ouvrage général qui représenterait la suite de *Vos zones erronées* et *Tirez vous-même les ficelles* ou *L'Art de prendre en main son destin*. J'ai pensé au contenu possible de mon nouveau livre pendant des mois et, très franchement, j'étais coincé et je ne savais pas quelle direction prendre. Un jour, alors que j'étais assis au bord de l'océan et que je réfléchissais à ce que je voulais écrire, je ressentis un désir irrésistible de me lever, de m'habiller, et de conduire ma voiture.

Cela ne me ressemblait guère de vouloir quitter la tranquillité de la plage à cette heure de la journée et de prendre le volant de ma voiture sans raison apparente. Pourtant, je conduisais, sans penser à l'endroit vers lequel je me dirigeais, et au bout de 30 minutes environ, je garai l'auto devant le centre commercial de Pompano. J'étais stupéfait par mon comportement. En général, j'évite les centres commerciaux et l'idée ne me viendrait jamais à l'esprit de passer un magnifique après-midi enfermé dans un de ces endroits.

Je me dirigeai directement vers la librairie. Là, j'allai immédiatement vers la section Psychologie. Un des livres dépassait de la rangée et il était sur le point de tomber de l'étagère encombrée. Je pris ce livre, j'y jetai un coup d'œil, puis je me dirigeai vers la caisse et je l'achetai. Je rentrai à la maison, je retournai à ma chaise sur la plage et je lus le livre du début à la fin.

Je sus alors exactement ce que je devais écrire. Je préparai en quelques heures un plan du livre. Il fut publié plus tard sous le titre *Développez à l'infini votre potentiel humain*. Mon sujet était la réalisation de soi, c'est-à-dire ce que j'appelle vivre sans limites. Je sentis que j'étais capable de vulgariser ce domaine de la psychologie pour qu'il devienne compréhensible pour tout le monde. Je savais que je devais expliquer la façon de devenir quelqu'un qui vit à un niveau très élevé; mon livre portait également sur la façon de cultiver une raison d'être. Tout cela me paraissait très clair après avoir vécu cette étrange expérience qui me catapulta dans un nouveau livre.

Le livre qui m'était pratiquement tombé entre les mains était *The Farther Reaches of Human Nature* d'Abraham H. Maslow. Ses écrits antérieurs avaient eu une grande influence sur moi, mais ce livre fut le catalyseur qui me poussa à écrire *Développez à l'infini votre potentiel humain*. Précisément au moment où je me sentais coincé, une force me guida exactement au bon endroit, apparemment par pure coïncidence. C'est pourquoi j'ai dédié *Développez à l'infini votre potentiel humain* au docteur Maslow. Je sens que je dois m'acquitter de la mission qui consiste à poursuivre son travail et à faire connaître à un très grand nombre de personnes ses idées sur l'incroyable potentiel de l'humanité.

Je suis certain que vous avez déjà vécu d'étranges événements du même genre qui vous ont amené à faire quelque chose de totalement inusité jusqu'au moment où vous en avez soudain compris la raison. Comment est-il possible d'expliquer ce genre de choses? Comment se fait-il que cette carte de visite se trouvait dans la boucle de la ceinture de sécurité de la voiture et que, grâce à cette carte, je pus me rendre jusqu'à la tombe de mon père? Comment une pensée peut-elle soudainement vous relier à quelqu'un ou à quelque chose alors que la connexion semble tellement improbable? Le mot «connexion» est vital pour comprendre le principe de la «synchronicité». Pour une raison mystérieuse et difficile à définir, tout semble relié, même si nous sommes incapables de percevoir les connexions. Tout à coup, la personne voulue se manifeste ou une série d'événements fortuits se produisent juste à temps pour nous aider à surmonter un problème difficile. Une fois que nous avons compris que tout est relié d'une certaine façon, même si nous sommes incapables de percevoir les liens, ce principe universel de la «synchronicité» devient plus accessible et il devient plus facile d'y croire.

L'univers suit un certain rythme. Quand nous nous trouvons dans un état de profonde sérénité, nous découvrons que nous faisons partie de ce rythme parfait. Je reviens constamment à la notion de perfection, car de nombreuses personnes sont intimement convaincues de l'imperfection de bien des choses. Je crois au contraire que le monde ne peut être que parfait. Le soleil nous envoie une quantité d'énergie suffisante pour réchauffer la planète et permettre sa survie. Cette source d'énergie ne s'en trouve pas diminuée. La Terre tourne parfaitement sur son axe sans risquer de tomber.

Tout l'univers est mû par une intelligence que j'appelle Dieu et que vous pouvez appeler comme vous le désirez. Les bancs de saumons qui remontent le courant pour rejoindre leur lieu de frai ont une perfection mystérieuse. Les hirondelles reviennent le même jour, siècle après siècle. L'araignée sait tisser sa toile sans aller à une école de tissage. Les instincts qui permettent à la seule et unique chanson de fonctionner parfaitement sont le produit de l'intelligence qui habite toute forme. Et pourtant, nous ignorons la façon dont elle fonctionne. Mais tout est interrelié, d'une génération à l'autre, au sein de toutes les espèces, et jusque dans l'infini. Si nous réussissions à saisir ce processus de connexion, même très partiellement, nous comprendrions également le principe de la «synchronicité» et nous commencerions à croire en cette intelligence phénoménale qui sous-tend si parfaitement toutes les formes de vie.

Permettez-moi de vous emmener faire une brève excursion pour explorer le thème de la connexion. Je voudrais vous montrer qu'il y a des liens dans l'univers que nous ne pouvons ni voir ni tenir entre nos mains.

Les liens auxquels il est le plus facile de croire

Il va sans dire qu'il nous est plus facile de croire aux choses que nous pouvons voir. C'est pourquoi notre culture linéaire axée uniquement sur la forme est basée sur la notion suivante: «Je ne crois que ce que je vois.» Si vous voyez un enfant en train de tirer un jouet attaché à une longue corde, il vous est très facile de voir et de croire qu'il existe une connexion entre ce jouet en mouvement et l'action de l'enfant. Il y a une corde – je vois la connexion! Lorsque deux choses sont reliées et que nous pouvons voir, entendre, toucher, goûter, ou sentir cette connexion, nous n'avons aucune difficulté à y croire.

C'est pourquoi, quand nous remplissons le réservoir de la voiture d'essence, que nous faisons démarrer le moteur et que le combustible brûle, nous voyons la connexion entre nos actions et notre capacité de nous déplacer dans une automobile. Cela ne provoque pas d'incrédulité ni de confusion quant à la façon dont les voitures se déplacent d'un point à un autre. C'est pourquoi les liens que vous voyez de vos propres yeux et qui permettent aux choses d'être reliées sont ceux auxquels il vous est facile de croire et cela vous porte à dire: «Je vois comment ça fonctionne, et j'y crois.»

Les connexions plus difficiles à percevoir: de la forme à la forme cachée

Lorsque vous poussez un interrupteur, il vous est impossible de voir la connexion entre cet interrupteur et le fait que la lumière se fait soudainement dans la pièce, mais vous savez que cette connexion existe, vous savez que les liens sont cachés dans les murs. Il n'est pas nécessaire de les voir, il suffit simplement de croire qu'ils sont présents, bien qu'ils soient cachés, et nous comprenons alors comment fonctionne ce processus. Cette catégorie de «liens cachés», est un peu plus difficile à comprendre, mais pas tellement, étant donné que nous avons la conviction que ces liens ont tout de même une forme. Bien qu'ils soient hors de vue, on peut les trouver si on le veut vraiment.

Les connexions encore plus difficiles à comprendre: de la forme vers la forme invisible

Imaginez que vous êtes assis dans votre salon en train de regarder un programme à la télévision. Au lieu de vous lever pour changer de chaîne, vous prenez l'appareil de télécommande, qui n'est pas du tout relié au téléviseur. Vous appuyez sur l'un des boutons et la chaîne change. Le téléviseur réagit à un signal invisible. Comment cela fonctionne-t-il? Vous ne pouvez voir aucun lien. Vous ne pouvez rien sentir ni rien entendre. Vous pouvez même placer une feuille de papier devant la télécommande et la connexion se fera tout de même. Que se passe-t-il?

Cette catégorie de liens vous est désormais familière. Nous achetons à nos enfants de petites voitures qui sont guidées par une télécommande. On peut faire tourner cette petite voiture à gauche, à 7 mètres de distance, en pressant tout simplement un bouton. Quelque chose voyage dans l'air et donne à la voiture l'ordre de tourner à gauche. Il n'y a pas de fil, pas de ficelle, aucune connexion visible, et pourtant nous croyons en l'existence de ces liens, bien que la plupart d'entre nous ne sachions presque rien à propos de la façon dont ils fonctionnent.

En fait, nous croyons aux signaux invisibles qui voyagent dans l'air car c'est ce qu'on nous a dit, et pourtant nous n'avons jamais vu ces signaux. Nous prenons conscience à présent qu'une connexion entre deux objets n'a pas nécessairement de forme, du moins pas de forme perceptible par les sens. Ces connexions qui défient les sens font partie de notre vie et nous y croyons. Elles fonctionnent. Après avoir vécu avec ce type de liens pendant quelques années, nous commençons même à tenir cela pour acquis, même s'ils représentent un mystère complet pour nous.

Les connexions invisibles: de la forme humaine vers la forme humaine

La prochaine fois que quelqu'un vous parlera d'une extrémité de la pièce et que vous l'entendrez, demandez-vous: «Comment ceci se produit-il? Cette personne se trouve à trois mètres de moi, elle bouge les lèvres, il n'y a que de l'air entre nous, et pourtant je réussis instantanément à entendre et à décoder tout ce qu'elle me dit. Comment cela se fait-il?» Lorsque l'on tente d'analyser cet événement quotidien et apparemment banal, on est sidéré. Des choses invisibles appelées ondes sonores voyagent entre une bouche et une oreille, et vous êtes capable de tout décoder grâce à votre cerveau. Où sont les liens? Je vois que ses lèvres bougent. Est-ce qu'elle envoie ces connexions par la bouche? Je ne fais aucun effort pour que mes oreilles captent ces signaux invisibles, et pourtant il semble que c'est exactement ce qu'elles font. Nous croyons en l'existence de toute une catégorie de connexions entre les gens, sans nous poser de questions. Et pourtant, sur le plan rationnel, c'est inconcevable.

Nous savons que ces ondes invisibles relient les êtres humains, et relient même des objets à une personne, tels qu'une radio ou une porte qui claque. Nous ne prenons pas la peine d'essayer de comprendre. Nous acceptons simplement le principe appelé «son», comme quelque chose qui existe, quelque chose qui fait partie intégrante de notre dimension humaine. Nous ne nous disons jamais: «Cela est impossible. Si je ne peux pas le voir ni le toucher, cela ne peut pas exister.» Notre croyance en ce principe nous permet de fonctionner. Il existe des liens invisibles entre les gens, et tous les jours, vous émettez et recevez ces signaux.

Nos propres connexions: de notre pensée à notre forme

Vous dansez avec votre partenaire et glissez sans effort sur la piste de danse. Vos pieds font exactement ce qu'ils sont censés faire. Il y a une mystérieuse connexion qui existe entre vos pensées et l'activité neuromusculaire de vos pieds. Pourquoi vos pieds bougent-ils parfaitement en réponse à une pensée qui le leur ordonne? Quelle est la connexion? Comment cela est-il possible?

Chaque fois que vous bougez vos membres ou toute autre partie de votre corps, c'est en réponse à une pensée. Mais une pensée est invisible et dénuée de forme, et cette absence de forme envoie des instructions pour que ces actions se produisent. Vous ne pouvez pas voir la connexion. Vous êtes incapable de l'expliquer. Mais néanmoins, le fait que vous vous grattiez le nez, que vous marchiez jusqu'à la cuisine, que vous bougiez la tête, que vous vous élanciez pour attraper une balle et que vous éleviez votre main recouverte d'un gant pour l'attraper, ou que vous faites toute la myriade d'autres mouvements que vous faites tous les jours, est une preuve de l'existence de liens invisibles qui vous permettent de bouger sans effort apparent tous les jours de votre vie.

L'énergie mentale dirige l'énergie musculaire. L'énergie mentale, c'est la pensée. Par conséquent, la pensée est un type de connexion entre un désir et un résultat physique. Vous êtes intimement convaincu de l'existence de cette connexion, même si vous êtes incapable de l'expliquer. Vous acceptez cette réaction automatique à un stimulus et cette connexion comme une façon de vivre. Vous y croyez, vous fonctionnez dans le cadre de ces paramètres. Vous ne remettez jamais en question l'existence de cette connexion, car des millions de mouvements quotidiens vous donnent la preuve absolue qu'il y a une connexion entre le monde de la forme et celui de la non-forme. Gardez ceci à l'esprit car nous allons maintenant explorer d'autres domaines dans lesquels ces connexions existent.

Les connexions incompréhensibles: de la pensée humaine vers une autre forme humaine

Ma femme est assise dans une pièce de la maison et notre bébé se trouve dans une autre pièce, d'où on ne peut pas l'entendre. Soudain, ma femme me dit: «Le bébé pleure. Pourrais-tu aller voir ce qui se passe?» Elle a raison: il pleure. Et pourtant, il est impossible qu'elle l'ait entendu. Toutes les mères qui lisent ce passage hocheront la tête car elles ont toutes vécu cette expérience et elles savent qu'une connexion invisible existe entre leurs pensées et les actions de leurs bébés.

Nous nous trouvons maintenant au-delà du compréhensible. Il existe une connexion entre la pensée d'une personne et les actions d'une autre, sans passer par aucun des cinq sens. Nous savons tous que ce genre de connexions invisibles peut exister. Par exemple, ma femme peut se trouver à une quinzaine de kilomètres du bébé et me dire soudain: «Il faut rentrer maintenant – le bébé est prêt à manger.» Je lui dis: «Comment sais-tu qu'il a faim? Est-ce que tu connais son horaire sur le bout des doigts?» Elle me répond: «J'ai une montée de lait, et ça se passe toujours à l'heure où il doit manger.»

Quelle est cette connexion qui existe entre son corps et celui d'un nourrisson qui se trouve à une quinzaine de kilomètres? Son corps sait précisément quand produire du lait en se basant sur la pensée d'un nourrisson qui a faim, et ça marche parfaitement chaque fois. La connexion est invisible, mais nous pouvons en observer clairement les manifestations.

Si une connexion invisible de ce genre peut exister entre un bébé et un mère, est-il possible d'en comprendre le mécanisme et de l'employer entre n'importe quels êtres humains? Est-il possible de raffiner cette relation qui existe entre nos pensées et le monde de la forme de quelqu'un d'autre?

Je me trouvais récemment à Sacramento, en Californie, où je devais faire un discours. Un père qui se trouvait dans l'auditoire tenait son bébé dans les bras. Celui-ci commença à pleurer. Le père devint nerveux et semblait bouleversé à l'idée de déranger le reste de l'auditoire. Il se dirigea vers la porte, mais il était évident qu'il essayait encore d'écouter ma présentation. Je lui suggérai de se détendre, d'oublier sa gêne et de communiquer sa sérénité au nourrisson. Il me sourit, soulagé de voir que je n'étais pas irrité parce qu'il avait amené son bébé et je remarquai qu'il se détendait. Le bébé cessa de pleurnicher et resta tranquille au cours des trois heures suivantes. Il y avait une connexion invisible entre les pensées de ce père et le comportement du nourrisson – une connexion qu'il est impossible de décrire.

Vos propres connexions: d'une pensée à une autre

Nous ne savons même pas ce qu'est une pensée, et pourtant nous savons et nous sommes convaincus que la pensée existe et qu'il y a une connexion entre une pensée et une autre. Par exemple, je suis en train d'écrire et je réfléchis à ce que je vais écrire. Cette pensée me mène à une autre pensée qui est que je devrais probablement formuler ce que je veux dire comme ceci ou comme cela. Ensuite j'ai une autre pensée qui permet à mes doigts de taper ce que ces pensées antérieures qui étaient reliées l'une à l'autre m'ont dicté d'écrire.

Nous pouvons rester silencieux et avoir n'importe quelle pensée, étant donné que nous sommes la source de toutes les pensées. Nous pouvons ensuite avoir une autre pensée basée sur la première pensée, et même peut-être une dizaine d'autres pensées, jusqu'au moment où nous décidons de faire en sorte qu'elles se matérialisent dans le monde de la forme ou que nous décidions de les oublier. Je ne suis pas en train d'analyser le processus de la pensée ici. Je souligne l'existence de *connexions* entre les pensées. Il est certain qu'il y a des connexions entre deux choses exemptes de forme appelées pensées et qui se trouvent en vous, dans l'être que vous êtes en ce moment même. Si vous pouvez accepter l'idée que ces liens existent, vous êtes prêt à aborder le niveau suivant. Si vous n'êtes pas prêt, eh bien écrivez-moi! Dites-moi comment il peut ne pas y avoir de connexion entre les pensées, alors qu'une pensée mène à la suivante?

La «synchronicité»: de la pensée humaine vers une autre pensée humaine

Nous abordons enfin le thème auquel je vous ai préparé. Il va sans dire que les liens sont cachés, de même qu'ils étaient cachés dans toutes les catégories, excepté la première. Et pourtant, vous croyez en l'existence de toutes les autres connexions. Eh bien maintenant, essayez d'ouvrir votre esprit et d'y laisser pénétrer l'idée que peut-être, je dis bien peut-être, cette connexion invisible existe également dans notre univers, et qu'une fois que vous commencerez à y croire, vous verrez qu'elle se manifeste partout. Si vous y croyez, la preuve se manifestera, même si elle n'est pas perceptible par le biais des sens. Voyons comment cela se manifeste dans votre vie et dans la mienne.

Les connexions exemptes de forme entre les êtres humains

Imaginez un contenant de la taille d'un pamplemousse et un couvercle qui puisse fermer ce contenant. Essayez maintenant de deviner combien de sous vous pourriez rentrer dans ce contenant. Vous estimez peut-être que le chiffre se situe aux alentours de 300 sous. Si je vous demandais: «Combien de pensées pourriez-vous emmagasiner dans ce contenant en fermant bien le couvercle pour éviter qu'elles ne s'échappent?» Vous me répondriez probablement: «Comment peut-on emmagasiner des pensées dans un contenant? Les pensées sont exemptes de forme et de dimension.

On ne peut rien emmagasiner dans un contenant à moins que la chose ait des propriétés physiques.»

Posez-vous maintenant la question suivante: «Qu'est-ce que la mémoire?» Vous finirez par conclure que la mémoire n'est rien d'autre qu'une série de pensées. Où sont donc emmagasinées ces pensées exemptes de dimension et comment se fait-il que nous puissions nous en souvenir? Bien des gens croient sincèrement que la mémoire est emmagasinée dans le cerveau, et pourtant le cerveau est un contenant qui a approximativement la taille d'un pamplemousse. Il a une forme. Est-il possible d'emmagasiner des pensées, qui sont exemptes de forme, dans un contenant qui a une forme? Bien sûr que non. Alors qu'est-ce que la mémoire et où est-elle si elle n'est pas emmagasinée dans le cerveau? Attendez un peu, car nous allons spéculer là-dessus.

Permettez-moi maintenant de vous poser une autre question que j'entends souvent: «Où va-t-on lorsqu'on meurt?» La plupart des gens mentionnent un endroit qui correspond à leur orientation «axée uniquement sur la forme». Mais je suis convaincu que la majeure partie de l'être humain se situe au-delà de la forme et n'est pas régie par les règles qui régissent le monde de la forme. Aussi, ma réponse à la question est différente: «Où vont tous les personnages qui se trouvaient en vous dans votre rêve lorsque vous vous réveillez?»

La forme se trouve à un endroit; on peut l'emmagasiner. La non-forme (c'est-à-dire la pensée) n'a pas besoin d'endroit étant donné qu'elle est exempte de dimension. La pensée est infinie, aussi nous est-il impossible de la comprendre en nous basant uniquement sur la perspective de la forme. Pour découvrir notre univers spirituel, il faut pénétrer une autre dimension de l'être, où le début, la fin, et les endroits où emmagasiner les choses ne sont pas nécessaires.

Il est dit dans les Écritures de nombreuses religions qu'au commencement Dieu a créé le ciel et la Terre. Lorsqu'on leur demande: «Quand Dieu a-t-Il commencé?», ils répondent: «Dieu a toujours été.» Cette réponse est acceptable pour la plupart des gens et met fin à leurs spéculations à propos du début et de la fin. À quoi pensez-vous lorsque vous pensez à cette infinitude que la plupart des gens appellent Dieu? Est-ce la dimension toujours présente, exempte de forme, qui ne connaît ni début ni fin, et que j'aborde dans ce livre? Le nom que vous lui donnez n'a pas d'importance. Ce qui est important, c'est de saisir la notion de la dimension dans laquelle vous résidez pendant les deux tiers de votre vie lorsque vous êtes réveillé. Selon moi, la pensée fait partie de cette dimension transcendantale.

De nombreuses étiquettes qualifient cette dimension exempte de forme: la spiritualité, le niveau de conscience suprême, la sagesse intérieure, l'illumination, les états de conscience altérés, etc. J'appelle cela la pensée, car nous en faisons tous partie, et qu'elle fait partie de nous tous. Ici, dans l'activité humaine universellement reconnue de la pensée, se trouve l'endroit où il faut commencer à essayer de comprendre la dimension exempte de forme.

Dans certaines traditions orientales, cette dimension suprême s'appelle le Tao, qui veut dire «la révélation». On dit que «le Tao qui est décrit n'est plus le Tao». C'est parce qu'on se sert de la forme, c'est-à-dire dans ce cas particulier des mots articulés ou écrits, pour *décrire* l'expérience de la révélation, qui justement se trouve au-delà de la forme. La forme est limitée par définition tandis que l'expérience de la révélation se situe dans une dimension illimitée: la révélation est donc ineffable et toute tentative de la décrire ne peut être qu'approximative, car jamais de simples mots ne pourraient rendre pleinement cette expérience sublime.

Par contre, l'expérience directe de la révélation, c'est-à-dire *le vécu*, est entièrement différente. La description diffère de l'expérience qui, elle, a lieu dans la dimension de la pensée. Mais il est nécessaire d'employer des mots pour écrire à ce propos afin de rendre ces notions aussi accessibles que possible. Sans quoi, ce livre ne serait qu'une série de pages blanches. Quoique si nous avions l'esprit aussi éclairé que nous le souhaitions, cela serait suffisant! Vous pourriez poser le livre après l'avoir soigneusement étudié et dire: «très profond!» Mais nous ne sommes pas encore rendus là, du moins en ce qui me concerne. Aussi, en tant qu'écrivain, je me trouve à écrire sur ce qu'il est impossible de décrire, ici dans le territoire de la «synchronicité», c'est-à-dire dans la dimension de la pensée.

Si la mémoire (les pensées) ne peut pas être emmagasinée dans notre cerveau, nous devons être réceptifs à la possibilité qu'elle se trouve à l'extérieur du cerveau. On pourrait peut-être classifier les événements mystérieux, qui semblent inexplicables, dans la rubrique des pensées qui rencontrent d'autres pensées. S'il y a des connexions invisibles entre la pensée et la forme, pourquoi n'y en aurait-il pas également entre les pensées? Et si les pensées rencontrent effectivement d'autres pensées, et compte tenu du fait que nous sommes la source de toutes les pensées, il semble alors possible d'admettre que nous créons des situations synchroniques.

Il faut voir la pensée comme quelque chose que l'on crée en tout temps. Nous sommes la source de ce processus créatif grâce à notre connexion au divin et à l'infini. Une fois que l'on a pris conscience de cela, on peut réfuter la notion de «coïncidence» et croire qu'une intelligence divine est omniprésente dans l'univers. Il va sans dire qu'une fois que vous y croirez, vous verrez tous les jours des manifestations de cette intelligence. La «synchronicité» n'est pas un principe de spéculation passive. Elle est ici, elle fonctionne, et vous en faites partie. Croyez-le ou non. Voyez-le ou non.

De quoi sont faits ces liens?

Lorsque nous examinons les liens entre une forme et une autre, nous pouvons déterminer précisément de quoi ils sont composés. Mais une fois que nous entrons dans la dimension de l'absence de forme, nous devons cesser de nous appuyer sur les informations que nous envoient nos sens et faire appel à notre intuition pour essayer de saisir quelles connexions relient les pensées à la forme, et les pensées aux pensées. Voici trois possibilités concernant la pensée: (1) c'est de l'énergie qui résonne dans l'univers; (2) ce sont des ondes invisibles qui vibrent tellement rapidement que nous ne pouvons ni les percevoir ni les mesurer; (3) cela fait partie de champs morphogènes semblables aux champs magnétiques qui entourent les membres d'une espèce.

Mais malgré d'innombrables spéculations, de multiples recherches, et le fait que de nombreux ouvrages ont été consacrés à l'analyse de ces sujets, il n'y a toujours pas de consensus à propos de ce qui constitue la pensée et de la façon dont les pensées se transmettent. Je suggère donc que nous passions de l'analyse à la synthèse. L'analyse est une forme de violence intellectuelle au cours de laquelle nous subdivisons un objet en ses composantes, nous cherchons des schèmes, nous essayons de l'expliquer de façon scientifique, et nous concluons par une formule. La synthèse est une façon de faire converger tous les éléments, en commençant par ce qui est évident. Les pensées sont exemptes de forme. Elles existent dans notre univers. Nous participons à ce processus. Nous n'avons pas besoin de formule pour comprendre qu'il existe une connexion entre la pensée et tout ce que nous faisons. Nous savons qu'il est impossible d'emmagasiner les pensées dans un contenant. Les pensées font partie du monde invisible qui existe, même s'il n'est pas perceptible par le biais de nos sens.

Reshad Feild a écrit un roman qui incite à la réflexion, *La voie invisible: cheminer de clarté en clarté*, dans lequel il présente ce bref dialogue:

> «Je comprends ce que tu dis, John», répliqua Nur. «Il fut un temps où je pouvais voir cet autre monde. Chaque idée était une forme qui pouvait être comprise, plutôt que vue avec les yeux.»

Les mots qu'emploie Reshad Feild suggèrent l'existence d'un monde qui nous a échappé car notre expérience de la vie se situe exclusivement dans la dimension de la forme: c'est le monde des idées, de la pensée; cette chose amorphe, exempte de forme, qu'on appelle la pensée, qui provient d'une personne tout en étant simultanément cette personne. La pensée se trouve là-bas *et* ici au même moment. Elle est partout. Est-ce de l'énergie? Peut-être. Une résonance? Peut-être. Un ensemble de champs morphogènes reliés les uns aux autres comme des chaînons? Peut-être. Est-elle invisible? Certainement! Est-ce une chose à laquelle nous ne pouvons jamais échapper? Certainement! Essayez de ne pas penser pendant quelques moments et vous verrez que vous êtes inextricablement lié à la pensée.

Une fois que vous aurez accepté l'idée que la pensée pourrait peut-être exister à l'extérieur de vous-même, vous êtes sur la voie de la compréhension de la «synchronicité». Le lien entre des événements apparemment sans connexion est en fait la chaîne des pensées, l'essence de notre univers, cette énergie vibrante que nous ne pouvons ni voir ni définir. De même, la connexion entre vos pensées et celles de quelqu'un d'autre est plus facile à comprendre et l'on conçoit que la pensée est de l'énergie qui coule sans être freinée par des obstacles dans l'univers, et sans se limiter à un seul individu. Ces coïncidences apparentes semblent élégamment appropriées lorsque nous sommes au diapason de la dimension de la pensée. À mon avis, la réponse à la question: «De quoi sont constitués ces liens?» est simplement: «Ce sont des pensées.»

Les pensées conçues en tant qu'énergie ne sont pas reliées par coïncidence, mais parce que nous sommes à la fois la source de la pensée et une partie de la pensée universelle. La faculté d'être la pensée et de créer la pensée nous permet d'établir presque toutes les connexions à la pensée que nous désirons. Lorsque nous prenons conscience de cette probabilité, les coïncidences ne sont plus surprenantes. Nous finissons par nous y attendre. Le fait de reconnaître la «synchronicité» dans notre vie alimente notre connexion divine au monde invisible et dénué de forme. Cela nous permet d'enclencher le processus de l'éveil et de voir que nous pouvons nous servir de notre capacité de penser et d'être pensé pour refaçonner et réorienter toute notre existence.

Le processus de l'éveil

La première étape: vos débuts sur la voie. Vous souvenez-vous d'un épisode de votre vie où vous aviez le cœur brisé et où vous sentiez que vous ne seriez jamais capable de surmonter le traumatisme que vous veniez de vivre? Votre esprit semblait probablement travailler contre vous en raison de l'interminable série de pensées douloureuses qui se succédaient à propos de votre situation malheureuse et du fait que l'avenir vous semblait très sombre. Peut-être s'agissait-il d'une crise sentimentale, d'un divorce, d'un désastre financier, d'une maladie ou d'un accident. À l'époque, vous n'arriviez pas à examiner l'événement avec la sagesse d'après coup.

Lorsque nous vivons une crise, elle nous immobilise pendant une longue période de temps. Notre esprit se concentre sur les côtés désastreux de la situation et nous sommes incapables de fonctionner de façon efficace. Nous n'arrivons plus à manger ni à dormir et nous n'arrivons pas à imaginer comment nous allons surmonter ces terribles circonstances. Nous nous servons de notre esprit pour nous concentrer sur ce qui va mal, sur la souffrance que nous éprouvons et sur notre terrible avenir. Les conseils que nous donnent nos amis et nos parents ne nous semblent pas avoir trait au problème et nous causent généralement de la colère et de la frustration. Nous ne voyons aucune issue à notre désespoir.

C'est une réaction typique qu'ont tous ceux qui cheminent dans la vie, convaincus que seuls les repères extérieurs représentent la réalité. Nous n'arrivons pas à nous imaginer que nous pourrions tirer une leçon profitable de ce traumatisme. Nous rejetons la suggestion selon laquelle un jour nous percevrons cette expérience comme une étape nécessaire à notre développement. Nous voulons nous complaire dans notre souffrance, et nous sommes convaincus que quelqu'un ou quelque chose à l'extérieur de nous-mêmes crée cette souffrance; nous souhaitons que ces facteurs extérieurs changent.

Je reconnais que j'ai passé une partie de ma vie à réagir ainsi. Je me souviens que j'étais immobilisé en raison de crises sentimentales et familiales; j'étais tellement triste et morose que je n'arrivais pas à fonctionner de façon efficace. Mon esprit semblait être coincé et faisait du surplace; je pensais constamment à un problème particulier et je ne réussissais pas à me débarrasser de ces pensées pendant plus de quelques minutes. Je me sentais possédé par le problème et je ne comprenais pas pourquoi cela m'arrivait. Je ne réussissais pas non plus à visualiser comment ces difficultés pourraient se traduire par quelque chose de positif.

À cette étape-ci de notre voyage personnel sur la voie de l'éveil, nous sommes tous possédés par nos traumatismes. Nous sommes fermement convaincus que les événements nous rendent malheureux et nous n'avons pas encore appris que notre souffrance provient de la façon dont nous interprétons les événements.

Voici ce qu'écrit Madras Krishnamurti, dans son ouvrage *Commentaries on Living*, à propos d'un homme qui réagit à la mort de son épouse:

> «J'avais l'habitude de peindre, mais maintenant je ne touche même plus aux pinceaux et je ne regarde plus les tableaux que j'ai faits. Depuis les six derniers mois, j'ai aussi la sensation d'être mort (...) L'autre jour, j'ai pris mes pinceaux, mais ils m'étaient étrangers. Avant, je n'avais même pas conscience de tenir un pinceau en main; mais maintenant, il a un poids, il est encombrant. J'ai souvent marché jusqu'à la rivière, avec le désir de ne jamais revenir; mais je suis toujours revenu. Je ne réussissais pas à voir les gens, car son visage était toujours présent. Je dors, je rêve et je mange avec elle, mais je sais que ça ne sera plus jamais la même chose (...) J'ai essayé d'oublier, mais malgré tous mes efforts, les choses ne seront plus jamais les mêmes. J'avais l'habitude d'écouter les oiseaux, mais maintenant j'ai envie de tout détruire. Je ne peux pas continuer comme ça, je n'ai vu aucun de nos amis depuis sa mort, et maintenant qu'elle n'est plus là, ils ne signifient plus rien pour moi. Qu'est-ce que je vais faire?»

Le veuf décrit en termes dramatiques comment son esprit est paralysé par la souffrance. Nous avons tous connu ou nous connaîtrons tous un jour des émotions aussi douloureuses. Nous ne réussissons pas à saisir que le drame qui se déroule actuellement dans notre vie contient peut-être un cadeau.

La deuxième étape: le stade intermédiaire. Au fur et à mesure que notre niveau de conscience s'affine, nous nous servons de notre pouvoir pour créer notre monde par le biais de la pensée d'une façon beaucoup plus transcendantale. En repensant aux événements passés, nous voyons presque toujours quel avantage nous en avons retiré. Le divorce que nous pensions ne jamais pouvoir surmonter nous semble soudain être la meilleure décision que nous ayons jamais prise. Les crises de jeunesse qui, à l'époque, semblaient menacer notre vie, semblent maintenant faire partie intégrante de notre évolution.

De plus, l'épisode d'alcoolisme qui semblait ruiner notre vie nous apparaît maintenant comme la chose la plus importante que nous ayons jamais vécue – cela nous a prouvé combien nous étions solides, même si ces journées d'ivresse semblaient détruire tout ce qui était important à l'époque. Nous percevons notre faillite comme le catalyseur nécessaire qui nous a poussés à mener une vie plus gratifiante. Nous interprétons à présent la maladie grave dont nous étions atteints comme un message qui nous a forcés à réexaminer nos priorités et à ralentir le rythme. Ce n'est qu'en faisant un retour sur le passé que nous réussissons à comprendre l'importance du message que renfermaient ces événements passés.

La deuxième étape est le stade intermédiaire de l'illumination car c'est l'endroit où nous n'avons plus besoin de rétrospective pour comprendre l'occasion que renferme tout événement. Au fur et à mesure que nous nous rapprochons de ce stade, nous prenons conscience tout de suite des avantages que nous pouvons retirer d'un événement, au moment même où il se produit. Nous cessons de concentrer nos pensées sur ce qui manque et de prévoir toutes sortes de catastrophes.

Notre schème de pensée nous porte plutôt à percevoir l'événement de la façon suivante: «Quelle leçon puis-je tirer de cette situation dès maintenant? Comment puis-je transformer ceci en avantage sans avoir besoin de souffrir pendant des années avant de comprendre à quel point tout cela était nécessaire?» C'est une étape importante du processus de l'illumination et cela nous aide à voir à quel point la seule et unique chanson est parfaitement synchronisée. Il est certain que nous éprouvons tout de même la souffrance, mais nous savons simultanément que cet événement comprend une facette magnifique.

Nous acceptons et nous sommes indulgents à notre égard; nous honorons et nous aimons même l'aspect de nous-mêmes qui crée cette crise. Il est probable que nous n'avons pas une compréhension cognitive de la raison pour laquelle nous ressentons cette souffrance à ce moment-là, mais nous savons au fond que cet événement ne s'est pas produit par hasard et que nous pouvons en tirer une leçon importante.

J'ai entendu Ram Dass décrire les sentiments qu'il a éprouvés lorsque sa belle-mère adorée est morte. Il se demandait pour quelle raison il fallait qu'elle pâtisse autant car elle souffrait d'un mélanome avancé. Il savait au tréfonds de lui-même que la souffrance fait partie du voyage et que cela mène toujours à quelque chose de plus grandiose, mais pourquoi cette belle femme qu'il aimait tellement devait-elle souffrir si horriblement – pourquoi? Pendant les derniers jours de sa vie, il remarqua qu'elle devenait plus paisible et il vit une expression de sérénité et de joie se peindre sur son visage; elle semblait pénétrer dans une nouvelle dimension, un état de béatitude, tandis qu'elle quittait sa forme.

La souffrance avait pris fin, car on éprouve de la douleur par le biais des sens lorsqu'on se trouve dans la dimension de la forme. Elle était libre, et Ram Dass se dit en contemplant cette scène: «Oui, même cela mène à un état de conscience plus élevé.» Il comprit que sa souffrance l'avait menée à quelque chose de plus grandiose et il n'eut pas besoin d'attendre plusieurs années avant de le réaliser. Lorsqu'elle mourut, il vécut son départ paisiblement, car il savait que la mort est une récompense et non pas une punition. Il éprouva une paix intérieure car il savait dorénavant que la souffrance était une bénédiction.

Au cours de la deuxième étape, nous sommes dans le moment présent et nous comprenons ce que nous vivons sans avoir à souffrir pendant de longues périodes de temps avant de réaliser que la lutte comporte une bénédiction. J'ai pris conscience que j'avais dépassé la première étape le 15 octobre 1982, à Athènes, en Grèce. J'avais décidé de courir le marathon grec et après avoir suivi un programme d'entraînement, j'étais allé en Grèce. La distance de 40 kilomètres ne me semblait pas redoutable, car j'avais déjà couru quatre marathons. Mais je n'avais pas la moindre idée de ce qui allait arriver quand 1 500 personnes se placeraient sur la ligne de départ à Marathon, un minuscule village de pêcheurs situé à une quarantaine de kilomètres de la ligne d'arrivée au stade olympique d'Athènes.

La course fut reportée d'environ une heure en raison de certaines difficultés techniques. Le marathon commença à 10 h 20 et il faisait 31° C. La partie la plus chaude de la journée s'annonçait. Le terrain était en pente escarpée pendant près de 23 kilomètres sur 38. Au bout de 21 kilomètres, je me rendis compte que je me trouvais dans une situation grave. La chaleur et le fait de monter une côte en courant me fatiguaient. Certains coureurs abandonnaient la partie. D'autres se trouvaient au bord de la chaussée, ils vomissaient, et nombreux furent ceux qui durent être transportés à l'hôpital dans des ambulances de la Croix-Rouge.

Je commençai à avoir la nausée et, pour la première fois de toute ma carrière de coureur, je dus m'arrêter au milieu d'une course, m'allonger et, pris d'une violente nausée, je vomis. Je restai couché au sol, je bus environ un litre d'eau, puis je me relevai et je courus quelques kilomètres de plus avant de m'allonger sur le sol. Au 33e kilomètre, j'atteignis un degré d'épuisement physique que je n'avais jamais connu auparavant. Je tremblais et je vomissais une bile verte, sans réussir à comprendre pourquoi j'avais fait tout ce voyage en Grèce pour accomplir une épreuve athlétique à laquelle je rêvais depuis des années, mais que j'étais incapable de terminer.

Je n'arrivais pas à admettre cette pensée dans mon champ de conscience. Je réfléchissais à ce que serait le voyage de retour aux États-Unis et je me disais que je repenserais à ce moment et que je comprendrais alors l'avantage qu'il comportait. Mais je n'arrivais pas à visualiser cela tandis que j'étais allongé dans la rue à quelques kilomètres d'Athènes, entouré de gens qui me portaient secours et me conseillaient de retourner au stade olympique en ambulance. Je me concentrai sur ce moment-là et je me demandai quelle bénédiction ou quelle occasion il renfermait.

Je me distançai de ma douleur et je me demandai sincèrement si je voulais réellement retourner aux États-Unis sans avoir terminé l'épreuve à laquelle je m'étais préparé. Je me demandai si je réussirais à trouver la force intérieure et la volonté (par le biais de la pensée) de courir 5 kilomètres de plus?

Quelque chose se produisit à ce moment que je ne peux qu'appeler un miracle. Je sentis que la raison pour laquelle j'étais couché au sol, accablé par la chaleur et la nausée, c'était pour voir si j'avais le courage d'accomplir ce qui semblait impossible. À ce moment-là, 5 kilomètres me donnaient l'impression d'être 500 kilomètres. Et pourtant, je voyais par le biais de mes pensées que je pouvais percevoir cette situation comme une bénédiction qui me permettrait d'évoluer en tant qu'être humain en transcendant mon état physique. Ma condition physique changea du tout au tout. Je passai de la faiblesse à la force en un éclair, au moment où je me donnai la permission de saisir l'occasion de découvrir l'étendue de la force intérieure que je possédais. Je me levai, je dis aux ambulanciers de porter secours à quelqu'un d'autre et je me mis à courir en direction de la ligne d'arrivée qui se trouvait à 5 kilomètres.

Lorsque j'entrai dans Athènes, je me rendis compte que mes difficultés n'avaient pas encore pris fin. Les rues n'avaient pas été bloquées et nous devions courir sur l'autoroute, sur les lignes de peinture qui séparaient les voies les unes des autres, tandis que les voitures roulaient à nos côtés et que les policiers tentaient de les éloigner des coureurs. Jamais je n'avais été exposé à une telle quantité de gaz d'échappement. Les voitures changeaient de voie devant les coureurs et les conducteurs ignoraient les plaidoyers des policiers qui tentaient de diriger la circulation. Il faisait de plus en plus chaud. Et pourtant, ma détermination semblait augmenter avec chaque nouvel obstacle; mes jambes cessèrent de trembler et je n'éprouvai plus de crampes. Au lieu de décroître, mes forces augmentaient.

Je réussis à terminer la course. Je me rendis jusqu'à la ligne d'arrivée même si j'avais passé près de 30 minutes au sol. Je me classai parmi les meilleurs 33% et c'était là ma meilleure performance, quoique je ne n'avais jamais mis aussi longtemps pour parcourir la même distance. Mais le temps était insignifiant. Les vivats et les médailles que nous reçûmes n'avaient pas non plus d'importance. J'avais appris quelque chose de très capital à propos de moi-même et je n'eus pas besoin d'attendre plusieurs années pour comprendre que la souffrance comporte une véritable bénédiction.

Ces vers, tirés de *Reflections from the soul*, de Raymond Ng, résument très bien mes pensées:

«De même que le charmant lotus jaillit de la boue
La sagesse naît de l'adversité.»

Lorsque nous réussissons à saisir l'occasion d'évoluer que comporte l'événement, nous nous rapprochons du troisième et dernier stade, celui de la «synchronicité» pure, où nous assumons un rôle beaucoup plus actif dans la cocréation de notre monde.

La troisième étape: la «synchronicité» pure. Si le premier stade de l'illumination se produit quand, après un retour sur le passé, nous réalisons que chaque obstacle comporte une occasion d'évoluer, la deuxième étape se manifeste quand, dès que l'obstacle apparaît, nous saisissons immédiatement la bénédiction qu'il comporte. Vous vous demandez probablement: «Qu'y a-t-il d'autre?» La réponse est difficile à comprendre pour ceux qui ne perçoivent rien au-delà de leur forme. C'est au troisième stade de l'illumination, c'est-à-dire le stade le plus élevé, que nous avons le choix de vivre nos pensées à l'état pur. Nous avons la possibilité de connaître la pensée sans qu'il n'y ait de causes intermédiaires et matérielles. La pensée réside à la fois en nous et à l'extérieur de nous.

À ce stade de l'illumination, nous réussissons à percevoir les obstacles à l'horizon comme de simples «événements» à propos desquels nous avons un choix à faire. À ce stade-là, nous n'avons plus besoin de créer ni d'être coincés par les obstacles pour tirer une leçon de l'événement. Le terme «obstacle» qui a des connotations négatives, est remplacé par le terme plus neutre «événement». Je suis convaincu qu'aujourd'hui, à ce stade-ci de mon évolution, je n'ai plus besoin de me rendre malade en courant un marathon pour découvrir ma nature suprême en pensée, comme cela a été le cas au cours du marathon en Grèce. Si je le désire, je peux vivre ma quintessence et ma nature suprême en pensée. Je peux découvrir cet aspect de moi-même sans avoir besoin de surmonter un obstacle ni de vivre un événement. Et, à la troisième étape, le lotus peut fleurir en pensée sans avoir besoin de naître de la boue.

La dimension divine en nous, que j'ai appelée la pensée et Dieu, est une force dans l'univers et nous pouvons nous mettre à son diapason si nous y croyons et si nous sommes prêts. Au stade le plus pur de la «synchronicité», nous avons le choix de vivre la pensée dans notre forme, ou dans le domaine de la pensée pure. Nous savons intuitivement quelle tournure vont prendre les événements si nous agissons d'une certaine façon. Notre intuition nous dit que nous nous dirigeons vers cette situation et nous sentons que nous avons le choix et que nous pouvons décider s'il est nécessaire ou non de parcourir ce chemin à nouveau.

Dans la dimension de la «synchronicité» pure, il n'est pas nécessaire de vivre l'expérience dans notre forme; la pensée suffit et ce n'est pas la peine de vivre les événements dans la dimension de la forme. Cela signifie que nos pensées précèdent littéralement l'expérience, alors que dans les étapes précédentes, nous tirions une leçon de ces expériences en les analysant d'un point de vue rétrospectif, ou bien nous en tirions une leçon au moment même. Lorsque nous permettons à la pensée de couler de façon synchronisée, que nous la laissons passer comme partie intégrante de la perfection, sans lui opposer de résistance, elle afflue naturellement en nous et n'a plus besoin de se manifester extérieurement.

Récemment, ma femme et moi pensions acheter une nouvelle maison qui était en voie de construction. Tous les aspects de la maison nous plaisaient et nous avions l'intention de signer un contrat. C'est alors que nous eûmes tous deux l'intuition que certaines difficultés se manifesteraient si nous prenions cet engagement. Nous avons appris à faire confiance à ces signaux intérieurs et nous décidâmes, simplement en raison de ce que nous dictait notre intuition, de ne pas signer d'accord avec le constructeur.

À d'autres époques de notre vie en commun, nous avons pris des décisions qui nous ont coûté cher. Mais, à ce moment-là, nous nous trouvions pour le moins à la deuxième étape, c'est-à-dire que nous savions que nous devions apprendre certaines leçons. La bénédiction que comportaient ces obstacles fit que nous apprîmes à faire confiance à nos signaux intérieurs et à éviter de futurs événements désagréables.

La troisième étape de l'illumination, dans laquelle ma femme et moi avons la faculté de passer et nous avons le choix à propos d'un événement imminent, se manifeste régulièrement quand nous sommes en désaccord. Nous pouvons tous deux prévoir la tournure des événements et les conséquences qu'auront nos actes. Nous réussissons à éviter bon nombre de souffrances en entrant en contact avec l'obstacle uniquement dans la dimension de la pensée, puis en éliminant le besoin que cet obstacle se manifeste dans la dimension de la forme.

Il est merveilleux de parvenir à l'étape où l'on se sert de la pensée pour écrire le scénario de sa vie telle qu'elle se déroulera dans la dimension de la forme. À ce moment-là, étroitement associés à notre nature suprême, nous pouvons écrire le scénario de la vie que mènera notre forme extérieure avec autant d'amour qu'il est possible d'imaginer. Nous pouvons vivre presque exclusivement dans la gracieuse dimension de la pensée exempte de forme, tout en programmant ce que la forme a besoin de connaître dans son processus de réalisation de soi. En même temps, étant donné que nous avons appris certaines leçons lors de traumatismes antérieurs, il n'est pas nécessaire de continuer à les répéter.

À la première étape, nous avons lu le dialogue de Madras Krishnamurti avec l'homme qui éprouvait une grande souffrance en raison de la mort de sa femme. Voyons maintenant la partie suivante de cette conversation:

«Il faut souffrir tant que nous n'avons pas compris le fonctionnement de la nature suprême; et nous ne découvrons le fonctionnement de la nature suprême qu'en vivant la relation.

– Mais ma relation est arrivée à son terme.

– Il n'y a pas de fin aux relations. Peut-être qu'une relation particulière prend fin; mais «la» relation ne peut jamais prendre fin. Être, veut dire être relié; rien ne peut vivre isolément. Même si nous essayons de nous isoler par le biais d'une relation particulière, cette isolation se traduira immanquablement par le chagrin. Le chagrin est le processus de l'isolation.

– Ma vie pourra-t-elle jamais reprendre comme par le passé?

– Sera-t-il jamais possible de répéter aujourd'hui les joies d'hier? Le désir de répétition se manifeste uniquement quand il n'y a pas de joie aujourd'hui. Quand aujourd'hui est vide, nous regardons vers le passé et non vers l'avenir.»

Nous avons le pouvoir d'employer notre esprit pour vivre joyeusement le présent, grâce à notre capacité de nous servir de la pensée. La perte d'une relation particulière est insupportable car il n'y a pas de relation avec la nature suprême. Telle est la magie de la «synchronicité». Les traumatismes et les obstacles sont réellement les événements qui nous permettent de comprendre, de connaître le moi.

Les pensées rencontrent les pensées, et c'est vous qui décidez si vous allez les laisser se matérialiser dans la dimension de la forme ou non. À mesure que vous vous mettez au diapason, que vous saisissez plus précisément l'exquise force qu'est votre esprit, et que vous le percevez comme la source de toute pensée, le voile du mystère commence à se déchirer, lentement mais sûrement, et la signification de tout vous apparaît de plus en plus clairement. Les événements qu'il vous semblait impossible de déchiffrer apparaissent à présent comme rien d'autre que la rencontre de diverses pensées dans un univers constitué entièrement de pensées vibratoires. Alors que vous disiez à une époque: «Eh bien, je trouve la série de coïncidences qui m'a amené à ça tout simplement incroyable», vous dites à présent: «J'ai confiance en tout.»

Permettez-moi de vous faire part de la façon dont ce processus s'est déroulé dans mon cas.

Des miracles?

J'ai vécu de nombreux événements synchroniques qui semblent miraculeux à ceux qui sont incapables de comprendre comment tous les éléments s'imbriquent les uns dans les autres. À mes yeux, ces événements sont tout simplement le résultat de ma croyance en l'intelligence universelle qui sous-tend toute forme et au fait que je la laisse agir de façon parfaitement harmonieuse. Aussi, lorsque quelqu'un me dit: «Allons, Wayne, sois plus réaliste», ma réaction immédiate est: «Mais je suis réaliste – je m'attends à des miracles.» Je m'y attends sincèrement.

Lorsque je commençai à voir que la pensée et la forme ne faisaient qu'un, et qu'il y avait une connexion divine qui me reliait à toute pensée, je me rendis compte que la pensée était quelque chose dont je pouvais me servir. Cela m'apparut de plus en plus évident lorsque je commençai à méditer et à quitter mon corps pendant de longues périodes de temps. Je découvris le monde de la pensée, non encombré par ma forme. C'est à ce moment-là que je réalisai la stupéfiante puissance de notre capacité de penser. Peu de temps après, je sus que les pensées étaient plus que de simples entités amorphes et mystérieuses dans notre tête. Je me rendis compte que l'univers est constitué de pensées. La pensée est de l'énergie, comme tout le reste dans l'univers. Elle a des caractéristiques vibratoires uniques, comme c'est le cas pour les autres formes d'énergie, et je ne peux la percevoir par le biais de mes cinq sens. La conscience est l'existence de notre sixième sens.

Permettez-moi de vous donner un exemple. Il y a quelques mois, je reçus une lettre provenant d'une église de Monterey, en Californie, dans laquelle on me demandait de faire un discours à la congrégation. Je fis une photocopie de la lettre et je la donnai à ma secrétaire en lui demandant de téléphoner pour connaître les détails. Le lendemain, elle me dit: «Je leur ai téléphoné, mais il n'y avait pas de réponse. En fait, j'ai téléphoné plusieurs fois.» J'étais surpris de voir que personne ne répondait dans une église et, quoique cela ne me ressemblait guère, je décidai de téléphoner.

Une agréable voix féminine dit: «Bonjour, Wayne. Pourquoi me téléphones-tu personnellement? J'ai parlé à ta secrétaire hier à peine.» J'étais très désorienté. Au cours de notre conversation, elle me raconta qu'elle travaillait dans la librairie de l'église. Elle me dit qu'ils seraient tous enchantés que je fasse un discours lors d'un séminaire qui devait se tenir à une date ultérieure. Je lui dis que le «hasard» voulait que je sois à Monterey lundi (c'est-à-dire deux jours plus tard) et que j'allais prononcer un discours au Hyatt Regency, puis passer cinq jours dans l'isolement, car je devais rédiger un article dont l'échéance était passée. Je lui dis que *personne* ne savait que j'allais me trouver à Monterey, mais que j'entrerais en contact avec elle au cours de la semaine. Je soulignai que je ne voulais aucune couverture médiatique, car j'allais me trouver là uniquement dans le but d'écrire et de faire des recherches.

J'appelai immédiatement ma secrétaire et je lui demandai pourquoi elle m'avait dit que personne n'avait répondu dans cette église, alors qu'en fait elle venait de parler à quelqu'un le jour d'avant. Elle réalisa alors qu'elle avait confondu cette église avec une autre où elle avait téléphoné, en Californie du Sud.

Ce lundi-là, j'arrivai à Monterey, je fis mon discours, puis alors que je me disposais à écrire le mardi après-midi, je reçus un appel téléphonique d'une commentatrice de radio dont le programme était radiodiffusé de 15 à 16 heures tous les après-midis de la semaine, avant les nouvelles du base-ball. Il était 14 h 15 et elle voulait que je sois son invité dans moins d'une heure.

Je lui demandai comment elle avait su que j'étais à Monterey. Elle me dit que je lui avais envoyé, il y avait neuf mois, un exemplaire gratuit de *Le Message d'Eykis: à la découverte de soi* lors d'un publipostage. Elle tenait le livre sous le bras ce matin-là et elle s'était rendue à la librairie de l'église. Elle me dit: «Pendant que la caissière additionnait le coût de mes achats, elle a jeté un coup d'œil sur mon livre et elle m'a mentionné que vous étiez là pour la semaine, et que vous étiez descendu au Hyatt Regency pour écrire et faire des recherches. Mon cœur a commencé à battre très vite à l'idée de vous demander de faire une apparition surprise à mon programme. Seriez-vous disposé à ce que je vienne vous chercher pour passer à la radio à 15 heures?»

Je restai perplexe pendant quelques minutes, en essayant de trouver une excuse pour éviter cette interruption. Je savais que si j'acceptais sa requête, mon après-midi de travail serait ruiné. Je lui dis tout d'abord: «Je trouve que vous me donnez un préavis très court.» Puis: «J'ai fait exprès de ne dire à personne que je me trouvais à Monterey, sauf à une dame, à la librairie de l'église, et voilà que vous me téléphonez.» J'abandonnai finalement la partie et je lui dis: «D'accord, venez me chercher devant l'hôtel dans 20 minutes.»

Je suis passé à cette émission. C'était une toute petite station de radio. Sur le chemin de l'hôtel, je m'exclamai: «Où se trouve la librairie de cette église? J'aimerais beaucoup y faire un tour et dire bonjour à cette caissière.» Nous nous trouvions à quelques pâtés de maisons de la librairie. Lorsque j'entrai, la caissière dit: «Je savais que vous alliez venir au magasin. Le programme s'est très bien passé à la radio. Auriez-vous l'amabilité de signer votre autographe sur les quelques exemplaires de *Le Message d'Eykis: à la découverte de soi* que nous avons en stock? Nous avons reçu plusieurs coups de téléphone.»

Alors que j'étais assis dans un coin de la librairie, occupé à signer mon autographe, un homme de très grande taille, d'au moins 1 m 85, entra dans la librairie. Les larmes coulaient sur ses joues. Il demanda à la caissière: «Où puis-je me procurer un exemplaire de *Le Message d'Eykis: à la découverte de soi*? Je dois le lire.»

Elle répondit: «L'auteur est justement ici. Pourquoi n'allez-vous pas lui dire bonjour?»

Il s'avança vers moi et me donna une longue accolade. Il sanglotait sans pouvoir se maîtriser. Il me raconta son histoire.

«Cela fait des mois que je suis profondément déprimé, et ce matin j'avais décidé de mettre fin à ma vie aujourd'hui même. J'avais pris tous les arrangements nécessaires et j'ai emmené ma radio au parc pour écouter ma dernière partie de base-ball.

«Tandis que j'essayais de capter le poste, je vous ai entendu parler. Je vous ai écouté comme je n'avais jamais écouté personne auparavant. Je vous ai entendu dire qu'il fallait vivre la vie pleinement et toujours choisir la vie. Je vous ai entendu mentionner Eykis et les miracles qu'elle nous apporte à tous, et j'ai décidé de lire ce livre que vous semblez tant aimer. J'ai décidé de choisir de penser à toutes les choses que j'ai et dont je devrais me montrer reconnaissant. Je veux vous remercier parce que vous m'avez sauvé la vie.»

Je me dirigeai vers la voiture, frappé de stupeur, comme chaque fois que ce genre d'incident se produit. Pour que les choses prennent cette tournure, il avait fallu qu'un nombre incalculable d'événements se déroulent. Ma secrétaire avait dû commettre une erreur et j'avais dû faire l'appel moi-même. J'avais dû entrer en contact avec la seule personne qui pouvait informer une étrangère – à qui j'avais envoyé un livre, il y avait neuf mois de cela – que je serais à Monterey. J'avais dû participer à un programme de radio alors que je n'en avais nulle envie. J'avais dû décider d'aller à une librairie, saisi d'une impulsion. Un autre étranger avait dû décider d'écouter sa dernière partie de base-ball et avait capté le poste de radio précisément au moment où on m'y interviewait.

Que s'est-il passé? Une série d'innombrables coïncidences? Ou est-ce plutôt que nous avons l'occasion de faire des choix dans un univers parfait et entièrement formé? Je me remémorai alors le commentaire paradoxal de Carl Jung à savoir que nous sommes à la fois les protagonistes de notre vie et les figurants d'un drame à plus grande échelle.

Je choisis de croire que les séries d'événements tels que ceux-là sont une manifestation du principe universel qu'on appelle la «synchronicité». C'est une collaboration avec le destin, et pour cela nous faisons tous des choix qui se situent dans un contexte plus vaste, dans lequel tout est parfait. L'humanité ne connaît encore aucun principe scientifique qui puisse expliquer ce genre d'événements. Et pourtant, je suis certain que tous ceux qui lisent ce passage en ce moment même pourraient raconter une histoire semblable et tout aussi «mystérieuse».

Ce genre de choses se passe très fréquemment. C'est réellement la rencontre de diverses pensées et cela donne lieu à un scénario qui se manifeste dans la dimension de la forme. Si je fais un retour sur le passé, mes hésitations à propos de cette interview à la radio paraissent insignifiantes. Il s'agissait déjà d'un fait accompli. Et la preuve est que ça s'est produit. Le libre arbitre au sein d'un univers complet. Il s'agit bien entendu d'un énorme paradoxe, et lorsqu'on pense à ce genre d'événements, tout semble paradoxal.

Il y a plusieurs années, j'étais en voiture et je me dirigeais vers la maison lorsque l'orage se déchaîna soudain. Il tombait une pluie torrentielle comme je n'en avais jamais vue de ma vie. J'arrivais à peine à distinguer la route devant moi. Pendant que je conduisais, j'aperçus une femme debout, à côté de sa voiture qui était en panne. Elle faisait du pouce sous l'averse diluvienne. J'obéis à une forte impulsion de m'arrêter et de l'inviter à monter. Elle m'expliqua en entrant dans la voiture que son automobile était tombée en panne sous la pluie, et qu'elle avait besoin que je l'amène jusqu'à un téléphone pour qu'elle puisse demander du secours. Je décidai plutôt de la ramener chez elle.

Après les présentations d'usage, Shirley s'exclama d'un ton stupéfait que deux de ses amis lui avaient dit qu'elle devrait me contacter pour discuter de certaines questions personnelles. En fait, quelqu'un lui avait dit ce jour-là qu'elle ferait bientôt ma connaissance. Je la déposai chez elle, je lui donnai un exemplaire de *Le Message d'Eykis: à la découverte de soi* et je l'encourageai à entrer en relation avec ma femme pour discuter de certaines de ses préoccupations à propos de la maternité. Ma femme est une experte dans le domaine et je sentais qu'elles deviendraient amies.

Quelques semaines plus tard, Shirley vint chez nous et m'apporta une cassette vidéo qui fut le catalyseur qui me poussa à explorer certains des principes métaphysiques qui font aujourd'hui partie de ma vie. Et tout cela à cause d'une rencontre «fortuite» au cours d'un orage.

Shirley discuta à plusieurs reprises avec ma femme et celle-ci lui dit qu'il était très important qu'elle utilise ses pouvoirs créatifs pour se visualiser en train d'accoucher d'un bébé. Elle devait affirmer qu'elle possédait la capacité de créer cette situation, même si elle n'était pas mariée, qu'elle n'avait pas de relation personnelle et qu'elle avait déjà 38 ans. Deux ans plus tard, nous reçûmes la lettre suivante de Shirley.

Chers Marcie et Wayne,

Vous souvenez-vous de moi? Je suis l'autostoppeuse que vous avez secourue un soir d'orage et à laquelle vous avez donné des conseils pour sa clinique de santé?

Shirley Lorenzini – me voici, cela fait près de deux ans que je me trouve à Los Angeles. Marcie, tu seras ravie d'apprendre que je suis mariée et que je suis très heureuse. Mon mari vient de faire inverser sa vasectomie et nous serons bientôt parents. La vie est merveilleuse. Je vous envoie une petite photo de nous une heure après les festivités du mariage. C'est pour ça que nous avons l'air si détendus. Joe a toutes les qualités que je souhaitais. Merci d'avoir cru qu'il apparaîtrait dans ma vie et merci de m'avoir encouragée.

Wayne, je suis enchantée de voir tes ouvrages parmi ceux d'auteurs importants publiés chez Nightingale-Conant dans ma bibliothèque, et je te cite souvent au cours des colloques de santé que j'anime. La semaine dernière, j'ai raconté que tu t'étais arrêté sur l'autoroute fédérale pour me porter secours, et que grâce à toi j'ai pu éviter de marcher 5 kilomètres sous une pluie torrentielle. Cet incident a été providentiel. J'y pense très souvent et cela me rappelle à quel point la vie est miraculeuse. Est-ce moi qui ai créé cet incident du fait que j'avais écouté tes cassettes et que j'avais besoin de faire ta connaissance? Dieu savait-Il que j'avais besoin d'un soutien moral?

Et ensuite, toi, Marcie, tu es apparue, tu m'as écoutée et tu m'as donné un amour sincère. Tu as écouté tous mes rêves et mes fantasmes. Tu m'as assurée que je serais une épouse et une mère heureuse.

Vous êtes tous deux des anges.

Lors de votre prochaine apparition magique en Californie, téléphonez-moi.

Je vous embrasse,
Shirley

De nombreuses choses merveilleuses se sont produites, et c'est le résultat direct de l'impulsion que j'ai eue de porter secours à cette femme. Shirley est devenue un catalyseur pour moi et nous sommes devenus des catalyseurs pour elle sur la voie qu'elle suivait. Ma vie a énormément changé et certaines des notions qu'elle m'a fait connaître en m'apportant cette cassette vidéo ont eu une profonde influence sur mon évolution spirituelle et les choses ont pris une tournure que je n'aurais jamais pu prévoir. De plus, Shirley est devenue l'une de nos grandes amies et nous l'avons aidée à croire en son propre pouvoir de cocréation et de visualisation; nous l'avons vraiment aidée à vaincre tous les obstacles, ce qui incluait inverser une vasectomie et enfanter une belle petite âme qui était réellement destinée à vivre auprès de Shirley et de Joe.

Comment nous est-il possible de savoir quel est l'événement apparemment insignifiant qui va se produire et changer le cours de notre vie? Et quel rôle jouons-nous dans tout cela? La synchronicité est la base qui permet à ces forces de se rencontrer et d'avoir un effet sur notre vie. Mais nous devons dire «oui» à la vie. Un «non», n'importe où le long du chemin, bloque le flux de l'énergie. C'est pour cette raison que je suis aussi profondément convaincu de l'importance d'une attitude positive. Toute réaction positive dans la vie permet à la suivante de couler, non pas comme une réaction de cause à effet, mais plutôt comme la continuité de l'énergie qui se trouve en chacun de nous et partout ailleurs dans l'univers.

Votre esprit est la source de la pensée, laquelle est la source de l'énergie, et l'énergie est réellement la source de la vie. C'est pourquoi vous pouvez faire toute la différence du monde. Un «non» de votre part à l'égard de cette connaissance intuitive qui est en vous, bloque tout et vous fait stagner. Mais un «oui», le fait de reconnaître intérieurement que vous choisissez de suivre ce courant énergétique, lui permet de continuer à agir d'une façon parfaite et miraculeuse.

En tant qu'êtres humains, nous sommes la source même de la pensée, cette connexion éternelle à l'intelligence divine qui habite toute forme. Le fait d'être prêt à dire oui, d'avoir une attitude positive, de ne pas avoir peur de franchir l'étape suivante, de suivre notre intuition (c'est-à-dire nos pensées), nous donne le pouvoir de cocréer parallèlement à cette intelligence divine qui est notre essence universelle. Nous *pouvons* faire des choix dans un univers complet, et lorsque nous disons oui à la vie, cela lui permet d'affluer.

L'expérience que j'ai vécue à Monterey et ma rencontre «fortuite» avec Shirley ne sont que deux événements sur une liste qui pourrait s'étendre sur des centaines de pages. Aujourd'hui, ces événements font partie de la tapisserie de ma vie. Je les perçois parce que j'y crois, et plus j'en suis profondément convaincu, plus j'en ai de preuves concrètes tous les jours.

Il y a quelques mois, je lisais un roman fascinant intitulé *Conte d'hiver* de Mark Helprin. Vers la fin du livre, l'auteur a inclus un court chapitre qui était entièrement distinct de l'histoire qu'il racontait. Je dois avoir lu ce chapitre intitulé: «Rien ne se produit au hasard» environ 50 fois et, malgré cela, j'avais beaucoup de difficulté à accepter ce que disait l'auteur. Aujourd'hui, je sais que c'est vrai en ce qui me concerne et c'est ainsi que je perçois à présent toute cette seule et unique chanson. Avec la permission de l'auteur et de l'éditeur, je reproduis ce chapitre ci-dessous.

J'ai traduit récemment ce passage de l'anglais à propos du hasard et du temps:

«Rien ne se produit au hasard, et rien ne se produira jamais au hasard, qu'il s'agisse d'une longue série de ciels parfaitement bleus qui commencent et finissent dans une brume dorée, ou d'actes politiques chaotiques, de l'émergence d'une importante métropole, de la structure cristalline d'une pierre précieuse qui n'a jamais vu la lumière, de la distribution de la richesse, de l'heure à laquelle se lève le laitier, de la position de l'électron, ou de l'arrivée d'un hiver glacé après l'autre. Même les électrons dont il est soi-disant impossible de prédire l'activité, sont de petites créatures dociles et obséquieuses qui circulent à la vitesse de la lumière et qui vont précisément là où elles sont censées aller. Elles émettent de petits sifflements qui, lorsqu'on les organise selon diverses combinaisons, sont aussi agréables que le vent qui souffle dans une forêt, et elles font exactement ce qu'on leur dit de faire. On peut en être certain.

«Et pourtant, il règne une merveilleuse anarchie car le laitier choisit à quelle heure se lever, le rat choisit dans quel tunnel il va plonger lorsque le métro arrive en trombe de Borough Hall, et le flocon de neige tombe quand il le veut. Comment peut-il en être ainsi? Si rien ne se produit au hasard, et si tout est prédéterminé, comment le libre arbitre peut-il exister? La réponse est simple. Rien n'est prédéterminé; c'est déterminé, ou cela était déterminé, ou cela sera déterminé. Peu importe, tout s'est produit en même temps, en moins d'un instant, et le temps a été inventé parce que nous sommes incapables de saisir d'un seul coup d'œil l'immense toile tellement riche de détails qu'on nous a donnée. C'est pourquoi nous divisons le temps en segments, de façon linéaire, une période à la fois.

«Néanmoins, il est facile de surmonter le temps; non pas en poursuivant la lumière, mais en prenant suffisamment de recul pour avoir une perspective globale. L'univers est immobile et complet. Tout ce qui a jamais été, est; tout ce qui sera jamais, est – et ainsi de suite, dans toutes les combinaisons possibles. Bien que notre perception nous pousse à imaginer que l'univers est en mouvement et qu'il n'est pas terminé, il est terminé et il est d'une saisissante beauté. En fin de compte, n'importe quel événement, aussi insignifiant soit-il, est intimement relié à tous les autres et il y a une logique dans ce processus. Toutes les rivières débouchent dans la mer; celles qui sont séparées se rejoignent; les âmes perdues sont rachetées; les morts sont ressuscités; les journées au ciel bleu, qui ont commencé et fini dans une brume dorée, continuent, immobiles et accessibles; et lorsque notre perception est telle que le temps cesse, il devient apparent que la justice ne sera pas, car elle est déjà.»

Il est fort possible que ce point de vue soit diamétralement opposé à celui que vous avez depuis toujours. Comment tout peut-il être synchronisé lorsque l'œil nu perçoit au contraire que tout se produit au hasard? Si vous voulez commencer à comprendre comment tout cela est possible, je vous suggère d'entreprendre une étude fascinante de la réalité quantique en lisant *La Danse des éléments: un survol de la nouvelle physique* de Gary Zukav et *Le Tao de la physique* de Fritjof Capra. Ces deux ouvrages donnent un aperçu général des nouvelles théories de la physique et du fait qu'il est possible de réconcilier les «preuves scientifiques irréfutables» avec les concepts métaphysiques que je viens d'exposer. Voici un bref extrait de *La Danse des éléments: un survol de la nouvelle physique*:

> «La stupéfiante découverte qui attend les nouveaux venus au monde de la physique est que les preuves recueillies lors du développement de la mécanique quantique indiquent que les «particules» subatomiques semblent constamment prendre des décisions! En outre, il semble que les décisions qu'elles prennent sont basées sur des décisions prises ailleurs. Les particules subatomiques semblent savoir instantanément quelles décisions ont été prises ailleurs, et ailleurs peut se situer aussi loin qu'une autre galaxie (...) Les implications philosophiques de la mécanique quantique, c'est que toutes les choses dans notre univers (ce qui nous inclut) qui semblent exister indépendamment, sont en fait les composantes d'un motif organique qui englobe tout, et qu'aucune partie de ce motif n'est jamais réellement séparée des autres.»

À mes yeux, nous sommes simplement témoins du fait que le monde scientifique commence à saisir les théories que les maîtres spirituels nous exposent depuis des siècles. Les particules subatomiques sont tellement petites qu'elles défient la compréhension rationnelle. Elles (ce qui vous inclut) sont la quintessence de l'univers et elles ne se comportent pas de la façon qu'a décrite Isaac Newton et d'autres scientifiques avant lui. Elles n'ont pas besoin du temps en tant que variable entre un point et un autre. Elles sont instantanément les deux particules en même temps. Comme le souligne l'auteur de *La Danse des éléments: un survol de la nouvelle physique*:

> «Une particule située ici peut communiquer avec une particule située la-bas (en criant vers elle, en lui envoyant une image par le biais de la télévision, en agitant la main, etc.), mais cela prend du temps, même s'il ne s'agit que de microsecondes. Si les deux particules se trouvent dans des galaxies différentes, cela pourrait prendre des siècles. Pour qu'une particule située ici sache ce qui se passe là-bas pendant que se produit l'événement, elle doit être là-bas. Et

si elle est là-bas, elle ne peut pas être ici. Si elle est aux deux endroits en même temps, alors ce n'est plus une particule. Cela signifie que les particules sont reliées à d'autres particules d'une façon systématique et intime qui coïncide avec notre définition du terme organique. »

Oh la la! Des particules subatomiques qui se trouvent à deux endroits en même temps, et qui nous obligent à remettre en question tout ce que nous croyons à propos de la nature de l'univers et de notre existence. Après avoir lu les nouvelles découvertes qui ont été faites dans le domaine de la physique et après avoir lu les nouvelles questions que l'on pose aujourd'hui, il devient évident que nos anciennes théories ne sont plus valables. Ce n'est pas parce que nous ne pouvons pas voir que tout est relié que ces liens n'existent pas.

Tout ce que nous croyons savoir à propos de la façon dont la vie fonctionne est une illusion en raison de notre vision limitée des choses. Les pierres qui nous semblent être des objets inanimés sont non seulement aussi vivantes que nous, mais elles sont affectées par des stimuli, tout comme les êtres humains, de nombreuses façons infinitésimales. La distinction entre les êtres animés et les objets inanimés doit cesser lorsqu'on pénètre dans le monde de la mécanique quantique et lorsqu'on essaie de déterminer comment ces particules subatomiques, qui constituent notre univers et dont vous êtes constitué, sont toutes interreliées. La physique et la métaphysique ont démontré qu'il existe un schème selon lequel l'univers fonctionne que nous sommes incapables de saisir avec notre cerveau. Le simple fait d'observer les choses par le biais de nos pensées affecte ce que nous examinons, même si nous croyons nous trouver à une certaine distance. Cela indique à quel point tout est inextricablement lié.

Au cours de cette très brève excursion dans le monde de la nouvelle physique, il s'avère que ces particules subatomiques apparentes sont tellement petites que l'une d'entre elles dans un édifice de 14 étages représentant un seul atome serait de la taille d'un grain de sel. Et n'oubliez pas qu'un bref coup d'œil dans le microscope le plus puissant révèle l'existence de millions et de millions d'édifices de 14 étages, même dans les objets les plus minuscules qu'il nous soit possible d'observer. Armé de ces notions, pouvez-vous commencer à croire au concept de la «synchronicité»?

Comment en serait-il autrement? L'essence de notre univers, depuis la perspective des plus minuscules particules au niveau subatomique en allant vers l'extérieur jusqu'à l'infinitude du vide, semble composée d'un motif systématique et synchronisé dont nous faisons partie intégrante. Chacun d'entre nous est une particule subatomique située à la fois ici et ailleurs, simultanément, toutes reliées dans le motif fascinant de l'ensemble, se comportant comme des êtres uniques, et pourtant, au même moment reliées à tous les autres êtres, tout comme ces particules subatomiques dans un atome, au sein d'une molécule, au sein d'une cellule, au sein d'un être, au sein de l'univers.

C'est synchronisé et parfait, et nous le sommes également. Il n'y a pas d'accident. L'étude de la physique quantique révèle que les plus minuscules particules fonctionnent individuellement, animées d'une mystérieuse perfection, tout en fonctionnant, exactement au même moment, de concert avec toutes les autres particules situées n'importe où dans l'univers. Aucun laps de temps n'est nécessaire.

Il est donc facile de voir que nous sommes assujettis au même système – que nous faisons partie d'une danse synchronisée apparemment impossible. Même s'il semble que nous prenons de nombreuses décisions individuelles quant à notre façon de mener notre vie quotidienne, en même temps, *et je veux dire exactement en même temps,* nous faisons aussi partie d'un tableau global qui est déjà complet et parfait. Les accidents et le hasard sont tout simplement hors de question.

Tout ce qui s'est produit devait se produire; tout ce qui doit se produire ne peut pas être arrêté

Repensez aux exemples que j'ai cités à propos de Shirley Lorenzini et de l'homme dont j'ai fait la connaissance à la librairie de Monterey. Chaque événement précédent dans ma vie a été nécessaire pour que je me retrouve sur l'autoroute fédérale au moment précis où s'y trouvait Shirley; de même, une chaîne d'événements m'a mené à entrer dans la librairie au moment où je l'ai fait. Si quoi que ce soit avait été différent, j'aurais été différent, et quelque chose se serait passé. Mais vous savez que rien d'autre n'aurait pu se passer excepté ce qui s'est passé. Aussi, même si je crois que j'aurais pu modifier les choses, le fait est que les événements se sont produits exactement tels qu'ils se sont produits, et rien ne peut changer cela.

À mon avis, nous avons le choix au moment même où les événements se produisent. Je comprends très clairement les deux contextes à présent, et l'un n'empêche pas l'autre. Aussi paradoxal que cela puisse sembler, «nous sommes tous condamnés à faire des choix». De même que ces particules subatomiques peuvent littéralement se trouver à deux endroits en même temps, et être instantanément reliées l'une à l'autre à deux endroits différents, il en est de même pour moi. C'est ainsi que sont les choses. Je sais que je fais toujours des choix et que chaque choix me mène au suivant, et que tant que je ne bloque pas le flux de l'énergie dont est composé l'univers, je vais dans la bonne direction.

Je sais que quand je dis oui à la vie, quand j'ai confiance en mon intuition (que je ne peux pas définir), et lorsque je continue à avancer en direction de l'harmonie et de l'amour, tant face à moi-même qu'aux autres, tout est équilibré et parfait. Je sais aussi que j'ai le pouvoir d'interférer avec cette harmonie en agissant de façon agressive et discordante. Ma capacité de penser me permet de prendre position dans l'univers tout comme les particules subatomiques sont alignées, même si tout ce que nous observons par le biais de nos sens nous indique que les événements sont un effet du hasard. Je sais qu'une analyse plus approfondie et plus détaillée révèle que rien ne se produit au hasard, ce qui inclut ma personne et tous mes choix.

Vous pouvez vous servir de cette réalisation stupéfiante pour améliorer votre vie chaque jour. Une fois que vous saurez que tout ce qui croise votre chemin, que tout ce que vous pensez et ressentez, que tout ce que vous faites, fait partie intégrante de la «synchronicité» de l'univers et que, précisément au même instant, c'est vous qui dirigez les choses également, vous vous débarrasserez alors des boulets qui vous entravent. Vous commencerez à voir que toutes les étapes de votre vie sont synchronisées.

De plus, vous pourrez prendre du recul, mentalement, et voir dans quelle direction se dirige votre forme. Vous pourrez être détaché du besoin d'intervenir de façon agressive auprès de quiconque, vous vous montrerez plus réceptif à tout ce qui vous entoure ainsi qu'à tout ce que vous entourez. Vous pourrez mettre fin à l'interminable analyse de tout et affluer plus paisiblement, en sachant que l'intelligence divine qui soutient votre forme fonctionne parfaitement, et qu'elle fonctionnera toujours parfaitement. Comment ne pas avoir confiance en quelque chose d'aussi immense, d'aussi équilibré, d'aussi parfait, et ne pas être certain qu'il en sera toujours ainsi, ad infinitum?

Ayez confiance en ce principe. Sachez que tous les éléments sont imbriqués les uns dans les autres de façon harmonieuse et parfaite. Sachez que vous aussi faites partie de cette perfection, que chacun de vos actes, de vos pensées, de votre intuition et de l'endroit où vous vous trouvez à tout moment fait également partie de cette perfection. Une fois que vous aurez accepté cette synchronisation de l'univers, les coïncidences apparemment impossibles vous sembleront logiques: vous hocherez la tête et vous saurez intérieurement que c'est ainsi que cela doit être. Vous n'éprouverez plus de choc, vous ne serez plus incrédule quand vous serez témoin d'une série d'événements qui sont apparemment le fruit du hasard.

Mais avant de pouvoir faire fonctionner ce principe en tout temps, vous devez vous départir de certaines anciennes croyances. Voici quelques-unes des raisons pour lesquelles il vous est peut-être difficile de commencer à appliquer le principe de la «synchronicité». Analysez-les soigneusement pour vérifier si vous êtes prêt à permettre que ces «miracles» se produisent dans votre vie.

Certaines des raisons pour lesquelles il vous est peut-être difficile d'adopter le principe de la «synchronicité»

- On nous a appris à croire seulement après avoir vu les choses de nos propres yeux. Étant donné que nous ne pouvons pas voir la «synchronicité», ni en faire directement l'expérience par le biais de nos sens, nous sommes sceptiques. Notre culture occidentale suggère que toutes ces connexions mystérieuses ne sont en fait que le fruit du hasard, et il est plus facile de croire qu'il s'agit de coïncidences plutôt que de quelque chose qui échappe à nos sens.
- Nous sommes fermement convaincus d'être séparés du reste de l'humanité, et nous avons conscience de notre individualité. Nous percevons la «synchronicité» comme un conflit avec notre besoin d'être un individu unique, distinct du reste de l'humanité. Si tout est synchronisé et parfait, cela signifie que le destin joue un grand rôle dans notre vie. Cela suppose donc que nous n'avons pas la capacité de prendre des décisions individuelles ni d'exercer notre libre arbitre. Bien des gens trouvent qu'il est excessivement difficile d'accepter à la fois le concept du libre arbitre et la notion qu'il existe une intelligence supérieure dans l'univers qui est totale

et complète. Si nous croyons que ces principes sont mutuellement exclusifs, le principe universel de la «synchronicité» nous semblera difficile à accepter.

- Le principe directeur de notre existence est la forme et non pas la pensée. Si nous nous identifions uniquement à notre forme et si nous sommes incapables d'imaginer une dimension de l'être qui se trouve au-delà de la forme, nous aurons de très grandes difficultés à conceptualiser et à admettre ce principe de la «synchronicité». La dimension de l'absence de forme nous rend peut-être mal à l'aise car tout semble reposer sur notre foi, et sur rien d'autre. Pour ceux qui travaillent dans le monde des affaires où l'essentiel sont les faits et les profits, le scepticisme à propos de la «synchronicité» universelle est non seulement compréhensible, mais logique. (Même si la preuve que la «synchronicité» existe est de plus en plus tangible chaque jour, même aux yeux des scientifiques linéaires les plus rigoureux issus du monde universitaire et du monde des affaires).
- Nous trouvons peut-être que le principe universel de la «synchronicité» va à l'encontre de nos croyances religieuses traditionnelles. Si l'on nous a enseigné que Dieu surveille tout, qu'Il prend note de nos péchés et qu'Il est prêt à punir ceux qui ont désobéi aux règles de l'Église, il est difficile de croire qu'il existe une intelligence universelle qui fait partie de nous. En outre, l'idée que tout est parfaitement synchronisé contredit les croyances selon lesquelles l'être humain est imparfait et doit passer sa vie à souffrir pour expier ses imperfections.

Quand nous savons que nous nous trouvons dans un univers parfait et que Dieu n'est pas seulement à l'extérieur de nous, mais qu'Il fait également partie de nous, que nous avons une dimension divine, que tout est parfaitement interrelié, il n'est plus nécessaire d'accepter que notre comportement soit dicté par ceux qui désirent exercer un contrôle sur notre existence. Si notre pratique religieuse traditionnelle enseigne d'autres préceptes, il est certain que cela créera un conflit intérieur et il sera difficile d'admettre le principe de la «synchronicité».

- Finalement, il est difficile de concevoir la grandeur démesurée de l'univers et de comprendre comment tout peut être si parfaitement synchronisé. Il est peut-être trop complexe d'essayer de se représenter le comportement de particules subatomiques tellement minuscules qu'il en existe des trillions dans le plus petit grain de sable, et de tenter de comprendre qu'elles se comportent toutes d'une façon qui indique qu'elles prennent chacune des décisions et que ces décisions sont basées sur d'autres décisions qui ont été prises ailleurs.

Essayez ensuite d'imaginer que chacun d'entre nous, en tant qu'être humain, n'est rien de plus qu'un système énergétique, composé de ces particules subatomiques infinies et que si celles-ci sont capables de faire preuve d'une telle «magie» en adoptant un comportement basé sur des décisions prises ailleurs, nous pouvons également le faire, mais cela est tout aussi difficile à accepter.

Ce que je viens de décrire, ce sont les plus petites particules imaginables que l'on ne peut apercevoir que grâce à un microscope très puissant; nous devons à cette étape-ci cesser de regarder au niveau microcellulaire en raison des limitations de nos instruments de mesure. Je suppose qu'il est concevable qu'une particule subatomique ait des millions et des millions d'autres particules subatomiques, et que cette réalité puisse se décanter ainsi jusqu'à l'infini. Observons maintenant les choses en nous servant d'un télescope. Nous savons que l'univers est infini, ce qui veut dire que nous sommes des particules sub-sub-subatomiques dans le contexte du toujours. Essayer de nous imaginer en train de nous comporter comme ces particules est effectivement très difficile car cela défie l'imagination.

Et pourtant, ce n'est pas seulement probable: c'est *possible*. En fait, c'est certain, si vous vous donnez la permission d'adopter cette fabuleuse perspective. Votre résistance provient peut-être du besoin de vous cantonner dans ce qui vous est familier et de laisser ces spéculations aux autres!

Quelques idées pour mettre la «synchronicité» en pratique

- Dites-vous bien qu'il n'est pas nécessaire que vous cessiez d'être le protagoniste du scénario de votre vie. Vous pouvez continuer à croire que vous êtes capable de faire des choix et que vous avez le libre arbitre. Tout ce dont vous avez besoin, c'est d'accepter le paradoxe selon lequel nous vivons à la fois dans la dimension de la forme et dans celle de l'absence de forme, en tout temps, et que les règles qui régissent chacune de ces dimensions sont diamétralement opposées, même si elles agissent simultanément sur nous. Une fois que vous aurez réalisé que vous jouissez du libre arbitre au sein d'un univers parfait, vous pourrez vous débarrasser des pensées stressantes qui occupent une grande partie de votre vie.

Dès que vous commencerez à vous sentir stressé à propos de certaines choses, rappelez-vous avec douceur que tout est parfait, que vous n'auriez pas pu y changer la moindre parcelle, et qu'il y a une merveilleuse leçon à tirer de cela. Lorsqu'on sait que tout ce qui se produit est censé se produire, qu'il n'y a pas d'accident, que nous nous trouvons précisément à l'endroit où nous devons nous trouver, et que nous faisons ce que nous sommes censés faire, cela élimine beaucoup de pression car il n'est plus nécessaire de porter de jugements.

Essayez de prendre un recul mental et de vous imaginer à quel point il est merveilleux de faire partie de ce modèle de perfection. Voyez ce film magnifique qui se déroule devant vos yeux et par votre intermédiaire, et cessez d'essayer de deviner. Cela ne vous rendra pas suffisant. Cela vous donnera au contraire l'énergie de quelqu'un qui sait qu'il participe à la pièce gigantesque qui est le rêve de Dieu, tout en créant simultanément ce qu'il désire dans ce rêve. Un sentiment de révérence vous permettra de couler dans le même sens que le rêve au lieu de porter des jugements ou de remettre certaines choses en question.

- Assumez la responsabilité du rôle que vous jouez dans ce scénario global, *en tout temps*. Lorsqu'il vous arrive apparemment un accident, ne pensez pas que vous vous êtes trouvé au mauvais endroit au mauvais moment. Voyez plutôt cet événement comme quelque chose dont vous pouvez tirer une leçon ou comme quelque chose que vous avez créé. Lorsque vous saurez que vous créez votre propre réalité au sein d'un univers parfaitement synchronisé, lorsque vous refuserez de blâmer quiconque pour ce qui vous arrive, et lorsque vous saurez que les efforts que vous faites dans le monde vous reviennent sous forme d'une énergie parfaite, c'est alors que vous verrez la «chance» vous sourire.

Quand vous serez prêt à assimiler les leçons que renferme chaque événement, vous cesserez de vous heurter aux mêmes obstacles. Et quand vous aurez tiré des leçons de votre «malchance», vous n'aurez plus besoin de répéter la même structure de comportement. Si vous recevez une amende et que vous savez au fond de votre cœur que c'est un message qui vous indique que vous devez ralentir et conduire avec plus de précaution, cela veut dire que vous avez appris la leçon. Si vous ronchonnez continuellement à propos de cette amende, peut-être devrez-vous participer à quelque chose de plus draconien. C'est-à-dire que vous continuerez à conduire sans faire attention jusqu'au jour où vous causerez un accident, ou bien vous perdrez votre permis de conduire, etc.

Mais dès que vous saurez qu'il ne peut y avoir de hasard et que même les particules subatomiques les plus minuscules ont une raison d'agir, vous pourrez littéralement transformer votre vie. Essayez! Faites un essai de quelques mois. Si vous voulez que les choses soient différentes, ou si vous souhaitez simplement que la «chance» vous sourie, essayez de croire à quelque chose de nouveau, et je peux vous assurer que cela commencera à se manifester dans votre vie. Je sais que c'est vrai en ce qui me concerne et je suis absolument certain que vous pouvez faire en sorte que cela devienne vrai pour vous.

- Cessez de vous inquiéter! Quelle raison avez-vous de vous inquiéter dans cet univers parfaitement synchronisé? Cela n'a aucun sens de s'inquiéter à propos de choses sur lesquelles vous êtes certain de n'exercer aucun contrôle. Et cela n'a aucun sens de s'inquiéter à propos des choses sur lesquelles vous exercez un contrôle, parce que si vous exercez un contrôle, il n'y a pas de raison de s'inquiéter. Morale de l'histoire: il n'y a pas de raison de s'inquiéter à propos de quoi que ce soit. Toutes les choses sont déjà réglées pour vous. Laissez-vous couler avec le courant au lieu de lutter.
- Calmez votre esprit de façon à pouvoir découvrir le rythme parfait de l'univers. Quand vous entrerez dans cet espace intérieur et que vous vous donnerez la liberté d'être en paix, sans porter de jugements, vous commencerez à sentir que vous êtes relié à cette énergie que j'ai décrite tout au long de ce livre. Si vous vous exercez assez longtemps à calmer votre esprit, le fait de méditer et de découvrir l'unicité vous convaincra de la perfection de tout ce qui vous entoure.

J'ai créé ce que les autres appellent des miracles au cours de méditations tranquilles. J'ai pénétré dans l'incroyable lumière qui fait partie de ma méditation et j'ai senti que je me convertissais en pensée pure, même si j'avais encore conscience d'avoir un corps. Quand je retourne dans ma forme, je me sens rempli de nouveau d'une incroyable énergie. La dimension qui se trouve au-delà de la forme m'est familière car je peux en faire l'expérience chaque fois que je le souhaite.

Je vous conseille vivement de vous débarrasser de votre résistance face à cette notion et de tenter l'expérience. Si vous êtes patient envers vous-même, et si vous êtes prêt à persévérer, je vous assure que vous obtiendrez des résultats positifs. Ce n'est pas par hasard que les êtres spirituels qui ont vécu sur Terre ont tous pratiqué la méditation, c'est-à-dire une transformation quotidienne. Vous pouvez certainement réaliser que vous êtes suffisamment divin pour faire vous aussi ce magnifique exercice, mais il faut pour cela que vous soyez prêt à cesser de vous identifier exclusivement à votre forme pendant quelques minutes par jour.

- Révisez les trois étapes de l'illumination et voyez à quel stade vous vous trouvez actuellement. Si vous vous trouvez au premier stade et si vous devez encore attendre qu'une certaine période de temps s'écoule avant de comprendre la leçon que comportaient les événements qui vous ont traumatisé, exercez-vous à être présent, malgré le problème, et essayez de glaner quelque chose de positif pendant que les événements se déroulent. Pour cela, il faut faire abstraction pendant quelques moments de votre colère et de votre frustration face à la situation et adopter une attitude différente: «Très bien, c'est moi qui ai créé cette situation chaotique, même si je ne comprends pas exactement comment je m'y suis pris. Quelle leçon puis-je en tirer à présent?» Cet exercice vous permettra de cesser de penser à ce qui manque ou à ce qui ne va pas et vous remettra sur la bonne voie.

Si vous vous trouvez au deuxième stade et si vous cherchez à comprendre quelle leçon renferme l'événement au moment même où il se déroule, essayez de vivre tout l'événement mentalement, d'en percevoir les conséquences en pensée, puis d'éliminer le besoin que l'événement se déroule dans la dimension de la forme, où il se traduira immanquablement par de la souffrance. Étouffez le traumatisme dans l'œuf grâce à la puissance de votre esprit, puis suivez votre instinct quant à la façon de mettre fin à cet événement négatif, étant donné que vous avez déjà vu mentalement quels vont être les résultats si vous continuez, et que vous savez au fond de votre cœur que vous n'avez plus besoin de vous rendre à cet emplacement.

- Si vous vous trouvez au troisième stade et si vous êtes capable de contourner ces traumatismes ou, du moins, de les minimiser en les devançant mentalement, il faudrait vraiment que vous aidiez votre entourage à faire la même chose. Partagez vos talents avec les autres, et montrez-leur la beauté de quelqu'un qui est transformé.

- Efforcez-vous de vous défaire de l'idée que les liens invisibles ne sont pas réels. Je vous ai démontré l'existence de nombreux liens que vous utilisez chaque jour de votre vie. Une fois que vous saurez que les pensées peuvent être reliées à la forme ainsi qu'à d'autres pensées, et que tout dans notre univers, sans exception, est constitué d'énergie vibratoire, vous comprendrez que tout est synchronisé et parfait. Une fois que vous aurez eu cette révélation intérieure, vous pourrez commencer à créer des événements synchroniques.

Vous pourrez employer l'incroyable puissance de votre esprit pour vous concentrer sur votre guérison, pour consolider vos relations avec les autres, et pour parvenir à un équilibre et à une harmonie intérieurs. Vous pouvez accomplir tout cela en vous concentrant sur ce que vous voulez créer, et en cultivant la croyance que vous pouvez cocréer tout ce que vous voulez de concert avec l'intelligence qui habite votre forme. Mais vous devez tout d'abord comprendre que votre capacité d'être la pensée est le véhicule qui vous permettra de déclencher ce processus de transformation. C'est par le biais de la pensée, et seulement par la pensée, que vous pourrez accomplir les miracles auxquels vous n'avez pas eu accès jusqu'à maintenant.

- Exercez-vous à faire confiance à votre intuition, c'est-à-dire à «j'ai le sentiment que...» Ce processus intuitif est une manifestation de votre niveau de conscience supérieur en mouvement, et si vous l'ignorez, vous vous bornez à réagir par habitude et à obéir au conditionnement que vous avez reçu. Un sentiment intérieur basé sur l'intuition est une pensée. C'est divin. C'est vous et vous êtes cela. Faites-lui confiance – c'est votre système d'alerte précoce, divin, et en même temps humain, qui fonctionne. Si vous en avez peur, ou si vous préférez tout d'abord consulter quelqu'un d'autre, vous empêchez ce système de fonctionner et vous apprenez à l'ignorer. Bientôt, ce système d'alerte précoce, qui est l'intuition, cessera de se manifester car vous ne l'utilisez pas assez souvent et vous ne lui faites pas confiance. Vous réagirez alors conformément aux souhaits et aux exigences des autres.

Lorsque vous jouez un match de tennis, vous ne vous arrêtez pas pour réfléchir et analyser chaque réaction. Vous permettez à votre forme de réagir en même temps que vos pensées. Plus vous procédez ainsi, plus la synergie est efficace. Réagissez automatiquement en vous laissant guider par votre intuition, faites confiance à la «synchronicité» de cet univers parfait qui coule en vous.

- N'oubliez pas que «l'analyse» est un acte intellectuel violent, qui subdivise la pensée et morcelle l'univers. Lorsqu'il faut démanteler quelque chose et analyser de près chaque composante, vous employez littéralement votre esprit pour disséquer des entités. C'est un acte de violence car cela vous empêche d'avoir une vision globale et cela oblige votre esprit à se concentrer sur le processus de subdivision. Vous vous causez du tort sur le plan métaphysique en vous divisant, en compartimentant vos relations et vos activités, et en essayant de découvrir la signification cachée de chaque comportement individuel.
- N'oubliez pas que «la synthèse» est le contraire de «l'analyse». Vous pouvez passer de l'analyse à la synthèse, ce qui veut dire passer de la violence intellectuelle à l'harmonie intellectuelle. Synthétiser signifie rassembler tous les éléments, et voir comment ils s'imbriquent dans le tout. Vous pouvez percevoir votre comportement et celui de tous les autres en fonction de la façon dont il est relié à votre univers entier. Vous pouvez chercher des façons d'être mieux équilibré et, en même temps, de fonctionner harmonieusement avec tout ce qui compose l'être humain.

C'est presque un réflexe dans la culture occidentale d'analyser, de ne penser qu'à nous-même, d'oublier les autres, et même de nous subdiviser en un nombre croissant de composantes: notre personnalité, nos émotions, nos pensées, notre forme, l'athlétisme, le patrimoine culturel, etc. Pour transcender cette violence intellectuelle qui nous empêche de percevoir le tout parfaitement synchronisé, nous pouvons changer notre perspective et synthétiser, c'est-à-dire voir que nous sommes reliés à tout, et que nous sommes également un lien. Nous devons cesser de nous concentrer uniquement sur la façon dont les choses nous affectent. Il faut changer de perspective et commencer à servir les autres.

Dans tout ce que je lis, dans tout ce que je vois et dans tout ce que je fais, je cherche de quelle façon nous sommes reliés les uns aux autres dans tous les aspects de la vie. Je refuse de me percevoir comme l'ennemi de quiconque, en dépit de ce que racontent les hommes politiques du jour. Je pense de façon globale à tous mes projets intellectuels. Je sais qu'un monde qui dépense 25 millions de dollars par minute à fabriquer des armements et qui permet à 40 enfants de mourir de faim chaque minute, dépense trop d'énergie intellectuelle à subdiviser la planète et à se concentrer sur les différences qui existent entre les êtres humains. Je sais que je peux résister à la tentation de croire que quiconque sur la planète est séparé et distinct de moi.

Chaque fois que je vois d'autres êtres humains, peu importe leur couleur et leur religion, indépendamment de leur pays d'origine, je sais que j'ai des choses en commun avec eux: l'expérience quotidienne de la nature humaine. Ils savent ce que cela veut dire d'être humain, d'avoir faim, d'aimer les enfants, de digérer des aliments, d'avoir des crampes d'estomac, de penser. Nous avons tous cela en commun. Plus nous penserons à synthétiser au lieu d'analyser, plus il est probable que nous réussirons à créer une conscience collective. Et il est fort probable que nous cesserons alors de mettre l'accent sur ce qui nous sépare.

Tous les jours, lorsque vous contemplez votre monde et que vous voyez des millions et des millions de fleurs s'ouvrir, rappelez-vous que Dieu fait tout sans employer la force. Il fait tout avec une perfection synthétisée.

À propos de fleurs, on m'a récemment raconté l'histoire d'un bouquet qui a joué un rôle bien plus important que ses propriétaires n'auraient pu l'imaginer.

Un couple du New Jersey avait une grande serre adjacente à leur maison. Elle était toujours pleine de fleurs, et on y trouvait aussi des capucines. C'est une fleur que l'on fait rarement pousser dans une serre.

Par une soirée enneigée de janvier, le mari et la femme allèrent assister à la répétition d'un orchestre d'amateurs dans une petite ville voisine où ils avaient déjà vécu. Ils décidèrent d'apporter avec eux un gros bouquet de capucines car ils voulaient en faire cadeau lors de la répétition; ils sentaient que les chaudes couleurs – l'orange, le jaune et le rouge – réchaufferaient cette froide nuit d'hiver.

Lorsqu'ils arrivèrent dans la bourgade, le mari décida d'emprunter une allée parallèle à la rivière. Il neigeait et l'endroit était désert, mais ils virent une vieille dame frêle qui marchait toute seule. Ils la reconnurent car c'était la mère de leur ancien voisin; ils s'arrêtèrent pour lui demander s'ils pouvaient l'accompagner en voiture. Elle semblait désorientée, mais elle leur dit finalement où elle allait, et ils l'accompagnèrent. Lorsqu'ils arrivèrent, ils lui offrirent le bouquet de fleurs.

Trois jours plus tard, ils reçurent une note de sa part où elle les remerciait de l'avoir accompagnée en voiture et de lui avoir fait cadeau du bouquet de fleurs. Elle leur raconta combien ce geste avait été important pour elle. Pendant toute sa vie professionnelle, elle avait travaillé comme infirmière; elle s'était rendu compte ce jour-là qu'elle était trop âgée et qu'elle avait trop de problèmes de santé pour continuer à travailler. Elle ne voulait pas être un fardeau pour sa famille et elle avait décidé de se noyer dans la rivière, à moins que Dieu ne lui envoie un signe comme quoi Il ne souhaitait pas qu'elle agisse ainsi. Le bouquet lui avait littéralement sauvé la vie.

Combien de «hasards» ont mené à cet incident? Si le couple n'avait pas décidé d'apporter les fleurs à une répétition, si le mari n'avait pas emprunté une allée parallèle à la rivière, s'il n'était pas arrivé à la rivière juste au moment où la vieille dame s'en approchait, si elle n'avait pas interprété leur cadeau comme un signe de Dieu, elle aurait perdu les dernières années de sa vie, et sa famille aurait été privée du bonheur de prendre soin d'elle.

Permettez-moi de conclure ce chapitre par une dernière anecdote. Cela m'est arrivé en février 1959 alors que j'étais âgé de 19 ans.

Par une soirée particulièrement froide, j'étais en train de faire du stop pour rentrer chez moi au Michigan. Je venais de Patuxent River Naval Air Station à Lexington Park, dans le Maryland. J'étais censé retrouver mon frère aîné, que je n'avais pas vu depuis deux ans, chez mes parents. Je me trouvais dans un abri isolé quelque part au beau milieu de l'autoroute Pennsylvania Turnpike. La température était d'environ –25° et le vent soufflait tellement fort que je ne pouvais pas faire du stop le long de la rampe d'accès pendant plus de 10 minutes à la fois. Il était environ 3 heures du matin et je marchais le long de la route quand je vis passer un autre marin qui allait se réchauffer à la station d'essence. Il faisait très noir et je distinguais à peine son uniforme, mais étant donné que nous étions tous deux en uniforme, nous échangeâmes quelques brèves paroles.

«Fais attention, ami» me dit le marin transi. «Il fait tellement froid qu'on ne peut pas rester à l'extérieur plus de quelques minutes.

– Merci», dis-je. «J'apprécie ton conseil.»

Ce fut tout. Je restai pour voir si une voiture s'arrêterait pour me faire monter et le marin retourna vers le confort de la salle de repos de la station d'essence. Au bout de 15 minutes au bord de la route, je n'avais toujours pas eu de «chance» et je dus retourner à la salle de repos. J'entrai dans la pièce chaude, et je vis le marin avec qui je venais de parler dans l'obscurité. C'était mon frère aîné, Jim, qui faisait du stop depuis Norfolk, en Virginie, pour rentrer dans sa famille et pour me voir.

Quelle combinaison de facteurs avait-il fallu pour que nous nous rencontrions au beau milieu d'une route déserte, et que nous nous parlions dans l'obscurité, coincés dans une tempête glaciale? Je ne prétends pas connaître la réponse, mais je sais qu'il n'y a pas d'accidents dans un univers parfaitement synchronisé. Il faut le croire pour le voir.

Chapitre 7

Le pardon

Pour pardonner... il faut avoir blâmé.

Il est presque impossible de parvenir à un état de conscience supérieur à moins d'appliquer le principe universel du pardon dans notre vie quotidienne. J'inclus un chapitre sur le pardon dans ce livre car je sais que le refus de pardonner est la cause réelle de la souffrance qu'endurent bien des gens. J'ai travaillé avec des milliers de personnes au fil des ans et je suis parvenu à la conclusion que ce refus de pardonner les emprisonne dans un état de conscience inférieur. Il est aussi important d'apprendre et de pratiquer le pardon que de mettre en application tous les autres principes.

Il est impossible de devenir un esprit éclairé et de parvenir à l'illumination tant que nous croyons être limité à la dimension de la forme. Comme nous l'avons vu, l'illumination et l'abondance vont de pair. Pour parvenir à un état de conscience supérieur, nous devons transcender notre corps, apprendre à être détaché et nous mettre au diapason de la «synchronicité» de l'univers. Mais tant que nous n'aurons pas appris à pardonner, même si nous maîtrisons tous les autres principes, nous resterons prisonnier. Pardonner sincèrement veut dire comprendre et mettre en pratique tout ce que vous avez lu dans ce livre. Le pardon est le test ultime pour la personne qui est prête à vivre à un niveau de conscience supérieur.

Dans l'introduction de ce livre, j'ai raconté mon pèlerinage en 1974 au cimetière dans lequel mon père est enterré. C'est le récit d'un pardon. Et cet acte a été sans conteste le catalyseur qui m'a permis d'avoir accès à une nouvelle vie d'abondance et d'amour. C'est le geste le plus libérateur et le plus aimant que j'aie jamais fait. Une fois que j'ai réussi à me débarrasser de la haine et de la colère que j'avais accumulées en moi à l'égard de cet homme que je ne connaissais même pas, je me sentis assez libéré pour devenir réceptif à une façon entièrement nouvelle de vivre et de percevoir le monde. Cette nouvelle perspective du monde, exempte de jugements et de haine, a marqué un tournant dans ma vie.

Si vous voulez cheminer sur la voie de la conscience suprême, vous devez analyser très sincèrement si vous êtes prêt à pardonner. La plupart d'entre nous ne savons pas vraiment le faire. Nous nous accrochons aux jugements et aux haines. Nous excellons dans l'art de blâmer les autres; nous les tenons responsables de nos problèmes et de nos lacunes. Le pardon – et j'entends par là un pardon total – signifie un tournant spectaculaire. Nous y voilà à nouveau; nous abordons encore une fois le thème de la pensée qui constitue tout l'univers et qui compose notre existence entière. La pensée! Refuser de pardonner, c'est ne pas comprendre comment fonctionne l'univers et quel rôle vous y jouez.

L'univers ne pardonne pas parce qu'il ne blâme pas

La vie est une série d'événements que nous avons créés et que nous avons attirés vers nous. L'univers est également une série d'événements qui se produisent quelle que soit l'opinion que nous en avons. Tout est, tout simplement, et c'est parfait. Les étoiles sont au bon endroit. Chaque flocon de neige qui tombe atterrit exactement là où il est censé le faire. La température journalière est précisément ce qu'elle est censée être – d'ailleurs, le simple fait de la qualifier grâce à un chiffre sur un thermomètre est un genre de jugement que l'on porte, à bien y penser. Les tempêtes, les inondations, les sécheresses, la position des rivières et des montagnes, l'orbite des planètes – tout est, simplement. L'univers nous est présenté dans toute sa perfection. Il n'y a rien à pardonner, parce qu'il n'y a rien à juger et personne à blâmer.

Lorsque nous savons que nous créons tout ce dont nous avons besoin pour notre existence, nous sommes alors en mesure de savoir que nous avons créé toute la haine et la colère que nous éprouvons envers autrui. Nous avons même créé les autres dans notre vie dans le but d'avoir quelqu'un à blâmer.

Il est totalement absurde de croire que les autres ne devraient pas nous avoir traités comme ils l'ont fait. L'univers fonctionne toujours précisément de la façon dont il est censé le faire, et il en est de même pour tout ce qui s'y trouve, même les choses que nous jugeons mauvaises, inadéquates, cruelles, et douloureuses pour nous et pour les autres. Notre désir d'améliorer ces choses fait également partie de cet univers parfait. Comment se fait-il que les autres nous aient traités ainsi?

Au lieu d'être fâchés de la façon dont nous avons été traités, aussi terrible que cela puisse nous sembler, nous devons apprendre à percevoir différemment le comportement d'autrui. Les autres ont fait ce qu'ils savaient faire, compte tenu de leurs circonstances. Le reste des émotions que nous emmagasinons en nous, nous appartient. Nous sommes les propriétaires de toutes ces émotions. S'il s'agit de haine et de jugements, cela signifie que c'est ce que nous avons choisi de porter dans notre cœur et que c'est ce que nous donnerons aux autres.

Vous avez littéralement donné le contrôle de votre vie à ceux qui vous ont causé du tort. Apprendre à pardonner signifie apprendre à corriger les perceptions erronées que vous avez créées par le biais de vos pensées. Une fois que vos pensées seront claires, vous assumerez l'entière responsabilité de vous-même, ce qui inclut la façon dont vous êtes traité, et vous arriverez au point où vous n'aurez plus besoin de vous exercer à pardonner. Vous aurez corrigé toutes vos perceptions erronées, et vous aurez éliminé les trois sources de votre mécontentement qui créent le besoin de pardonner.

Le fait de comprendre ces «distorsions de la pensée» vous mènera à pratiquer le pardon. Un jour, vous serez libéré, vous n'aurez même plus besoin de pardonner car vous n'éprouverez plus le besoin de blâmer.

Débarrassez-vous de l'habitude de blâmer et de porter des jugements, ainsi que du désir de vous venger

Je considère que j'ai pu parvenir au stade d'évolution où je me trouve actuellement en me débarrassant de ces trois habitudes destructrices. Tant qu'il en restait une trace dans ma vie, cela se mêlait au principe du pardon, et j'étais incapable de vivre naturellement et sans obstacle. Maintenant que je me suis défait de ces habitudes, il n'y a jamais rien à pardonner à mes yeux; le pardon est maintenant quelque chose que je partage avec ceux qui souffrent en raison de leur désir de s'accrocher à cette façon de penser. Tant que nous continuerons à penser en ces termes, nous devrons nous efforcer de pardonner. Quand vous aurez transcendé ce schème de pensée, la question du pardon ne se posera même plus.

Le blâme

Si nous sommes incapables de pardonner à ceux qui, selon nous, nous ont causé du tort par le passé, nous devons examiner notre décision de les tenir responsables de notre malheur. L'habitude de blâmer est très ancrée dans notre culture, et vous avez certainement acquis cette habitude dans votre propre vie.

L'atmosphère litigieuse qui règne aux États-Unis et le nombre croissant de procès prouvent bien que la plupart des gens ne sont pas prêts à assumer la responsabilité de leur vie.

Au contraire, ils poursuivent en justice autant de personnes que possible, sans tenir compte de leur négligence personnelle, et exigent que quelqu'un d'autre les dédommage lorsqu'il leur est arrivé un incident. Les annonces publicitaires offrant les services de bureaux d'avocats proclament: «Ce n'est pas votre faute, quelles que soient les circonstances. Vous devriez envisager la possibilité d'exiger des dommages dès maintenant.» Cette attitude mentale ancrée, qui consiste à tenir les autres responsables de nos circonstances et de nos problèmes, est le produit d'une attitude axée sur le blâme. Plus cette attitude est enracinée en vous, plus il vous sera difficile de vous exercer à pardonner.

Vous devez être parfaitement honnête envers vous-même si vous voulez vous débarrasser complètement de l'habitude de blâmer. La meilleure façon de commencer est d'assumer la responsabilité entière de tout ce que vous êtes actuellement. C'est exact. Dites-vous: «Je suis la somme totale des choix que j'ai faits jusqu'à présent.» Votre façon de penser est à ce point ancrée qu'il vous est probablement difficile d'accepter cela. Vous êtes peut-être tenté de vous dire: «Je n'ai pas pu m'en empêcher» ou «C'était la faute de quelqu'un d'autre», ou «Je me suis trouvé au mauvais endroit au mauvais moment», ou «On m'a fait un sale coup», ou «Mes circonstances familiales sont la cause de mon malheur.» Vous avez peut-être d'autres excuses que vous vous êtes inventées pour vous absoudre de toute responsabilité.

Faites abstraction de tout cela et analysez votre vie avec une optique différente. Tout ce qui vous est arrivé est une leçon dont vous devriez être reconnaissant. Tous les gens que vous avez croisés dans votre existence étaient des professeurs, même si vous avez choisi de les détester et de jeter le blâme sur eux. En vérité, il n'y a pas d'accidents. L'univers fonctionne parfaitement, ce qui inclut toutes les particules subatomiques dont vous êtes composé, ainsi que ceux que vous blâmez. Tout est tel que c'est censé être, rien de plus, rien de moins! Toutes ces situations, même celles que vous avez vécues lorsque vous étiez un petit enfant, renferment de précieuses leçons que vous devez assimiler, et dont vous devriez tirer profit; cependant, vos sentiments de haine et l'habitude de jeter le blâme sur les autres vous empêchent de profiter de ces leçons.

Voyez dans quelle mesure vous résistez au principe selon lequel vous devriez assumer la responsabilité entière de vos circonstances et la croyance selon laquelle il n'y a pas d'accidents dans cet univers parfait. Suivez cette logique. Quelqu'un vous a causé du tort par le passé. Vous vous sentez blessé et fâché, et cette colère se transforme finalement en haine. C'est *votre* haine. Vous la transportez dans votre cœur partout où vous allez. Vous la possédez. Elle est vous et vous êtes elle. La haine est une pensée, et elle vous accompagne partout où vous allez.

Vous avez donné à quelqu'un la permission, non seulement de vous faire du mal une fois, mais de continuer à contrôler votre vie intérieure. La haine infecte votre existence tandis que l'autre personne suit son chemin et fait exactement ce qu'il ou elle sait faire, quelle que soit la situation pénible dans laquelle vous vous trouvez actuellement. Le côté absurde du blâme, c'est que cela donne aux autres un contrôle sur nous au moment même où ils commettent leur acte infâme. Par la suite, la colère que nous éprouvons leur permet de continuer à exercer un contrôle sur nos actes car nous projetons cette colère sur le monde entier. Nous devenons des prisonniers, sans espoir de parvenir à un niveau de conscience plus élevé ni de trouver le bonheur.

Tel est l'effet que le blâme a sur nous, et c'est pour cela que c'est futile et destructeur. Tant que nous blâmerons les autres et que nous les tiendrons responsables de notre malheur, nous devrons attendre qu'ils changent avant de pouvoir sortir de notre état d'immobilisation actuel. Le pardon est un outil qu'il faut employer pour transcender les effets négatifs du blâme. Une fois que nous avons pardonné à quelqu'un qui nous a causé du tort, il n'est plus nécessaire de le blâmer. Lorsque nous pardonnons à tout le monde, il ne reste plus personne à blâmer. Ironiquement, c'est à ce moment-là qu'il n'est plus nécessaire de pardonner et telle est la véritable leçon que renferme ce chapitre.

Le pardon signifie changer vos fausses perceptions. Lorsque nous pardonnons à quelqu'un en raison de ce qu'il ou elle nous a fait, ce que nous disons en fait, c'est: «Je te retire le pouvoir de contrôler qui je suis, la façon dont je pense, et dont je me conduirai à l'avenir. J'assume la responsabilité de tout cela, dès maintenant.» C'est pourquoi nous n'avons, en fait, aucune raison de pardonner, car c'est nous qui créons notre propre réalité en choisissant la façon dont nous interprétons le comportement des autres. Nous avons choisi de blâmer parce que nous l'avons interprété d'une façon qui nous a blessés. Nous aurions pu choisir de ne pas porter cette haine en nous et de lâcher prise. Une fois que nous changeons notre perception des blessures et des souffrances que nous inflige la vie, et que nous prenons conscience que nous créons tout ce dont nous avons besoin pour ce rêve, ce qui inclut les fripouilles, nous n'éprouvons plus le besoin de blâmer quiconque. C'est un processus extrêmement libérateur.

Se libérer complètement du besoin de blâmer et assumer la responsabilité entière de soi-même exige une grande discipline. C'est une discipline basée sur l'amour de soi et non pas sur le mépris de soi. Lorsque nous nous aimons, nous refusons de permettre aux autres de gérer nos émotions à distance. Le pardon est l'outil dont nous disposons. Lorsque nous choisissons cette option, cela se transforme finalement en réaction automatique face à ceux qui nous traitent de façon méprisante; à ce moment-là, bien entendu, le pardon n'est plus nécessaire. Le pardon est un acte qui reflète l'amour de soi-même; ce n'est pas un comportement vaguement altruiste et saint. Cela nous donne la maîtrise de notre vie intérieure et de nos pensées.

Le fait de savoir que rien ne se produit au hasard, et que tout a une raison d'être, même les gens qui semblent si destructeurs, nous permet d'accepter ces «accidents» et ces vauriens comme des événements chargés d'une signification. Je peux vous assurer qu'une fois que vous n'aurez plus besoin de tirer des leçons des événements déplaisants que vous envoie la vie, ces événements ne se produiront plus. Mais si vous avez besoin de vous exercer à pardonner, vous continuerez à attirer des occasions de vous exercer.

Si vous réagissez avec colère, haine, et mépris, «ce genre d'individus» et «ces événements malheureux» continueront à se manifester dans votre vie. Désormais, ces choses ne m'arrivent plus que très rarement. Je cherche le bon côté chez tout le monde et j'assume la responsabilité de tout ce qui se passe dans ma vie, et je dis bien tout! Par conséquent, je vois ce en quoi je crois, continuellement. Vous aussi vous voyez ce en quoi vous croyez, et si vous blâmez les autres et si vous êtes plein de haine, c'est donc ce en quoi vous croyez, et bien entendu, c'est également ce que vous verrez.

La vengeance

Nous vivons dans un monde qui est en faveur de la colère et de la vengeance. C'est un monde où les peuples sont presque toujours en guerre, d'une façon ou d'une autre. La guerre est un outil extrême pour résoudre les désaccords. Les guerres sont déclarées entre les nations par les habitants de ces nations qui ne sont pas en paix avec eux-mêmes. Les guerres sont déclarées même dans le but de résoudre les problèmes qui affligent l'humanité. Je parle des «guerres» contre la pauvreté, les drogues, l'analphabétisme, et la faim. Nous prions ceux qui sont en faveur du pardon; nous déclarons aimer et respecter les grands maîtres spirituels et leurs enseignements, mais au moment de pardonner, nous optons pour la vengeance et la guerre. Les coups de feu qui ont été tirés le jour de Noël à Bethléem, et à Jérusalem le dimanche de Pâques nous rappellent combien il est triste que les êtres humains parlent beaucoup du pardon, mais préfèrent crucifier leurs ennemis.

La vengeance est la manifestation de pensées axées sur le blâme. Le blâme se trouve dans l'esprit et la vengeance se manifeste dans la dimension de la forme. Le processus de la manifestation immobilise ceux qui choisissent la vengeance et enfreignent le commandement le plus sacré: «Tu ne tueras point.» Et pourtant, nous tuons; un nombre incalculable d'êtres humains sont tués tous les jours et nous fabriquons des armes qui ont une telle capacité de destruction qu'elles peuvent réduire des villes entières en cendres et annihiler leurs habitants.

Même si tout cela fait partie de la façon parfaite dont sont les choses, et c'est là que se trouve le paradoxe, ceux qui aiment la paix désirent mettre fin à cette violence. Étant donné que la violence va croissant, nous devons tous nous poser cette question-ci: «Quelle est la leçon que la race humaine doit tirer de cette situation, aussi pénible soit-elle?» Notre existence et celle des générations futures dépend de la réponse à cette question.

Tous les jours, on entend parler de gens à qui l'on a fait du mal – qui ont été blessés, tués, violés, mutilés, et volés – et l'on entend parler du désir de se venger des coupables. Les familles des victimes brûlent de colère et sont poussées par un désir de vengeance. Elles portent une haine toujours plus grande en elles et exigent des châtiments proportionnels à la souffrance qui a été infligée aux êtres qui leur étaient chers. Et pourtant, même quand la sentence est exécutée, ceux qui ont été victimisés continuent de ressentir la même haine et la même souffrance. La colère les affaiblit et empoisonne leur âme. Ils sont constamment assaillis par la souffrance. Ils sont victimes non seulement du criminel, mais aussi de leur désir de se venger.

Je me souviens d'un cas dont Earl Nightingale m'avait parlé. C'est là que j'ai vraiment réalisé l'importance du pardon. Une femme avait perdu sa fille qui avait été violemment agressée par un criminel. Au cours des 18 années suivantes, cette femme fut consumée par le désir de se venger, mais ce désir ne fut jamais assouvi parce que la peine de mort avait été supprimée dans l'État où le meurtrier avait reçu sa sentence de mort. Pendant 18 ans, la mère fut incapable de fonctionner de façon satisfaisante. Au fil des ans, elle chercha à obtenir de l'aide de diverses sources pour sortir de son désespoir. En fin de compte, c'est l'acte du pardon qui la libéra. Lorsqu'elle rendit visite au meurtrier de sa fille et lorsqu'elle lui pardonna, alors qu'il était toujours condamné à mort 18 ans plus tard, elle raconta qu'elle vécut une expérience spirituelle d'amour envers elle-même, sa fille et le meurtrier.

Le fait de blâmer les autres et de les tenir responsables des circonstances de notre vie alimente la colère. Il y a beaucoup de gens ordinaires et de professionnels qui sont en faveur de la colère car ils considèrent que c'est une réaction saine. Dans la mesure où la colère est l'un des nombreux sentiments (pensées) dont nous sommes capables en tant qu'êtres humains, je suis d'accord. La colère est une émotion naturelle et il est peu probable que nous puissions nous en débarrasser entièrement. Le problème surgit lorsque nous nous accrochons délibérément, ou par sentiment d'impuissance, à cette colère, à notre désir de nous venger, et à notre habitude de porter des jugements. Je n'approuve pas la décision de frapper les enfants pour leur enseigner à ne pas frapper les autres. Je ne crois pas que *l'expression* de la colère soit toujours thérapeutique. Je ne pense pas non plus qu'il faille imputer aux autres la responsabilité de nos émotions.

Je vous recommande d'être doux envers vous-même et de vous aimer, en dépit de la façon dont les autres réagissent dans l'univers. Essayez de ne pas vous attacher à la croyance que les autres ne devraient pas être tels qu'ils sont. Comprenez qu'ils suivent leur propre chemin et que votre opinion à leur sujet n'a rien à voir avec la façon dont ils se comportent. Cultivez l'amour, même envers ceux qui vous ont causé du tort; c'est ce qu'ont dit tous les maîtres spirituels.

Quand votre cœur sera rempli d'amour, peut-être que la colère et le désir de vous venger vous quitteront. Cela n'est difficile que si vous êtes attaché au désir que le monde soit autrement que ce qu'il est. Si vous pouvez accepter même ce que vous ne voulez pas, et envoyer de l'amour là où vous avez envoyé de la haine par le passé, vous n'aurez plus besoin d'avoir des pensées chargées de colère. Vous n'aurez plus besoin de «rendre la pareille». Au contraire, vous réaliserez qu'il vous est devenu impossible de vous accrocher à cette colère et que ces pensées négatives n'ont plus d'emprise sur vous.

Lorsque vous aurez appris à être les pensées harmonieuses, au lieu d'être celles qui sont discordantes, vous vous rendrez compte que la colère n'est plus un choix que vous faites. Une fois que vous cesserez de blâmer les autres et que vous assumerez la responsabilité de tout votre monde intérieur, la colère se dissipera.

Quand vous renverrez définitivement la colère, votre vie ne sera plus déformée par ce besoin de vengeance. Vous ne permettrez plus à ceux qui vous ont causé du tort de continuer à maîtriser votre vie. Le pardon vous apportera un sentiment de paix et vous continuerez à cheminer sur la voie de l'illumination. Si un nombre suffisant de personnes prennent conscience de l'importance du pardon, et s'y exercent, peut-être qu'un jour nous choisirons également la politique du pardon vis-à-vis des autres nations.

De jeunes gens meurent aujourd'hui pour venger leurs ancêtres. Ils se battent en Terre Sainte, là où Jésus a prêché le pardon. Ils se déclarent d'interminables guerres. Qu'est-ce que cela prouve? Où cela mène-t-il? À la paix? Jamais! Les vaincus brûlent du désir de se venger et tuent chaque jour de nouveaux êtres humains au nom d'anciens conflits. Mais tout peut commencer à changer par votre intermédiaire, si vous adoptez le principe universel du pardon, si vous apprenez à transcender la haine en tant que réaction à la haine, et si vous apprenez plutôt à faire don de la paix. Le pardon est un acte galant et courageux; ce n'est pas un signe de faiblesse.

La lutte affaiblit tous les participants. Être contre quelque chose affaiblit toujours. Comme nous a enjoint saint Paul dans la Bible (Romains 12, 21): «Ne te laisse pas vaincre par le mal, sois vainqueur du mal par le bien.» Il vous faut simplement apprendre à pardonner, et ne jamais vous permettre de vous comporter d'une façon qui vous mène à vous mépriser. Selon un vieil adage chinois: «Celui qui cherche la vengeance devrait creuser deux tombes.»

Le jugement

Vous pouvez éliminer le blâme. Vous pouvez renvoyer la vengeance. Mais en ce qui a trait au jugement, il est seulement possible de réduire le nombre de jugements que vous portez quotidiennement. Porter un jugement signifie percevoir le monde tel que *vous* êtes, et non pas tel qu'*il* est. Il est impossible de ne porter aucun jugement, car chacune de nos pensées est teintée de jugements. Se dire qu'il fait une journée magnifique est une forme de jugement. Envoyer de l'amour à quelqu'un est un jugement. Évaluer quelqu'un ou quelque chose est un jugement. Il n'est donc possible de ne porter aucun jugement que lorsqu'on évite entièrement de penser, et cela serait absurde.

Mais vous pouvez réduire considérablement le nombre de jugements négatifs que vous portez, et c'est un genre de pardon qui vous aidera à améliorer la qualité de votre vie de façon spectaculaire. Il est fondamental de comprendre que les jugements que l'on porte ne changent rien ni personne dans l'univers. Ce n'est pas parce que quelqu'un vous déplaît ou parce que vous réagissez de façon négative à l'égard d'un comportement que cela changera la personne ou le comportement que vous jugez. N'oubliez pas que lorsque vous jugez quelqu'un, vous ne définissez pas cette personne, vous *vous* définissez. Vos jugements révèlent uniquement certaines choses à propos de vous. Ils décrivent les choses qui *vous* plaisent ou déplaisent. Ils ne définissent pas la personne que vous jugez. Cette personne est définie par ses propres pensées et ses propres actes. Une fois que vous aurez admis ceci, vous vous retiendrez de juger et vous commencerez à accepter: c'est le pardon en mouvement.

Quand vous accepterez les autres, vous ne ressentirez plus la souffrance qui accompagne le fait de les juger. Si quelqu'un agit d'une façon qui vous semble désagréable, comprenez que votre souffrance, votre colère, votre crainte ou toute émotion forte que vous ressentez, est un choix que vous avez fait puisque votre interprétation du comportement de cette personne est subjective. Si vous n'êtes pas prêt à reconnaître que cette émotion vous agite et à lâcher prise, c'est votre nature suprême qui a besoin d'attention. Le comportement de cette personne a heurté quelque chose qui n'est pas terminé ou dont vous n'avez pas pris conscience dans votre vie. La détresse que vous éprouvez face au comportement de cette personne est une façon d'éviter quelque chose qui vous dérange en vous-même. C'est peut-être une distinction subtile, mais c'est essentiel.

Vos pensées à propos de la façon dont les autres se comportent vous appartiennent. Vous portez en vous les résultats de ces pensées. Si vous ne jugez pas votre entourage, et si vous décidez plutôt d'accepter les autres tels qu'ils sont et précisément là où ils se trouvent sur leur propre chemin, vous n'éprouverez plus le besoin d'être bouleversé par eux, car vous aurez mis le pardon en pratique. Le pardon consiste à corriger nos propres perceptions erronées. En fait, il n'y a rien à pardonner. Vous devez simplement vous pardonner si vous avez porté un jugement quelconque ou si vous avez blâmé quelqu'un.

Ces trois entités: le blâme, la vengeance et le jugement, correspondent à des habitudes de penser profondément ancrées. Elles se développent dans une culture qui s'enorgueillit de blâmer les autres et de leur imputer la responsabilité de tout ce qui se passe, ce qui donne lieu à d'interminables procès au nom de «la justice». Tel est le résultat des pensées axées sur la vengeance que l'on vous a inculquées depuis que vous étiez enfant. En outre, ce comportement vengeur est considéré comme «le seul possible», patriotique, juste. Et pourtant, c'est un comportement très autodestructeur et irresponsable: ce n'est pas le propre des esprits éclairés. Et en parlant de porter un jugement, c'est vraiment stupide!

Chaque fois que vous vous surprendrez à vous comporter ainsi, rappelez-vous que c'est vous qui finirez par souffrir. Vous permettez que le comportement des autres régisse toute votre vie et quelle que soit la façon dont vous le justifiez, vous êtes tout de même l'esclave des caprices des autres lorsque vous agissez ainsi. Comme l'a écrit Abraham Maslow: «Un esclave bien ajusté n'existe pas.» Ce genre de comportement vous maintient dans un état de conscience inférieur.

Il est impossible d'avoir une raison d'être et de vivre une vie harmonieuse et équilibrée tout en permettant simultanément à quelqu'un d'autre de dicter vos pensées et vos actes. Vous ne pouvez pas découvrir votre raison d'être, ni vivre une existence spirituelle et aimante tout en blâmant et en jugeant les autres, ou en étant animé d'un désir de vengeance. Vous devez assumer la responsabilité de votre vie: c'est une condition sine qua non pour parvenir à l'illumination. Il va sans dire que c'est pour le moins difficile quand nous sommes entravés par la haine, le désir de blâmer, et la soif de vengeance.

Analysez la vie des personnages les plus admirés de toute l'histoire. Ceux qui étaient obsédés par la vengeance nous ont entraînés dans d'interminables guerres, ont tué sauvagement et ont tout détruit sur leur chemin, poussés par la colère et le désir de blâmer. Comment peut-on donner de sa personne et se mettre au diapason de la force de l'amour tout en étant préoccupé par le désir de se venger? C'est impossible.

Écoutez les paroles de ceux que vous admirez. Au lieu de vous coller une étiquette de chrétien, juif, musulman, bouddhiste, etc., engagez-vous plutôt à vous comporter comme le Christ, comme Dieu, comme Bouddha, ou comme Mahomet. Le monde entier ne s'en trouvera que mieux et nous commencerons tous à vivre le pardon chaque jour, au lieu de nous borner à en parler à l'église, pour reprendre ensuite notre vie quotidienne, fabriquer de nouvelles armes, intenter des procès à notre voisin, et juger ceux qui vivent dans d'autres nations.

Le pardon

L'une des photos les plus poignantes et les plus mémorables que j'aie jamais vues a été publiée sur la couverture d'un magazine national, il y a quelques années. On y voyait le pape Jean-Paul II, assis dans une cellule de prison à côté de l'homme qui avait essayé de l'assassiner. Cette personnification du pardon m'a fait grande impression. Ceux que nous considérons comme des modèles de sainteté, de spiritualité et de décence, savent toujours pardonner, sans condition et sans doute. Leur conscience n'est pas embrumée par des pensées de colère, de haine, et de vengeance envers ceux qui ont essayé de leur causer du tort ou de les blesser. Au contraire, ce sont des modèles de pardon dont nous pouvons nous inspirer dans notre vie quotidienne. L'image du Christ pardonnant à ceux qui sont en train de Le torturer et de Le tuer est sans doute la déclaration la plus impressionnante qu'ait jamais faite ce maître spirituel. «Père, pardonnez-leur, car ils ne savent pas ce qu'ils font.» Telle est l'essence du christianisme, et pourtant rares sont ceux qui mettent ces paroles en pratique.

Il est important que chacun d'entre nous analyse la signification de ces paroles: «Ils ne savent pas ce qu'ils font». Ceux qui causent du tort aux autres ne savent réellement pas ce qu'ils font. Leurs actes sont toujours le produit de leur colère, de leur haine, de leur désir de blâmer ou de se venger. Ce qu'ils canalisent vers les autres ne révèle rien à propos des autres. Néanmoins, cela en dit long à leur sujet. C'est cela qu'il faut comprendre à propos du pardon. Ceux qui se sont conduits envers vous d'une façon que vous trouvez désagréable ou blessante, ne savent réellement pas ce qu'ils vous ont fait.

«Pourquoi?», me demanderez-vous peut-être. Et c'est une question raisonnable. Parce qu'ils sont incapables de percevoir que nous sommes tous reliés les uns aux autres. Ils vivent séparément. Ils se perçoivent comme des entités distinctes de toutes les autres. Ils sont comme la cellule cancéreuse dans le corps qui n'a pas de point de référence par rapport au tout. Étant donné que la discorde règne en eux, ils agissent vis-à-vis de leurs frères humains de la même façon que la cellule cancéreuse se comporte lorsqu'elle avale les cellules voisines et finit par tuer tout le corps et par s'annihiler elle-même au cours de ce processus.

Mais vous ne blâmeriez pas une cellule cancéreuse d'être une cellule cancéreuse, n'est-ce pas? Vous vous attendez évidemment à ce qu'elle fasse précisément ce qu'elle doit faire, compte tenu de sa nature. Cela s'applique également à ceux qui se comportent d'une façon qui vous déplaît. Ils ne peuvent pas comprendre le mal qu'ils font, car ils ne se sentent pas reliés aux autres. Ils vous envoient des manifestations de leur discorde intérieure car c'est tout ce qu'ils ont à donner. Les détester en raison de leur comportement, c'est comme détester le lichen qui pousse sur un arbre et enlaidit son apparence. Le lichen sait seulement être de la mousse, et quelle que soit votre opinion à propos de la façon dont il devrait se comporter, il continuera à faire la seule chose qu'il sache faire. Les agresseurs agissent aussi en fonction de ce qu'ils savent; la seule façon de les aider à mettre fin à ce genre de comportement, c'est de les aider à transformer leur discorde intérieure en acceptation de soi et en amour face à soi-même, de façon à ce qu'ils puissent un jour donner eux-mêmes ces qualités.

Cela ne veut pas du tout dire que les agresseurs ne devraient pas être tenus responsables de leurs actes. C'est à vous que je parle, non pas aux criminels.

Il est impossible d'éprouver de la compassion à l'égard d'autrui quand on se sent distinct et qu'on vit séparément des autres êtres humains. Une fois que vous saurez, que vous saurez vraiment au tréfonds de votre cœur que vous êtes relié à tous les êtres humains, et même à ceux qui se comportent de façon destructrice, vous aurez alors un point de référence par rapport à tout l'être appelé être humain. Cette prise de conscience s'accompagne de la capacité de pardonner, et c'est pour cela que les maîtres spirituels disent que le pardon est un principe directeur dans la vie. Ils savent que ceux qui envoient de la haine agissent en fonction de l'état de conscience où ils se trouvent et selon la manière dont ils ont pensé toute leur vie. L'esprit éclairé a la certitude de sa dimension divine et ne se juge pas d'une façon négative à cause des actes d'autrui.

En effet, le pardon est la réalisation suprême de l'être humain car cela indique la véritable illumination en mouvement. Cela illustre l'harmonie de l'être humain et le fait qu'il est au diapason de l'énergie qui compose l'univers, c'est-à-dire de l'énergie de l'amour. C'est la capacité de donner cet amour même dans les circonstances les plus pénibles.

Nos modèles nous rappellent que ceux qui choisissent d'aller vers le mal *ne savent pas ce qu'ils font*. La nature humaine est telle que les êtres humains ne peuvent pas donner ce qu'ils n'ont pas. Nous ne donnons que ce que nous possédons. Si nous donnons de la haine ou du mal, c'est parce que c'est cela que nous possédons. Il est impossible pour quelqu'un qui porte uniquement l'amour en lui de donner de la haine.

C'est pourquoi votre capacité de pardonner se manifestera automatiquement quand vous serez réellement parvenu à un niveau de conscience supérieur. Mark Twain a exprimé cette vérité admirablement quand il a écrit: «Le pardon est le parfum qui émane de la violette et embaume le talon qui l'a écrasée.» C'est une image magnifique. Gardez-la à l'esprit tandis que vous vous efforcez de comprendre le principe universel du pardon.

Mon propre voyage sur le chemin du pardon

Tandis que je me trouvais à côté de la tombe de mon père en 1974, je n'avais pas conscience des changements et des défis qui m'attendaient, mais je savais que je participais à un drame très intense. Pendant que je parlais à mon père et que les larmes coulaient sur mon visage, je sentis que quelque chose changeait. Lorsque je quittai le Mississippi, je sentis que j'étais devenu un nouvel homme. Je savais, d'une façon inexplicable, que j'avais été envoyé vers cette tombe pour une raison. Lorsque je réussis à corriger mes perceptions erronées à propos de la raison pour laquelle j'avais détesté cet homme pendant tant d'années, je pus lui pardonner. Le pardon me donna la liberté de faire les choses qui m'attendaient. Je créai une vie stimulante où l'abondance se manifesta de toutes les façons possibles et imaginables, et je pus donner et recevoir de l'amour, un amour dont je ne soupçonnais même pas l'existence.

Je commençai à écrire, à donner des conférences, à enregistrer des cassettes audio et à faire beaucoup de publicité dans les médias. J'étais fréquemment interviewé à la télévision nationale; je m'adressais à un vaste public et je gagnais plus d'argent que je ne l'aurais cru possible. C'est alors que je reçus une lettre qui mit à rude épreuve l'extase que je venais de découvrir. Je reçus une lettre recommandée d'un avocat, dans laquelle il m'informait qu'on allait m'intenter un procès. Je me trouvais dans un état de choc, même si je ne considérais pas que ce procès était justifié. Personne ne m'avait jamais menacé de me poursuivre et je ne connaissais même pas d'avocat.

Au bout de deux ans de litiges et après avoir dépensé des milliers de dollars, je me rendis compte que j'avais repris mes vieilles habitudes de vengeance. La rage et la colère me détruisaient. Je ne m'alimentais pas bien. Je perdis beaucoup de poids. Je me sentais très mal et pourtant la colère continuait à monter en moi. J'étais victime des événements et je sentais que c'était une injustice criante. Pas un jour ne se passait sans que je ne pense: «Pourquoi est-ce que cela m'arrive? Quand cela va-t-il cesser?»

Un soir, après avoir fait un discours devant un vaste public et après avoir raconté comment j'avais pardonné à mon père près de sa tombe, et énuméré tous les événements mystérieux qui m'avaient permis de trouver le cimetière, je sentis une magnifique lumière exploser en moi. Je réalisai soudain que le pardon est la clé. La solution n'est pas la haine ni la colère, mais le pardon. Je décidai sur-le-champ que ce procès injuste était terminé en ce qui me concernait. Ce fut la première nuit où je pus bien dormir. Je pensai à ceux qui me poursuivaient en justice et je leur envoyai mon pardon.

Le lendemain matin, je mis au point entièrement ce pardon. Je refusai de continuer à participer à cette absurdité. Je chassai toutes mes pensées à propos de futurs problèmes et je me concentrai plutôt sur les personnes impliquées dans le procès. Mon cœur s'ouvrit et je mis fin à mes pensées de colère. Ce matin-là, je leur envoyai des fleurs et plusieurs de mes livres. J'informai mon avocat que je refusais de continuer à payer les coûts de ce procès. Je lui demandai de ne plus répondre à aucune lettre concernant ce cas. Mes pensées qui avaient été chargées de colère furent instantanément remplies d'amour. J'eus la conviction que je réussirais à affronter toutes les difficultés reliées à ce litige et que tout finirait bien.

Trois jours plus tard, je reçus une lettre du porte-parole du groupe qui me poursuivait dans laquelle il m'informait qu'ils avaient décidé de se désister. Ils me présentaient leurs excuses. C'était fini!

Même si j'ai dépensé des milliers de dollars et vécu un véritable cauchemar pendant deux ans, j'ai enfin appris la leçon du pardon à laquelle j'avais été initié à Biloxi. J'avais dû à nouveau recréer le désespoir dans ma vie pour comprendre clairement le message. Tout l'argent que j'avais dépensé et toutes les difficultés que j'avais traversées avaient une raison d'être. C'était pour m'enseigner la leçon de l'amour contre la haine. Pour que je comprenne réellement cette fois-ci que la seule réaction face à la haine, c'est l'amour; la haine causera notre destruction. Je ne regrette pas d'avoir dépensé un seul sou. Dès le moment où ma colère s'évanouit et où j'appris à pardonner, le cauchemar prit fin. En un éclair, je fus libéré. Le reste des événements devait simplement se dérouler dans la dimension de la forme.

Lorsque le procès fut clos, je pris l'engagement de mettre le pardon entièrement en pratique. J'entrai en relation avec chaque personne envers laquelle j'avais des sentiments hostiles ou même légèrement empreints de contrariété. Je décidai de me débarrasser de tous ces sentiments en pardonnant. Je voulais être absolument certain que si je devais mourir à l'instant, il n'y aurait pas une seule personne sur cette planète qui éprouverait de l'animosité envers moi, car j'aurais essayé de rectifier toutes ces situations même s'il était évident à mes yeux que «ça ne pouvait pas être de ma faute». (Nous en sommes tous convaincus, n'est-ce pas)?

Diverses personnes m'avaient emprunté de l'argent et il était évident qu'elles n'allaient pas me le rembourser. Je ne leur avais pas parlé depuis des années et le fait qu'elles ne m'aient pas rendu cet argent avait affecté notre relation. J'envoyai à chacune d'entre elles un exemplaire de mes livres avec mon autographe. Je leur fis aussi parvenir des cassettes et des fleurs avec une note disant que je leur envoyais mes meilleurs souhaits, de l'amour, et que j'espérais qu'elles avaient trouvé le bonheur et qu'elles vivaient dans la joie. Je ne mentionnai pas la dette. Dans mon cœur, j'avais lâché prise et j'avais décidé que j'acceptais de ne pas être remboursé. C'était fini. Je leur avais pardonné et je leur avais envoyé des marques de mon amour au lieu d'être amer et hostile.

Je pris l'engagement de pardonner dans toutes les autres sphères de ma vie, même s'il ne s'était produit qu'un incident mineur. Il ne me fallut que quelques heures et je pus clore ce chapitre. Je n'avais plus aucun ennemi. Personne vers qui envoyer ma haine sur la planète. Je ne blâmais plus aucun membre de ma famille et je ne les tenais plus responsables d'événements qui s'étaient produits par le passé. Je n'étais plus en désaccord avec d'anciens collègues ni d'anciens patrons. J'avais entrepris un pèlerinage de pardon et j'obtenais des résultats spectaculaires.

Mes relations avec toutes ces personnes étaient assainies. Je leur envoyais de l'amour et j'en recevais également! Plusieurs d'entre elles me remboursèrent leur dette; même si certaines ne m'ont pas rendu l'argent qu'elles me devaient, cela ne me dérange plus. Je les aime toutes et aujourd'hui, alors que j'écris ce livre, je n'ai plus de sentiments négatifs à l'égard de personne.

En outre, je sais maintenant que je n'ai plus besoin de pardonner à qui que ce soit et que je n'ai jamais eu besoin de pardonner. Je devais simplement corriger ma perception erronée des choses qui me portait à croire que j'étais malheureux à cause des autres, et qu'ils étaient la cause de mon mécontentement. Paradoxalement, en pardonnant, je suis arrivé à l'endroit où il n'est plus nécessaire de pardonner. J'ai appris à accepter les autres exactement tels qu'ils sont, et je ne fais jamais semblant d'aimer quelque chose quand ce n'est pas le cas.

Mais je sais aussi que je n'ai plus besoin des réactions affectives qui m'immobilisaient et qui se produisaient à la suite de rencontres avec des personnes qui se comportaient d'une façon que je trouvais déplaisante. Par conséquent, cette acceptation m'a permis de les percevoir telles qu'elles sont et là où elles sont, et c'est également ainsi que je me perçois. Toute réaction hostile ou négative en moi, à la suite du comportement d'autrui, n'est qu'une indication de là où je me trouve, ou bien de là où je ne me trouve pas, et ne requiert plus de pardon. En pardonnant, je suis arrivé au point où il n'est plus nécessaire de pardonner. Un paradoxe de plus.

Comment mettre le pardon en pratique

Il est évident pour moi, et je suis certain que c'est également le cas pour vous, que nous résistons tous au pardon et que nous sommes portés à blâmer. Nous cherchons à nous venger car nous vivons dans un contexte où la vengeance est pratique courante aux quatre coins du monde. Lorsque nous lisons les Écritures sacrées, le pardon nous semble un principe plausible mais extrêmement difficile à mettre en pratique, car cela va à l'encontre du besoin de rendre la pareille et de «rendre à l'autre la monnaie de sa pièce».

Nous sommes incapables d'analyser, de façon réaliste, que l'incapacité de pardonner nuit à la personne qui porte la colère et la haine dans son cœur. Quand nous lisons un article à propos de quelqu'un qui a commis un acte de violence absolument horrible, notre réaction immédiate est: «J'espère qu'ils tueront ce salaud!» Lorsque quelqu'un nous cause du tort, nous avons tendance à oublier l'importance du pardon et à nous dire: «Je lui rendrai la pareille», ou «J'espère que son tour viendra.»

Pour mettre quotidiennement le pardon en pratique, il faut accepter les 6 autres principes universels. Quand vous entrerez par le portail, quand vous accueillerez votre propre transformation personnelle, et que vous rendrez hommage à l'intelligence qui habite votre forme et toutes les formes, quand vous vous servirez du pouvoir de votre pensée pour vivre dans l'harmonie au lieu de lutter contre le flux d'énergie qu'est notre univers, le pardon deviendra automatique.

Sachez que nous sommes tous reliés les uns aux autres par le biais de cette intelligence divine, tous, même ceux qui ne pensent pas et ne se comportent pas comme vous le souhaiteriez. Quand vous cesserez de compartimenter votre monde, vous vivrez dans l'unicité. Vous saurez alors au tréfonds de vous-même que ce à quoi vous pensez prend de l'ampleur et vous resterez concentré sur ce que vous aimez et sur les choses dont vous êtes reconnaissant. Vous vous libérerez de tout attachement et vous vous permettrez de vivre pleinement. Vous aurez alors acquis la certitude que tout est synchronisé et fonctionne parfaitement dans cette seule et unique chanson.

Lorsque vous commencerez à vivre et à penser ainsi et que vous permettrez aux autres d'en faire autant, le pardon viendra automatiquement. Il n'y aura plus de haine ni de discorde en vous. Le pardon vous viendra aussi naturellement et facilement que lorsque Rudolf Noureev exécute une pirouette sautée après s'être exercé pendant des milliers d'heures, ou quand Isaiah Thomas exécute un lancer déposé au sommet d'un saut. Personne ne peut dire à ces deux génies comment faire ces miracles apparents. Ils le font en suivant leur intuition après s'être exercés maintes et maintes fois. Le pardon est très semblable. Après avoir répété vos leçons portant sur l'état de conscience supérieur, vous trouverez que le pardon est le principe le plus simple de tous les principes universels et cela fera partie de votre vie quotidienne. Cela se produira automatiquement. Si cela ne se produit pas automatiquement maintenant, cela signifie que vous avez encore du travail à faire dans d'autres sphères de votre vie.

Ne vous lamentez pas si vous êtes incapable de réellement pardonner. Exercez-vous simplement à mettre en pratique les principes qui correspondent à un état de conscience supérieur, et en peu de temps, le pardon vous viendra naturellement et sans effort. Lorsque vous voyez les autres s'adonner à des actes de blâme, de colère et de vengeance, pardonnez-leur et sachez les aider à faire de meilleurs choix pour qu'ils cessent de se faire du mal et de nuire aux autres. Consacrez-vous à aider les autres à se débarrasser de leurs pensées vengeresses et vous sentirez alors qu'il vous est facile de pardonner. Vous le ferez sans y penser consciemment, comme si vous étiez sur le pilote automatique, comme lorsque vous faites une chose à laquelle vous vous êtes exercé maintes fois. Mais en attendant le jour où le pardon se transformera en réflexe automatique, voici des façons d'accélérer ce processus.

Le secret du pardon, c'est de donner

C'est l'une des leçons essentielles que j'ai apprises dans ma vie. Si vous réussissez à maîtriser ce concept sans cynisme, vous verrez que le pardon se transformera en habitude. Donner est la réponse à la question que nous nous posons tous: «Pourquoi suis-je ici?» Étant donné que vous ne pouvez rien posséder et que tous vos attachements empêchent l'abondance de se manifester dans votre vie, tout ce que vous pouvez faire, c'est de donner.

Donnez de votre personne et donnez des biens matériels. Toutes ces choses circuleront et réapparaîtront à nouveau dans votre vie. La plupart d'entre nous sommes tellement habitués à accumuler tout ce que nous pouvons pour notre famille et pour nous-mêmes que nous oublions l'importance de faire circuler les biens matériels. Dans notre désir effréné d'acquérir, nous créons des relations de colère, même avec les étrangers, et nous érigeons des défenses pour les empêcher de nous prendre nos possessions.

N'oubliez pas qu'il est impossible de créer l'amertume et la haine envers autrui lorsque votre objectif principal est de donner. Le pardon devient presque automatique lorsque vous vous détachez du besoin d'acquérir certaines choses et lorsque vous concentrez votre attention sur les autres. L'ironie, c'est que moins vous serez obsédé par l'idée d'accumuler et plus vous serez prêt à donner, plus vous recevrez.

Ce à quoi vous pensez prend de l'ampleur. Aussi, si vous concentrez vos pensées sur tout ce que vous pouvez accumuler et si vous essayez de battre l'autre qui, du moins le croyez-vous, essaie aussi de vous battre, vous êtes constamment en train de penser, de vous inquiéter, et de planifier comment tromper les autres. Vos pensées sont fixées sur la malhonnêteté de l'autre et sur l'insensibilité du monde. C'est cette dimension qui prendra de l'ampleur dans votre vie, car c'est à cela que vous pensez. Par conséquent, vous serez de plus en plus inquiet à l'idée que l'on puisse vous tromper, vous prendrez des assurances pour parer à cette éventualité, vous engagerez des avocats pour vous protéger, et vous accumulerez de nombreux adversaires. Votre façon de penser vous place dans des situations de confrontation avec presque tous ceux que vous rencontrez. Et bien entendu, vous vous rendrez compte que c'est cette dimension-là qui continuera à prendre de l'ampleur.

Analysez maintenant l'approche opposée. Vous (c'est-à-dire vos pensées) adoptez à présent une nouvelle perspective. Vous ne pensez pas du tout à vos propres quotas, ni à vos acquisitions, ni à votre situation financière. Vous essayez plutôt de faire don de ce que vous possédez en vous, c'est-à-dire l'harmonie et l'acceptation. Étant donné que vous n'essayez pas de tirer avantage de quiconque, vous n'avez rien à craindre. Supposons que quelqu'un qui est déterminé à vous tromper entre dans votre vie. Il trouve en vous quelqu'un qui se préoccupe sincèrement de lui en tant qu'être humain. La probabilité qu'il vous trompe se trouvera grandement réduite du fait que vous ne vous y attendez pas.

Quand vous cherchez l'harmonie et la coopération dans toute situation, et que vous réagissez ainsi face aux autres, il est très probable que ceux-ci vous traiteront de la même façon. Vous n'attirez pas des ennemis, parce que vous ne vous placez pas dans une situation de confrontation vis-à-vis de quiconque, indépendamment de ce que cette personne vous envoie. Donner devient le secret qui vous permet de créer des relations dans lesquelles le pardon est superflu. Cela fonctionne vraiment! Soyez patient avec moi et ne laissez pas votre scepticisme profondément enraciné se manifester ici.

Bien sûr, je suis conscient que des gens se comportent de façon malhonnête dans le monde. Je sais que d'horribles actes criminels se produisent régulièrement. Je sais que bien des gens sont convaincus que l'on devrait continuer à construire de plus en plus de prisons et à enfermer «tous ces individus» à perpétuité. Mais il semble que cette approche qui consiste à enfermer de plus en plus de gens dans un nombre croissant de prisons ne fonctionne pas. Nous avons doublé et même quadruplé le nombre de prisons au cours de la décennie passée, et elles continuent à être surpeuplées. La réponse nous viendra le jour où nous découvrirons pourquoi tant de gens veulent voler, et quand nous corrigerons leur approche face à la vie.

Ce n'est qu'au moment où nous fonctionnerons à un niveau de conscience plus élevé que nous pourrons entreprendre un tel voyage. J'ai constaté que la façon la plus rapide de désarmer quelqu'un qui se concentre exclusivement sur ce qu'il peut me prendre, c'est de lui faire savoir, avec bonté, que je ne vis pas de cette manière. J'ai récemment acheté une automobile et après la signature du contrat, j'ai réalisé que le concessionnaire avait ajouté près de 200$ au prix dont nous avions convenu. Je découvris ceci à la maison et j'examinai plus soigneusement le contrat final.

C'était pour moi une excellente occasion de mettre en pratique tous les principes que j'expose dans ce livre. Il y a quelques années, je me serais probablement fâché, j'aurais senti qu'on m'avait trompé et j'aurais échangé des propos déplaisants avec le vendeur. Ce n'est pas ce qui se produisit cette fois-ci. Je lui téléphonai et je lui fis part de mon opinion à propos de ce qui s'était passé; je lui expliquai que je ne trouvais pas qu'il avait fait preuve d'intégrité dans la transaction. Je téléphonai également au propriétaire et je lui expliquai mon point de vue, sans colère ni amertume.

Nous nous parlâmes sur un ton plaisant, le concessionnaire me fit des excuses, mais il me dit qu'il ne pouvait pas me rendre l'argent étant donné que nous avions signé un contrat et, qu'après tout, «un contrat c'est un contrat». Je lui dis que je ne respectais pas ce genre de pratiques commerciales, puis je lâchai prise. Je n'avais pas besoin de lui pardonner, étant donné que je ne me sentais pas possédé par la colère à propos de la situation. Je fis vœu d'analyser plus soigneusement les contrats avant de les signer à l'avenir. Ce fut tout. Une dizaine de jours plus tard, la lettre suivante arriva.

Cher Wayne,

Après avoir mûrement réfléchi à notre conversation, j'ai décidé de vous rembourser les 188,50$ en question. Je considère qu'il s'agit d'un malentendu, et ne croyez pas j'ai essayé de vous tromper. Il est très important pour nous que nos clients aient une perception positive de notre entreprise et j'espère que ce remboursement est une preuve de ma bonne volonté.

Si je puis vous être utile, n'hésitez pas à entrer en contact avec moi.

Merci

Je fis don de l'argent que j'avais reçu à un organisme qui lutte contre la faim dans le monde. Cinq jours plus tard, je reçus un chèque de 988,50$ en provenance de l'Argentine pour des droits d'auteur sur quelque chose que j'avais écrit il y avait 15 ans. Je donnai 600$ à de la parenté. Six jours plus tard, je reçus un chèque de 6 269,50$ du Mexique, auquel je ne m'attendais pas du tout, pour quelque chose que j'avais fait il y avait de nombreuses années. En toute sincérité, je suis convaincu que cette maxime est vraie: «On récolte ce que l'on sème.»

Vous savez que certains principes agissent en vous et vous permettent de rester en vie et de fonctionner, tels que la salivation, la digestion, l'élimination, etc. Sachez également que les principes de l'abondance, de la «synchronicité», du détachement, et de l'unicité agissent constamment dans l'univers. Tout ce que vous avez à faire, c'est de vous mettre à leur diapason et de leur permettre d'agir par votre intermédiaire, tout comme les principes qui maintiennent votre perfection physique. Lorsque vous vous trouvez dans un état intérieur d'harmonie, vous voulez communiquer aux autres cette béatitude et cela devient votre raison d'être.

Étant donné que vous êtes constitué d'énergie, et qu'il en est de même pour le reste de l'univers, assurez-vous que cette énergie continue à couler. Pas de blocage, mais un flux. Lorsque vous émettez ce genre d'énergie, elle vous revient. N'oubliez pas de donner pour le plaisir de donner et de garder cette énergie en circulation; vous verrez bientôt qu'elle se manifestera dans votre vie.

Si vous doutez de ce principe, il ne fonctionnera pas. C'est votre doute qui le bloque. Mais tous ceux que je connais qui ont fait l'essai, ont conclu que cela fonctionne merveilleusement. En ce qui me concerne, je suis au-delà de la croyance. Je sais tout simplement que c'est vrai. C'est pourquoi je rencontre rarement des gens qui essaient de me tromper. Quand cela se produit, je réagis avec amour plutôt qu'avec colère, car je me rends compte qu'ils ne peuvent pas savoir de quoi je parle tant qu'ils restent fixés sur l'idée de prendre au lieu de donner. La qualité de leur vie est affectée par leurs pensées axées sur la pénurie et leur désir de profiter des autres; ils sont convaincus qu'ils n'en auront jamais assez. Je crois que j'en aurai toujours assez, quelles que soient les circonstances. Par conséquent, je peux donner, et cela me revient, presque par magie. Je garde les choses matérielles en circulation, car je ne veux pas m'attacher à quoi que ce soit. C'est simple, les gens ne me volent pas.

J'ai compris l'importance de donner il y a quelques années lorsque j'ai commencé à faire cadeau de nombreux exemplaires de mon livre intitulé *Le Message d'Eykis: à la découverte de soi.* Plus je donnais, mieux je me sentais et plus l'abondance affluait dans ma vie. Je me suis rendu compte que donner et recevoir, c'est exactement la même chose. Il n'y a aucune différence. Chaque fois que j'ai fait un cadeau, j'ai reçu quelque chose. J'ai senti un profond changement s'opérer tandis que je m'exerçais à donner.

Je n'ai pas fait consciemment le choix de devenir plus philanthrope. Je résiste encore lorsqu'on me dit ce que je dois donner. C'était une réaction automatique aux changements qui se produisaient dans mon niveau de conscience. Le fait de donner enrichissait véritablement ma vie d'une façon que je n'aurais jamais imaginée. Une nuit, tandis que je méditais, je compris que nous sommes sur terre seulement pour donner et que l'amour est la chose la plus importante que l'on puisse donner, en toutes circonstances.

Cependant, j'ai encore de grandes difficultés à ne pas me mettre en colère quand je vois la façon inhumaine dont les hommes se traitent. La photo qui vient de paraître dans le journal d'un jeune homme en colère qui a tué deux innocents met mes principes à rude épreuve. Je fixe parfois cette photo, que nous avons tous vue, et je me demande: «Suis-je capable de lui donner de l'amour à lui aussi?» J'essaie de m'imaginer cet homme quand il était un minuscule bébé, de voir son innocence et de penser que lui aussi, malgré ses crimes, mérite de recevoir de l'amour. J'admets que c'est un dilemme épineux, tout particulièrement quand c'est vous ou l'un des êtres qui vous sont chers qui avez été la victime. Ce n'est pas le jugement que nous portons sur lui qui le définit, il est déjà défini par ses propres pensées et par ses actions. Dans *Parenthesis in Eternity*, Joel Goldsmith écrit:

> «Aimer notre voisin comme nous nous aimons nous-mêmes signifie reconnaître en lui la même dimension divine que nous possédons, quelle que soit l'apparence du moment. Il se peut que ce voisin soit la femme surprise en train de commettre l'adultère ou le voleur sur la croix, mais cela ne nous concerne pas. Ce qui nous concerne, c'est d'aimer tous nos voisins et de connaître leur véritable nature, de même que nous serions aimés en leur faisant connaître notre véritable nature, en dépit de toute apparence extérieure temporaire.»

Nous pouvons commencer par envoyer de l'amour et de la compassion à la partie de nous-même qui lutte contre la souffrance, le chagrin et la colère. Quand nous réussissons à nous apporter à nous-même un soutien moral, nous pouvons faire partie de cette énergie universelle, de cette conscience suprême, de cette dimension divine que nous possédons tous. Nous pouvons alors donner de l'amour, même à ceux qui nous font du mal, car c'est ce que nous portons en nous. Si nous nous en donnons la permission, nous avons tous cette capacité: être l'amour.

Le fait de donner, dans la mesure du possible, sans vous attendre à recevoir quoi que ce soit en récompense de vos efforts, est l'étape principale qu'il vous faut franchir pour que l'abondance se manifeste dans votre vie et pour éliminer le besoin de pardonner. Paradoxalement, quand vous ne vous y attendrez pas, vous recevrez davantage. En fin de compte, vous découvrirez que donner et recevoir, c'est la même chose.

Apprendre à vous pardonner: et pourquoi pas?

Lorsque vous vivrez conformément aux principes que j'ai énoncés dans ce livre, vous vous rendrez compte que vous serez plus doux envers vous-même. C'est cela se pardonner; cela prouve que vous menez une vie éveillée. J'ai un très beau coussin dans mon bureau sur lequel les mots suivants sont brodés: «J'ai le droit.» C'est ma belle-sœur qui l'a fait, il y a de nombreuses années. Cela me rappelle que j'ai le droit de vivre ma vie comme je le veux, de commettre des erreurs, de tirer une leçon de ces erreurs, et ainsi de suite.

Bien des gens vivent leur vie convaincus qu'ils n'ont pas le droit. Des adultes qui ont porté des jugements sur eux ont réussi à les convaincre qu'il y a des règles irrévocables selon lesquelles on peut dire ou on ne peut pas dire, qui interdisent d'être en retard, de boire ou de fumer, qui ordonnent de détester des ennemis nommés d'office, de ne jamais se masturber, de ne tenir compte d'aucune religion exceptée celle de leur famille, d'ignorer ceux dont l'apparence est différente de la leur, de ne jamais divorcer, etc.

Vous avez adopté ces règles à un moment donné et elles sont devenues votre code de conduite. Mais vous avez aussi réalisé qu'il était impossible de les observer en tout temps. Et c'est pourquoi, n'ayant pas pu observer le code qui vous a été imposé, vous vous êtes senti rongé par la culpabilité.

Ce sentiment de culpabilité inhibe votre éveil; la seule façon, d'y échapper, c'est de vous pardonner tout ce que vous avez fait. À nouveau, l'absurdité du besoin de pardonner est évidente. En fait, vous n'avez rien à vous pardonner, et pourtant, si vous ne le faites pas, vous continuerez à être en proie à la culpabilité. Plus vous vivrez à un niveau de conscience élevé dont vous tirerez des leçons, moins vous aurez besoin de vous pardonner. Analysez toutes vos croyances et voyez si elles vous aident à vivre une vie harmonieuse et épanouie. En enfreignant ces règles soi-disant immuables, vous n'avez vraiment rien fait de mal! Vous avez simplement fait quelque chose. Et c'est fait. Néanmoins, si vous êtes rongé par la culpabilité, le fait de juger que vous avez mal agi devrait être suffisant pour vous empêcher de recommencer. Mais est-ce réellement le cas? Probablement pas. Aussi, essayez donc d'en tirer une leçon en décidant si vous voulez répéter ce comportement en fonction de *vos* valeurs, puis continuez votre chemin.

Efforcez-vous de déterminer si vous agissez encore sous l'influence des autres. L'effort en vaut la peine si vous n'assumez pas encore la responsabilité de votre propre esprit. Vous avez le droit, c'est très simple. Il n'est pas nécessaire que quiconque vous pardonne; vous seul devez vous pardonner, et même cela sera superflu une fois que vous vous serez entièrement accepté. Lorsque vous ne porterez plus de jugements à propos des autres, vous aurez maîtrisé l'art de vous pardonner et vous cheminerez sur la voie de l'illumination.

Au fond, cesser de juger les autres, c'est cesser de se juger. Votre besoin de classer les autres en catégories vous définit, cela ne les définit pas. Lorsque vous cesserez de penser ainsi, vous vous serez pardonné les fautes que vous avez commises et que vous voyez en eux. Plus vous accepterez facilement le comportement des autres, même si personnellement vous n'agiriez pas ainsi, plus vous serez à l'aise avec vous-même. Plus vous continuez à réagir violemment sur le plan intellectuel à la conduite d'autrui, plus il est clair que vous devez continuer à apprendre à vous pardonner.

Répétez-vous: «J'ai le droit.» Non pas parce que je vous le dis, ni parce que vos parents ne sont plus responsables de vous, ni parce qu'un symbole d'autorité vous en a donné la permission, mais tout simplement parce que vous êtes votre meilleur ami. Pas de culpabilité, pas de colère, pas d'autoflagellation à propos des erreurs que vous considérez avoir commises. Comprenez simplement qu'on n'échoue pas dans la vie; on produit seulement des résultats, et vous avez le droit d'apprendre et d'évoluer en tirant une leçon des résultats que vous produisez. Le mot «échec» est un jugement en soi et si vous considérez que vous avez échoué, dans n'importe quel contexte, vous vous jugez au lieu de vous accepter. L'acceptation de soi se transforme en amour de soi; et lorsqu'on éprouve de l'amour envers soi-même, on peut donner de l'amour aux autres.

Par conséquent, le désir de vous pardonner, c'est une étape nécessaire pour être en harmonie avec tous les principes universels. Cela vous donne la permission d'être ce que vous choisissez d'être. Et cela vous donne le droit de disposer librement de vous-même. Tout ce que vous avez fait appartient au passé, quelle que soit votre opinion à ce sujet. C'est fini, essayez simplement *d'être*.

Le passé est révolu et tous vos actes passés vous ont amené au stade où vous vous trouvez en ce moment.

Tout devait se passer exactement comme c'est arrivé, sans exception aucune, et c'est pourquoi vous êtes ici, en train de lire ces mots, à l'endroit précis où vous vous trouvez en ce moment. Il fallait que vous fassiez tout cela pour apprendre réellement à pardonner. Tirez-en une leçon et vivez en harmonie avec vous-même et avec tous ceux qui croisent votre chemin. Plus vous accueillerez paisiblement cette idée et plus vous serez doux envers vous-même, plus vous prendrez l'habitude de pardonner, même si vous faiblissez à l'occasion. Cela veut dire que vous apprendrez à vous accepter, et s'accepter signifie n'avoir plus besoin de pardonner.

Vous remarquerez que bien des gens ne respectent pas vos valeurs ni vos croyances. Refusez de les juger. Tendez-leur la main s'ils vous le demandent, et sachez que vous pouvez choisir de ne pas être affecté par leur conduite. Plus vous penserez et agirez en harmonie avec ce que peut être l'univers, moins vous serez enclin à juger les autres. Vous aurez également cessé de vous juger, et c'est un aspect sublime de ce processus. Traitez-vous de la façon dont vous voulez réellement être traité, en tant qu'être divin. L'intelligence qui habite toute forme se trouve en vous, à tout moment. Vous êtes assez important pour savoir cela, et assez divin pour le donner.

Rendre les armes: l'acte ultime

Avant de terminer ce livre, ce merveilleux acte d'amour, je tiens à vous exposer un dernier concept que j'appelle l'abandon. Cela ne veut pas dire laisser les autres, les organisations, ou les idées contrôler votre vie. Je parle ici de rendre les armes, c'est-à-dire de faire confiance aux forces et aux principes qui agissent constamment dans cet univers parfait, de même que vous vous abandonnez tous les jours aux principes qui vous permettent d'être productif et aimant, sans poser de questions, sans lutter, sans exiger, et sans même demander à les comprendre à fond. Et vous vous abandonnez également aux grands principes qui régissent l'univers et tous les êtres humains.

C'est plus facile de pardonner quand on rend les armes. Quand vous saurez que nous suivons tous notre propre chemin, que nous faisons précisément ce que nous savons faire, en tout temps, compte tenu des circonstances de notre vie, vous pourrez vous défaire de toute malveillance envers les autres et cesser de leur reprocher de vivre leur destin. Vous devez également savoir que c'est vous qui avez fait entrer ces personnes et leurs comportements dans votre vie, et il y a une raison à cela.

Lorsqu'on s'abandonne aux principes qui régissent l'univers, on sent qu'on peut tirer une leçon fondamentale de la relation qu'on a eue avec chaque personne, même s'il ou elle a chamboulé votre vie ou vous a causé de la souffrance. Lorsqu'on s'abandonne à la perfection de l'univers, le pardon devient naturel. Il n'est plus nécessaire alors de se demander pourquoi certaines choses sont si douloureuses et difficiles à comprendre.

L'abandon va au-delà du pardon et peut facilement être considéré comme le thème central de ce chapitre, sinon du livre entier. La notion de confiance est fondamentale. Lorsque vous rendez les armes, vous faites confiance à la perfection et à la beauté de l'univers tout en étant simultanément conscient que, paradoxalement, toute la souffrance qui afflige la planète fait partie intégrante de cette perfection, de même que votre ardent désir d'y mettre fin.

La mort n'est pas une punition, c'est une transition. La seule chose qui meurt, c'est la forme, tandis que la pensée est une énergie éternelle. Vous êtes cette pensée et elle ne meurt jamais. Abandonnez-vous complètement et cessez de lutter. Quand vous serez capable de faire confiance à cette intelligence divine, vous vous demanderez pourquoi vous ne vous y êtes pas abandonné depuis longtemps, car vous éprouverez une grande paix et une profonde sérénité.

L'une des façons de s'abandonner, c'est de s'engager à pardonner à chacune des personnes avec lesquelles on est entré en conflit. Envoyez à chacun un cadeau et une note, avec vos meilleurs vœux. Lorsque vous serez tenté de ressortir du fond de votre esprit ces vieilles pensées d'amertume et d'angoisse, rappelez-vous que grâce au baume du pardon, cette relation a pu guérir. Agissez comme si vous saviez que vous allez mourir demain et qu'il vous est impossible de faire cette transition si vous laissez derrière vous des personnes que vous détestez.

Imaginez qu'il est nécessaire d'aimer tout le monde au royaume des cieux, sans exception. Vous pouvez faire en sorte que cela se produise. Par bien des côtés, le paradis sur terre requiert exactement la même chose: un amour inconditionnel qui n'est sujet à aucune exigence, et qui permet aux êtres aimés d'être tels qu'ils le désirent, sans pour cela perdre votre amour. C'est de cet abandon-là que je parle; cela veut dire faire confiance à la perfection de l'univers, et à la vôtre.

Avant de commencer la rédaction de ce livre, je me suis abandonné à cette intelligence universelle. J'ai accepté l'idée selon laquelle les principes qui font l'objet de cet ouvrage sont vrais et omniprésents dans l'univers. J'ai fait entièrement confiance à ces principes, et je continue à le faire. Lorsque je me suis mis à écrire, je me suis permis de couler tout au long de ce projet, sans effort, sans inquiétude, sans craindre que je ne parviendrais pas à mener ma tâche à bien. Je me suis abandonné à l'idée que ce livre serait écrit et que cela se produirait sans que je doive lutter. Je voulais m'asseoir et faire un plan des idées qui me sont venues à l'esprit et qui sont le produit de mes expériences personnelles, de mes recherches, de mes lectures, et de ce que m'ont enseigné de grands maîtres spirituels.

Tout ce dont j'avais besoin semblait se matérialiser au bon moment. Alors que je rédigeais un chapitre particulier, je recevais une cassette par courrier de quelqu'un qui m'avait entendu faire un discours, et qui me disait que cette cassette éclaircirait certains des thèmes que j'abordais dans ce livre. Ce fut toujours le cas. Parfois, quelqu'un m'envoyait un livre en me disant qu'il fallait tout simplement que je le lise. Et ce livre était précisément celui dont j'avais besoin ce jour-là.

Quand j'avais besoin d'une citation spéciale, je tendais souvent la main vers l'énorme pile de livres et de brochures entassés sur mon immense table en verre, et mes mains saisissaient un livre. Assis devant ma machine à écrire, j'ouvrais ce livre au hasard, et la citation se trouvait là, parfaite. C'était précisément ce dont j'avais besoin pour embellir les concepts que j'exposais. C'est la première fois que je vis une telle perfection, exempte de tout effort, pendant une aussi longue période de temps. Je me suis abandonné à l'écriture et je l'ai laissée affluer sans obstacle en moi, vers vous. Pas d'inquiétude, pas de stress, pas de lutte, la certitude que tout fonctionne parfaitement.

Je ne veux pas dire qu'il ne soit pas nécessaire de planifier ni qu'il faille être indifférent. En fait, vous serez encore plus concentré et vous vous préparerez mieux que jamais. Ce que je décris, c'est le processus selon lequel on sait que tout va bien marcher parce qu'on vit dans une harmonie intérieure. On est rempli d'amour et de sérénité, et c'est ce qu'on a à donner aux autres.

Quand vous accomplissez la mission que vous vous êtes fixée, sachez intérieurement que tout va se dérouler comme il se doit.

C'est ça l'abandon, c'est la connaissance intérieure. C'est un contentement qui vous submerge quand vous faites confiance à la force de l'univers car vous savez qu'elle vibre en harmonie avec vous. Vous savez que l'abondance est votre droit absolu et que lorsque vous cessez de lutter, tout afflue vers vous, puis vers les autres par votre intermédiaire.

C'est comme si vous aviez un ange gardien ou un observateur affectueux qui fait partie de votre conscience, un compagnon avec lequel vous avez constamment des conversations silencieuses, empreintes de compassion. C'est l'état de conscience qui se trouve au-delà de votre forme. Cet aspect de vous-même est toujours parfait. Là-bas, il n'y a ni souffrance ni lutte. Telle est la dimension transcendantale de la pensée. Un merveilleux poète norvégien, Rolf Jacobsen, a écrit un magnifique poème, empreint de sensibilité: «Ange gardien». Lisez-le lentement et avec amour, car il en vaut la peine.

«Je suis l'oiseau qui frappe à ta fenêtre le matin
Et ton compagnon, que tu ne peux connaître,
L'arbre en fleurs qui s'illumine pour l'aveugle.

«Je suis la crête des glaciers qui se détachent au-dessus des forêts,
Je suis l'éblouissant,
Je suis les voix de cuivre provenant des tours de la cathédrale.
La pensée qui surgit soudain à midi
Et t'emplit d'un étrange bonheur.

«Je suis celui que tu as aimé il y a longtemps.
Je marchais à tes côtés pendant la journée,
Je te regarde intensément
Et je pose ma bouche sur ton cœur
Mais tu ne le sais pas.

«Je suis ton troisième bras et ta seconde ombre, celle qui est blanche,
Dont tu ignores l'existence
Mais qui ne peut jamais t'oublier.»

Nous avons tous notre propre lien avec cette partie invisible de nous-même. La vie est très riche et ne se limite pas uniquement à vivre nos journées dans la dimension de la forme pour disparaître ensuite dans un abîme sans fond. Nos pensées sont une partie magique de nous, et elles peuvent nous emmener à des endroits qui ne connaissent ni frontière ni limite. Dans ce monde infini de la pensée, tout est possible.

Cette vie éveillée n'exige rien de vous. Il vous suffit d'accueillir l'énergie vitale qui permet à la dynamique de fonctionner. Il vous suffit de rendre hommage à cette partie invisible de vous-même et de célébrer également la partie visible. Montrez-vous réceptif à ces idées et voyez où elles vous mènent. Et ce faisant:

«Rappelez-vous qu'il n'est pas nécessaire de lutter...
Il n'est pas nécessaire de se battre...
Il n'est pas nécessaire de gagner...
Il faut seulement Savoir.»

NAMASTE

«Je célèbre le sanctuaire en vous où nous sommes tous un.»

«C'est très bien de copier ce que l'on voit, mais il vaut mieux dessiner ce que l'on voit dans notre esprit... Alors, la mémoire et l'imagination se trouvent libérées de la tyrannie que nous impose la nature.»

Edgar Degas

CHEZ LE MÊME ÉDITEUR

Liste des livres :

«45 secondes» qui changeront votre vie, *Don Failla*
52 façons de développer son estime personnelle et sa confiance en soi, *Catherine E. Rollins*
52 façons simples de dire «Je t'aime» à votre enfant, *Jan Lynette Dargatz*
1001 maximes de motivation, *Sang H. Kim*
L'ABC d'une bonne planification financière, *Marc Beaudoin, Philippe Beaudoin et Pierre-Luc Bernier*
Abracadabra, comment se transformer en un bon gestionnaire et un grand leader, *Diane Desaulniers*
Accomplissez des miracles, *Napoleon Hill*
Agenda du Succès *(formats courant et de poche), éditions Un monde différent*
Aidez les gens à devenir meilleurs, *Alan Loy McGinnis*
À la recherche de soi et de l'autre, *Marilou Brousseau*
À la recherche d'un équilibre : une stratégie antistress, *Lise Langevin Hogue*
À la santé de votre retour au travail, *Mélanie Grégoire, Mylène Grégoire et Annick Thibodeau*
Allez au bout de vos rêves, *Tom Barrett*
Allumeur d'étincelles (L'), *Marc André Morel*
Amazon.com, *Robert Spector*
Amour de soi : Une richesse à redécouvrir (L'), *Marc Gervais*
Ange de l'espoir (L'), *Og Mandino*
Anticipation créatrice (L'), *Anne C. Guillemette*
À propos de…, *Manuel Hurtubise*
Apprivoiser ses peurs, *Agathe Bernier*
Art de réussir (L'), *collectif de conférenciers*
Ascension de l'âme, mon expérience de l'éveil spirituel (L'), *Marc Fisher*
Athlète de la Vie, *Thierry Schneider*
Attitude 101, *John C. Maxwell*
Attitude d'un gagnant, *Denis Waitley*
Attitude gagnante : la clef de votre réussite personnelle (Une), *John C. Maxwell*
Attitudes pour être heureux, *Robert H. Schuller*
Augmentez votre intelligence financière, *Robert T. Kiyosaki*
Avant de quitter votre emploi, *Robert T. Kiyosaki et Sharon L. Lechter*
Bien vivre sa retraite, *Jean-Luc Falardeau et Denise Badeau*
Bonheur et autres mystères, suivi de La Naissance du Millionnaire (Le), *Marc Fisher*
Bonheur s'offre à vous : Cultivez-le ! (Le), *Masami Saionji*
Boussole (La), *Tammy Kling et John Spencer*
Cancer des ovaires (Le), *Diane Sims*
Ce que vous devez savoir avant de mourir, *John Baptist Izzo*
Ces forces en soi, *Barbara Berger*
Ces parents que tout enfant est en droit d'avoir, *Claire Pimparé*
Chaman au bureau (Un), *Richard Whiteley*
Changez de cap, c'est l'heure du commerce électronique, *Janusz Szajna*
Chanteur de l'eau (Le), *Marilou Brousseau*
Chemin de la vraie fortune (Le), *Guy Finley*
Chemins d'Emma Rose (Les), *Emma Rose Roy*
Chemins de la liberté (Les), *Hervé Blondon*
Chemins du cœur (Les), *Hervé Blondon*
Choix (Le), *Og Mandino*
Cinquième Saison (La), *Marc André Morel*
Clé (La), *Joe Vitale*
Cœur à Cœur, l'audace de Vivre Grand, *Thierry Schneider*
Cœur aux ventes (Le), *Jean-Pierre Lauzier et Nathalie Laforest*

Cœur plein d'espoir (Le), *Rich DeVos*
Comment réussir l'empowerment dans votre organisation ? *John P. Carlos, Alan Randolph et Ken Blanchard*
Comment se faire des amis grâce à la conversation, *Don Gabor*
Comment se fixer des buts et les atteindre, *Jack E. Addington*
Communiquer : Un art qui s'apprend, *Lise Langevin Hogue*
Communiquer en public : Un défi passionnant, *Patrick Leroux*
Contes du cœur et de la raison (Les), *Patrice Nadeau*
Coupables… de réussir, *collectif de conférenciers et de formateurs*
Créé pour vivre, *Colin Turner*
Créez votre propre joie intérieure, *Renee Hatfield*
Croire… c'est voir, *Wayne W. Dyer*
Croisade des enfants (La), *A.B.Winter*
Cupidon à Wall Street, *Pierre-Luc Poulin*
Dauphin, l'histoire d'un rêveur (Le), *Sergio Bambaren*
Débordez d'énergie au travail et à la maison, *Nicole Fecteau-Demers*
Découverte par le Rêve (La), *Nicole Gratton*
Découvrez le diamant brut en vous, *Barry J. Farber*
Découvrez votre destinée, *Robin S. Sharma*
Découvrez votre mission personnelle, *Nicole Gratton*
De la part d'un ami, *Anthony Robbins*
Dépassement total, *Zig Ziglar*
Destin : Sérénité, *Claude Norman Forest*
Développez habilement vos relations humaines, *Leslie T. Giblin*
Développez votre leadership, *John C. Maxwell*
Devenez la personne que vous rêvez d'être, *Robert H. Schuller*
Devenez influent, neuf lois pour vous mettre en valeur, *Tony Zeiss*
Devenez une personne d'influence, *John C. Maxwell et Jim Dornan*
Devenir maître motivateur, *Mark Victor Hansen et Joe Batten*
Dites oui à votre potentiel, *Skip Ross*
Dix commandements pour une vie meilleure, *Og Mandino*
Dix secrets du succès et de la paix intérieure (Les), *Wayne W. Dyer*
De docteur à docteur, *Neil Solomon*
Don (Le), *Richard Monette*
Donner sans compter, *Bob Burg et John David Mann*
École des affaires (L'), *Robert T. Kiyosaki et Sharon L. Lechter*
En route vers le succès, *Rosaire Desrosby*
Envers de ma vie (L'), *Marie-Chantal Toupin*
Envol du fabuleux voyage (L'), *Louis A. Tartaglia*
Esprit qui anime les gagnants (L'), *Art Garner*
Et si la vie c'était plus que ça ? *Andreas Abele*
Eurêka ! *Colin Turner*
Éveillez en vous le désir d'être libre, *Guy Finley*
Éveillez l'étincelle (L'histoire magique de *Frederic Van Rensselaer Dey* et Un message pour Garcia d'*Elbert Hubbard)*
Éveillez votre pouvoir intérieur, *Rex Johnson et David Swindley*
Évoluer vers le bonheur intérieur permanent, *Nicole Pépin*
Excellence, une attitude à adopter (L'), *Robin Sharma*
Excès de poids et déséquilibres hormonaux, *Neil Solomon*
Facteur d'attraction (Le), *Joe Vitale*
Faire aujourd'hui ce que tous feront demain ! *Thierry Schneider*
Faites la paix avec vous-même, *Ruth Fishel*

Momentum, votre essor vers la réussite, *Roger Fritz*

Mon bonheur par-delà mes souffrances, *Vania et Francine Fréchette*

« Mon père, je m'accuse d'être heureux », *Linda Bertrand* et *Bill Marchesin*

Né pour gagner, *Lewis Timberlake et Marietta Reed*

Noni et le cancer (Le), *Neil Solomon*

Noni, cet étonnant guérisseur de la nature (Le), *Neil Solomon*

Noni et le diabète (Le), *Neil Solomon*

Noni et ses multiples avantages pour la santé (Le), *Neil Solomon*

Nos enfants riches et brillants, *Robert T. Kiyosaki et Sharon L. Lechter*

Nous : Un chemin à deux, *Marc Gervais*

Obsession, *Lloyd C. Douglas*

Ode à la joie (L'), *A.B. Winter*

On se calme… L'art de désamorcer le stress et l'anxiété, *Louise Lacourse*

Optimisez votre équipe : Les cinq dysfonctions d'une équipe, *Patrick Lencioni*

Osez Gagner, *Mark Victor Hansen et Jack Canfield*

Ouverture du cœur, les principes spirituels de l'amour (L'), *Marc Fisher*

Ouvrez votre esprit pour recevoir, *Catherine Ponder*

Ouvrez-vous à la prospérité, *Catherine Ponder*

Pardon, guide pour la guérison de l'âme (Le), *Marie-Lou et Claude*

Passez au vert, *Sloan Barnett*

Pensée positive (La), *Norman Vincent Peale*

Pensez du bien de vous-même, *Ruth Fishel*

Pensez en gagnant ! *Walter Doyle Staples*

Père riche, père pauvre, *Robert T. Kiyosaki et Sharon L. Lechter*

Père riche, père pauvre (la suite), *Robert T. Kiyosaki et Sharon L. Lechter*

Périple vers la paix intérieure, le chemin de l'amour, *Marie-Lou et Claude*

Performance maximum, *Zig Ziglar*

Personnalité plus, *Florence Littauer*

Petites actions, grands résultats, *Roger Fritz*

Petites douceurs pour le cœur, *Nicole Charest*

Philosophe amoureux (Le), *Marc Fisher*

Plaisir de réussir sa vie (Le), *Marguerite Wolfe*

Plus beaux paysages et panoramas de golf au Québec (Les), *Nadine Marcoux*

Plus grand miracle du monde (Le), *Og Mandino*

Plus grand mystère du monde (Le), *Og Mandino*

Plus grand succès du monde (Le), *Og Mandino*

Plus grand vendeur du monde (Le), *Og Mandino*

Plus grands coachs de vente du monde (Les), *Robert Nelson*

Plus vieux secret du monde (Le), *Marc Fisher*

Pour le cœur et l'esprit, *Patrick Leroux*

Pouvoir de la pensée positive (Le), *Eric Fellman*

Pouvoir de la persuasion (Le), *Napoleon Hill*

Pouvoir de vendre (Le), *José Silva et Ed Bernd fils*

Pouvoir magique des relations d'affaires (Le), *Timothy L. Templeton et Lynda Rutledge Stephenson*

Pouvoir triomphant de l'amour (Le), *Catherine Ponder*

Pouvoir ultime : vers une richesse authentique, *Pascal Roy*

Prenez du temps pour vous-même, *Ruth Fishel*

Prenez rendez-vous avec vous-même, *Ruth Fishel*

Prenez de l'altitude. Ayez la bonne attitude !, *Pat Mesiti*

Principes spirituels de la richesse (Les), *Marc Fisher*

Progresser à pas de géant, *Anthony Robbins*

Propos sur la différence, *Roger Drolet*

Prospérité par les chemins de l'amour : De la pauvreté à l'épanouissement : mon histoire (La), *Catherine Ponder*

Provoquez le leadership, *John C. Maxwell*

Quand on veut, on peut ! *Norman Vincent Peale*

Quel Cirque ! *Jean David*

Qui va pleurer… quand vous mourrez ? *Robin S. Sharma*

Règles ont changé ! (Les) *Bill Quain*

Relations 101, *John C. Maxwell*

Relations efficaces pour un leadership efficace, *John C. Maxwell*

Relations humaines, secret de la réussite (Les), *Elmer Wheeler*

Renaissance, retrouver l'équilibre intérieur (La), *Marc Gervais*

Rendez-vous au sommet, *Zig Ziglar*

Retour du chiffonnier (Le), *Og Mandino*

Réussir à tout prix, *Elmer Wheeler*

Réussir grâce à la confiance en soi, *Beverly Nadler*

Réussir n'est pas péché, *collectif de conférenciers et formateurs*

Réussir sa vie : Les chemins vers l'équilibre, *Marc Gervais*

Rien n'est impossible, *Christopher Reeve*

Sagesse des mots (La), *Baltasar Gracián*

Sagesse du moine qui vendit sa Ferrari (La), *Robin S. Sharma*

S'aimer soi-même, *Robert H. Schuller*

Saisons du succès (Les), *Denis Waitley*

Sans peur et sans relâche, *Joe Tye*

Savoir vivre, *Lucien Auger*

Secret (Le), Rhonda Byrne

Secret d'un homme riche (Le), *Ken Roberts*

Secret de la forme au quotidien (Le), *Sonja Schneider*

Secret de la rose (Le), *Marc Fisher*

Secret du pouvoir des ados (Le), *Paul Harrington*

Secret est dans le plaisir (Le), *Marguerite Wolfe*

Secrets de la confiance en soi (Les), *Robert Anthony*

Secrets d'une communication réussie (Les), *Larry King et Bill Gilbert*

Semainier du Succès (Le), *éditions Un monde différent ltée*

Six façons d'améliorer votre santé grâce au noni, Neil Solomon

Sommeil idéal, guide pour bien dormir et vaincre l'insomnie (Le), *Nicole Gratton*

Stratégies de prospérité, *Jim Rohn*

Stratégies du Fonceur (Les), *Danielle DeGarie*

Stratégies pour communiquer efficacement, *Vera N. Held*

Succès d'après la méthode de Glenn Bland (Le), *Glenn Bland*

Succès n'est pas le fruit du hasard (Le), *Tommy Newberry*

Succès selon Jack (Le), *Jack Canfield et Janet Switzer*

Synchronisation des ondes cérébrales (La), *Ilchi Lee*

Technologie mentale, un logiciel pour votre cerveau (La), *Barbara Berger*

Télépsychique (La), *Joseph Murphy*

Tendresse : chemin de guérison des émotions et du corps

par la psycho-kinésiologie (La), *Hedwige Flückiger et Aline Lévesque*

Testament du Millionnaire (Le), *Marc Fisher*

Tiger Woods : La griffe d'un champion, *Earl Woods et Pete McDaniel*

Toujours plus haut, *Michael J. Fox*

Tout est dans l'attitude, *Jeff Keller*

Tout est possible, *Robert H. Schuller*

Tracez votre destinée professionnelle, *Mylène et Mélanie Grégoire*

Ultimes secrets de la confiance en soi (Les), Robert Anthony
Ultime équilibre yin yang (L'), *Mian-Ying Wang*
Un, *Richard Bach*
Une larme d'or, *Sally Manning et Danièle Sauvageau*
Une meilleure façon de vivre, *Og Mandino*
Une révolution appelée noni, *Rita Elkins*
Univers de la possibilité : un art à découvrir (L'), *Rosamund et Benjamin Stone*
Université du succès, trois tomes (L'), *Og Mandino*
Vaincre l'adversité, *John C. Maxwell*
Vie est magnifique (La), *Charlie « T. » Jones*
Vie est un rêve (La), *Marc Fisher*
Vieux Golfeur et le Vendeur (Le), *Normand Paul*
Visez la victoire, *Lanny Bassham*
Vivez passionnément, Peter L. Hirsch
Vivre Grand : développez votre confiance jusqu'à l'audace, *Thierry Schneider*
Vivre sa vie autrement, *Eva Arcadie*
Voies de la réussite (La), *collectif de conférenciers*
Vous^2, *Price Pritchett*
Vous êtes unique, ne devenez pas une copie !, *John L. Mason*
Vous inc., découvrez le P.-D. G. en vous, *Burke Hedges*
Voyage au cœur de soi, *Marie-Lou et Claude*
Zoom sur l'intelligence émotionnelle, *Travis Bradberry et Jean Greaves*

Liste des disques compacts :

Conversations avec Dieu, *Neale Donald Walsch*
Créez l'abondance, *Deepak Chopra*
Dix commandements pour une vie meilleure, (disque compact double) *Og Mandino*
Lâchez prise ! (disque compact double) *Guy Finley*
Mémorandum de Dieu (Le), (deux versions : Roland Chenail et Pierre Chagnon), *Og Mandino*
Père riche, Père pauvre, (disque compact double) *Robert T. Kiyosaki et Sharon L. Lechter*
Quatre accords toltèques (Les) (disque compact double), *Don Miguel Ruiz*
Sept lois spirituelles du succès (Les) (disque compact double), *Deepak Chopra*

En vente chez votre libraire ou à la maison d'édition
Prix sujets à changement sans préavis

Si vous désirez obtenir le catalogue de nos parutions, il vous suffit de nous écrire à l'adresse suivante :

Les éditions Un monde différent ltée
C.P. 51546
Succursale Galeries Taschereau
Greenfield Park (Québec), Canada J4V 3N8
ou de composer le 450 656-2660 ou 800 443-2582 ou le téléc . 450 659-9328
Site Internet : http://www.unmondedifferent.com
Courriel : info@umd.ca